Die Tränen eines Kindes

Wenn Schule zum Alptraum wird!

„Im Himmel schmecken die Wolken nach Erdbeeren!
Im Himmel gibt es keine Schule, da brauche ich keine
Angst zu haben und kann immer fröhlich sein!"

Regina Maria Schulz

Leon

Die Tränen eines Kindes

Wenn Schule zum Alptraum wird!

„Im Himmel schmecken die Wolken
nach Erdbeeren!
Im Himmel gibt es keine Schule, da brauche ich
keine Angst zu haben und kann immer fröhlich
sein!"

Regina Maria Schulz

WAGNER VERLAG ®
www.wagner-verlag.de

Ein Buch aus dem WAGNER VERLAG

Korrektorat: Sabine Kopp
Umschlaggestaltung: www.boehm-design.de

1. Auflage

ISBN: 978-3-86683-725-6

Bibliografische Information der Deutschen Nationalbibliothek:
Die Deutsche Nationalbibliothek verzeichnet diese Publikation in der
Deutschen Nationalbibliografie; detaillierte bibliografische Daten sind
im Internet über http://dnb.d-nb.de abrufbar.

Die Rechte für die deutsche Ausgabe liegen beim
Wagner Verlag GmbH,
Zum Wartturm 1, 63571 Gelnhausen.
© 2011, by Wagner Verlag GmbH, Gelnhausen
Schreiben Sie? Wir suchen Autoren, die gelesen werden wollen.

Über dieses Buch können Sie auf unserer Seite www.wagner-verlag.de
mehr erfahren!
www.podbuch.de
www.buecher.tv
www.buch-bestellen.de
www.wagner-verlag.de/presse.php
www.facebook.com/WagnerVerlag
Wir twittern … www.twitter.com/wagnerverlag

Alle Namen in diesem Buch sind aus rechtlichen Gründen frei erfunden, die
Handlungen entsprechen der Wahrheit. Die gesprochenen Worte wurden von der
Autorin rekapituliert, sind aber nicht authentisch.

Druck: DIP *…angenehm anders* , Stockumer Str. 28, 58453 Witten

Für meinen Sohn Leon

Du bist ein Geschenk Gottes und ich liebe dich über alles!

Leider war ich nicht in der Lage, dir bei deinem äußerst beschwerlichen Weg in der Grundschule zu helfen.

Ich versuchte zwar, dir all die Peinigungen zu ersparen, aber gegenüber den Schulbehörden bewirkte ich keinerlei Barmherzigkeit!

Ich verspreche, dir immer zur Seite zu stehen und trotz deiner Behinderung für deine selbstständige Zukunft zu kämpfen, solange ich lebe! Weiterhin alles Menschenmögliche zu unternehmen, damit du nicht aus dieser Gesellschaft verbannt wirst und deine Störung dich nicht daran hindert, deine Träume zu leben!

Inhalt:

Wie alles begann

Leon wurde am 15. März 1999 geboren. Ein kleiner Junge nach vier Mädchen: welch wunderbare Überraschung! Die Sorgen um unser Baby begannen jedoch schon während der Schwangerschaft. Da ich bereits das 39. Lebensjahr vollendet hatte, ließ ich im fünften Monat eine Fruchtwasseruntersuchung durchführen. Für Mütter ab 35 besteht ein großes Risiko, einen behinderten Säugling auszutragen. Dies geschieht freilich nicht, weil ältere Mütter kranke Kinder empfangen, sondern der Körper einer reiferen Frau besitzt nicht mehr die Sensoren, die Behinderung des Nachkommen zu erspüren, und ein krankes Ei nistet sich beständiger ein. Die natürliche Wahrnehmung des Leibs einer jungen Mama ist für solche Konstellationen besser gerüstet. Eine deformierte Leibesfrucht wird viel besser erfasst und abgestoßen. Leider fand dieser Eingriff überreichlich verspätet statt. Ich spürte mein Baby, es lebte in meinem Bauch und bewegte sich beachtlich agil. Am Anfang der Schwangerschaft war ich fest entschlossen, das kleine Wesen abzutreiben, falls der Mediziner eine Schwerbehinderung diagnostizierte.

Je weiter das Wachstum des Keimlings fortschritt, desto stärker meldete sich mein Gewissen. Da ich normalerweise Schwangerschaftsabbrüche ablehne, hätte diese Entscheidung mich äußerst bedrückt. Ich entschloss mich zu einem Abortus, da meine Lebenserwartung gegenüber jungen Müttern viel kürzer einzuschätzen ist und ein behindertes Kind seine Mama ein ganzes Leben lang beansprucht. Nachdem das Ergebnis der Fruchtwasseruntersuchung vorlag, glaubte ich nicht wirklich mehr, dass ich meinen lebhaften Ableger in meiner Rundung hätte umbringen können.

Als der Arzt mir mitteilte: „Sie bekommen einen gesunden Jungen!", erfasste unsere gesamte Familie eine unermessliche Freude! Nur eine Mutter in ähnlicher Situation vermag wohl nachzuempfinden, wieviel Glück ich über diese frohe Botschaft empfand! Ich besprach mit dem Heilkünstler die genetisch vererbbare Bluterkrankheit (kein Gerinnungsstoff im Blut), an der mein Bruder litt. Gerhard starb an dieser Krankheit mit 21 Jahren und wir Mädels erbten diese Genveränderung von unseren weiblichen Vorfahren.

Der Doktor unterbreitete den Vorschlag, an der Universitätsklinik in Marburg einen Gentest durchzuführen, welchen ich spontan ablehnte. Ich verspürte beim besten Willen nicht mehr den Wunsch, von irgendwelchen Schwächen meines Sohnes im Vorfeld unterrichtet zu werden und entschloss mich endgültig, Leon auf jeden Fall das Licht dieser Welt erblicken zu lassen: „Egal, was jetzt noch passiert, ich werde das mir zugedachte Schicksal annehmen!"

So rückte ich am 14. März sehr früh im Krankenhaus ein. Die Gravidität war durch eine schwere Erkältung nicht mehr zu ertragen. Jedes Mal, wenn ich mich zum Einschlafen legte, bekam ich Erstickungsanfälle. Ich hoffte inständig, dass beim Einleiten der Wehen alles schnell vonstatten ging. Nach 36 Stunden wurde das winzige Baby unter riesigen Schmerzen geboren. Diesen Sprössling auf die Welt zu befördern kostete eine enorme Anstrengung. Mein Muttermund öffnete sich nicht und das Kind steckte im Geburtskanal fest. Es bewegte sich weder vor noch zurück. Der Mediziner holte meinen Nachkommen mit der Zange, während man mich unter Narkose setzte. Die Geburt bedeutete für unseren Familienclan ein Tag des Wunders!

Jedes Neugeborene bedeutet ein unwiderlegbares Wunder! Gott sei Dank kam mir erst viel später zum Bewusstsein, dass Leons Leben am seidenen Faden hing, bevor es überhaut begann! Als meine Tochter Daniela ihren Sohn erwartete, informierte sie sich bei einem anderen Gynäkologen über die Entbindung eines Bluters. Dieser erschrak über den Verlauf der Niederkunft, während ihr Bruder zur Welt geholt wurde. Normalerweise darf bei Verdacht auf Bluterkrankung weder eine Zange noch eine Glocke bei der Geburt angewandt werden.

Ein hochgradiges Risiko, durch die Hämatome innerlich zu verbluten, existiert absolut! Gott sei Dank! lag bei meinem Sohn dieser Gendefekt nicht vor. Als meine Älteste darüber berichtete, dass man bei meinem Baby den Gerinnungsstoff im Blut durch Aufschneiden der Fersen testete, ging der gute Frauenarzt vollkommen an die Decke. Im Krankenhaus schnitt man während der U1, der ersten Untersuchung des Neugeborenen, die kleinen Füße auf, um dort Blut zu entnehmen. Die Krankenschwester kommentierte ihre Tätigkeit äußerst trocken:

„Die Blutungen hörten nicht von selbst auf, wenn Ihrem Sohn der Gerinnungsstoff fehlen würde!"

Ich fühlte mich von der Geburt noch beträchtlich angeschlagen und freute mich über das Gewicht meines Sohnes. Le Petit war das einzige meiner Kinder, das über 3000 Gramm wog. Außerdem beging ich in meinem Zustand den Fehler, den Heilfachmännern zu vertrauen. Normalerweise bin ich ausgesprochen misstrauisch und passe ganz genau auf, wenn es sich um meine Nachkommen handelt. Ich verstand einfach nicht, was da mit meinem Sohn geschah. Es ging alles gut, mein Kindchen erhielt eine große Portion Glück. Sein Schutzengel, der auch später oft in Erscheinung trat, gab auf Leon sehr gut acht!

Das Misstrauen gegenüber den Halbgöttern in Weiß entstand, als meine Schwester an Brustkrebs erkrankte. Bei dieser ärztlichen Behandlung ging alles schief. Bärbel, die zu dieser Zeit 38 Jahre alt war, stellte im Dezember 1996 einen Knoten in ihrem linken Busen fest. Sie litt bereits fünf Jahre vorher an Gebärmutterhalskrebs und eigentlich hätten die zuständigen Ärzte die Vorgeschichte beachten müssen. Aber nein, da sagte man meiner Schwester, sie solle Weihnachten noch abwarten und danach wäre es früh genug, sich im Krankenhaus zu melden. Wir besaßen zur damaligen Zeit keinen blassen Schimmer von der Gefährlichkeit einer solchen Geschwulst und glaubten den Ärzten. Bärbel wohnte damals mit ihren zwei Kindern und ihrem Mann in Norddeutschland. Sie ging nach Weihnachten 1996, also nach drei Wochen, in das Krankenhaus im Norden.

Ein Karzinom entstand und veränderte sich. Die Chirurgen amputierten der Patientin die linke Brust. Nach vielen chemotherapeutischen Behandlungen dachte die arme Frau, den Krebs überstanden zu haben. Leider fing der Mann meiner Schwester an, verständnislos zu reagieren. Bärbel wurde dazu angehalten, trotz ihrer schweren Operation zu funktionieren. Aus Angst, ihren Mann zu verlieren, schauspielerte sie. Trotz ihrer Todesangst und der starken Begleiterscheinungen der Chemotherapie stellte sie sich vollkommen gesund dar. Sie fuhr übrigens die 30 Kilometer zum Stadtkrankenhaus alleine mit dem Auto und nach der Behandlung kehrte sie wieder ohne Begleitung zurück. Sie fühlte sich sehr schlecht, die Nebenwirkungen solcher Behandlungen verursachen Übelkeit, Schwächeanfälle und Gewichtsabnahme. Ihr Mann nahm überhaupt keine Rücksicht auf das arme Mädchen. Als ich davon erfuhr, riet ich ihr oft, mit den Kindern auszuziehen und diesen Mistkerl einfach davonzujagen. Mutti, Ralf und ich unterbreiteten das Angebot, sie möge doch mit den Kindern nach Hause kommen, damit wir sie adäquat versorgen konnten.

Aber genau hiervor empfand meine Schwester große Angst. Sie wollte diesen Mann nicht verlieren und lehnte alle Hilfsangebote ab. Wir wünschten uns sehr, sie zu besuchen, besonders für Mutti wurde die Sorge unerträglich! Oma verspürte das dringende Bedürfnis, ihre Tochter zu unterstützen! Der Ehegatte duldete es zwar, wenn wir zu einem kurzen Besuch kamen. Diesmal wollte er aber kein Eingreifen von der Familie seiner Frau. Dieser Kerl besaß nämlich zu diesem Zeitpunkt bereits eine Freundin ohne Handicap und erprobte, wie wir hinterher erfuhren, eine neue Beziehung. Ich fühlte mich echt machtlos und konnte Bärbel nicht davon überzeugen, dass sie ohne diesen Mann ihr Leben erleichtern würde. Auch die Freundinnen meiner Schwester rieten ihr, ihren Ehemann zu vergessen. Er nutzte die arme Frau nur noch aus. Ein funktionstüchtiger Haushalt wurde verlangt, damit der gnädige Herr ja sein warmes Essen bekam. Bärbel unterstützte den Macho, mit dem sie bereits zehn Jahre zusammenlebte, sogar bei seinem Hobby.

Diese Freizeitaktivitäten bestanden darin, überall Baumstämme aufzutreiben und zu Brennholz zu verarbeiten. Außerdem gab es den Tick, Schäferhunde zu züchten. Anstatt die Schwerkranke dabei zu unterstützen, sich nach dieser schweren Operation und der Chemotherapie auszuruhen, verlangte dieser Mann Hilfe beim Aufstellen von Zwingerelementen und beim Holz stapeln. Die Freundin der geschwächten Frau versuchte, diese schweren Tätigkeiten zu verhindern. Sie kam so oft wie möglich vorbei, die Arbeiten zu erledigen, um die Kranke zu entlasten. Dem seltsamen Ehemann, den ich bis heute aus ganzer Seele verachte und dem ich niemals vergessen kann, dass er meine liebe Schwester in der schwersten Zeit ihres Lebens so ausnutzte und im Stich ließ – ihm gebe ich die Schuld am Verlauf der Krankheit, da er weder bei den Operationen noch während der Behandlung Interesse an seiner Frau zeigte. Im Gegenteil, statt ihr beizustehen, überforderte er sie in ihrem Zustand.

Man kann nun behaupten, dass Bärbel ein Eigenverschulden an dieser Misere trug. Nur darf man eine solche Lebenslage, in der sich die Frau befand, nicht mit normalen Maßstäben messen. Sie war eine Krebskranke, der die Ärzte mitteilten:

„Sie sterben in absehbarer Zeit!"

In dieser extremen Lebenslage kann niemand mehr eine normale Reaktion erwarten. Als Mutter versuchte sie, den Vater für ihre Kinder zu erhalten, obwohl die Ältere ihrer Töchter nicht aus dieser Ehe stammte. Die Arme sagte einmal zu mir, da war sie schon zum Sterben nach Hause gekommen:

„Wenn ich so überlege, was ich für Ehemänner hatte, könnte ich weinen. Keiner von beiden kümmerte sich wirklich um sein Kind und am Ende bin ich ganz allein! Ich weiß nicht, wo die Kinder bleiben sollen!"

Die aufsteigenden Tränen in mir unterdrückte ich, wie immer. Meine Schwester wirkte bei diesen Worten so verzweifelt! Nur nicht weinen, ich musste stärker sein als Bärbel. Die jammerte so gut wie nie. Sie zeigte immer Stärke, trotz der Schmerzen und der inneren Verzweiflung, bis zu ihrem Tod. Ich stellte Härte zur Schau, was mir verdammt schwerfiel. Meine Verpflichtung bestand darin, meiner Schwester Mut zu spenden, meine Mutter aufzufangen und mich besonders um die Kinder zu kümmern. Ich durfte meine wahren Gefühle nicht zeigen. Dies sprach ich ständig zu mir selbst:

„Ich bin stark, nur nicht nachgeben, Regina, bleib hart."

Also gab ich auch in diesem so schlimmen Moment keine echten Emotionen preis und schluckte sämtliche Traurigkeit hinunter:

„Du weißt doch ganz genau, dass ich die beiden niemals im Stich lasse. Beide Mädchen bleiben bei Ralf und mir und ich werde sie behandeln wie meine eigenen Kinder. Ich gebe dir mein Wort darauf. Du brauchst dich um die Kleinen nicht zu sorgen. Ein gegebenes Versprechen breche ich niemals! Solange ich lebe, sind deine Töchter genauso meine. Ich liebe dich! Du bist die Einzige, die mir von meinen Geschwistern geblieben ist und ich lasse weder dich noch die Kinder im Stich!"

Bärbel empfand immer noch Angst, doch sie zeigte dieses Gefühl nur ganz selten. Jeder Außenstehende, der dieses Gespräch belauschte, würde denken, dass wir uns über ein alltägliches Problem unterhielten:

„Was unternehmen wir, wenn mein Mann unsere Anne holen will? Ich wünsche mir so sehr, dass die Kinder zusammen bleiben. Sie haben doch nur noch sich und hängen so sehr aneinander. Regina, was soll ich denn tun? Beide Väter haben doch keine Beziehung zu ihren Kindern."

„Wenn irgendeiner dieser Kerle Rechte auf seine Tochter anmeldet, bekommt er es mit mir zu tun. Du weißt, dass ich kämpfen kann, wenn es darauf ankommt und Ralf denkt ebenso wie ich. Außerdem sind deine Ex-Männer sowieso nicht gewillt, die Kinder zu sich zu nehmen! Beide Herren kennen den Begriff ‚Verantwortung' nicht. Mach dir keine Sorgen, ich kümmere mich darum. So wie du es für deine Mädchen wünschst, wird es geschehen. Mein Ehrenwort. Die Kinder bleiben zusammen! Wir sind eine Familie!"

Meine Schwester wurde müde und erwiderte nichts mehr. Sie schloss die Augen und schlief ein. Jedenfalls bekam die arme junge Frau nach der Chemotherapie noch zwei kleine Knoten am Knochen über der Brust. Bärbels Göttergatte war zu diesem Zeitpunkt schon längst ausgezogen. Mit seiner neuen Liebe entwickelte es sich gut. Eigentlich erwartete ich seinen endgültigen Auszug schon viel eher. Mutti fuhr zur Unterstützung ihrer Tochter nach Norddeutschland und wir besuchten sie so oft wie möglich. Bis der zuständige Arzt die Tumore endlich entfernte, waren die Knochen bereits angefressen. Kurz vor der nächsten Operation zog meine Schwester um, da das Haus, in dem die Familie bis dato wohnte, aus Kostengründen geräumt werden musste. Mutti blieb noch eine ganze Weile bei der Familie in Norddeutschland. Ich reiste wieder nach Hause, denn meine Kinder brauchten mich.

Den ganzen Sommer über litt Bärbel an furchtbaren Rückenschmerzen und die Ärzte diagnostizierten Verspannungen im Rücken. Sie erhielt Massagen und Spritzen zur Schmerzbehandlung. Es wurden bei ihr keine Untersuchungen vorgenommen, die eine Abklärung dieser Pein brachten. Im Herbst 1996 morgens erwachte die junge Frau und konnte sich nicht mehr bewegen. Sie schrie vor Schmerzen und die Kinder waren so entsetzt, dass Verena, die älteste Tochter, sich mit ihren 15 Jahren vor die Männer vom Rettungsdienst stellte und niemanden an ihre Mutter heranließ. Die Mädchen riefen vorher eine Freundin ihrer Mama an, die sofort den Krankenwagen benachrichtigte. Kurz darauf traf die helfende Frau ein und kümmerte sich um die Kinder.

Der Mann meiner Schwester meldete sich nie wieder bei ihr

und seinen Nachwuchs strich er aus seinem Gedächtnis. Von nun an ging es mit der Krebskranken bergab. Im Januar 1997 zog die norddeutsche Familie nach Hessen. Ralf organisierte zusammen mit einem Freund und Bärbels Freundin, die ihr immer half und für sie da war, den Umzug. Einen Teil der Möbel verkauften sie und den Rest verteilten wir auf Bekannte. Meine Schwester träumte davon, sich nach ihrer Genesung in unserer Nähe eine kleine Wohnung anzumieten. Also verstauten wir ihre Möbel, damit wir ihr diesen Traum in ihrer Phantasie erhielten.

Unser Papa und ich wussten, dass dieser junge Mensch die Krankheit nicht überleben würde. Ich telefonierte noch mit dem Hausarzt im Norden, um sämtliche Krankenunterlagen anzufordern. Bei diesem Telefonat sprach ich diesen Herrn auf die Verspannungstheorie an. Der Mediziner behauptete vehement, die Schmerzen im Rücken seien kein Krebs, sondern Muskelverspannungen.

Meine Schwester Bärbel verstarb am 21. April 1997 auf so elendige Weise, dass ich oft betete, der liebe Gott möge sie endlich von ihrem Leid erlösen. Diese Gebete belasteten mein Gewissen lange Zeit, ich hätte besser Genesung erbitten sollen, da die arme junge Frau sehr am Leben hing und nicht aufgeben wollte. Sie kämpfte wie ein Löwe. Ich ertrug ihr Leid nicht mehr. Die Not und Pein der gequälten Kranken veranlassten mich, den lieben Gott anzubetteln, dass Bärbel keine Schmerzen mehr erdulden sollte. Obwohl ich ihr all diese Medikamente verabreichte, die sie in eine tiefe, von Alpträumen überschattete Dunkelheit eintauchte, erlangte sie das Bewusstsein stetig zurück. In solchen Wachzuständen stöhnte die Kranke vor Schmerzen und rief den lieben Gott um Hilfe an. Sie sollte endlich ihre Erlösung erhalten und in Frieden und Liebe von uns gehen. In der Nacht von Sonntag auf Montag, vom 20. zum 21. April schlief meine Schwester ganz friedlich ein. Die Uhrzeit war nicht mehr genau zu bestimmen, man vermutete, dass sie so um 6.00 Uhr verstarb. Bärbel wäre am

10. Mai 1997 40 Jahre alt geworden.

Der Mann meiner Schwester meldete sich nur noch einmal. Er wollte Anne, seine leibliche Tochter, bei einer Pflegefamilie unterbringen, die in seiner Nähe wohnte. Das Jugendamt und der zuständige Familienrichter machten diesen Plan zunichte. Auch die Frau aus der von Annes Vater ausgesuchten Pflegefamilie kontaktierte mich telefonisch und versicherte mir, sie würde nicht dabei mitwirken, uns das Kind wegzunehmen. Sie meinte, es gäbe keinen besseren Ort, an dem die Kleine untergebracht sei. Anne war zu dieser Zeit zehn Jahre alt und Verena 16 Jahre. Der Gatte der Verstorbenen ignorierte Reni, sie ist nicht seine Tochter. Er war nur über zehn Jahre ihr Papa.

Den Kontakt zu Anne hielt er eine Zeitlang aufrecht, indem er ab und zu anrief. Danach hörten wir nichts mehr von ihm. Die ärztliche Behandlung Bärbels ist der Grund, warum ich keinem Arzt mehr trauen kann. Unserem alten Hausarzt vertraute ich und dieser kümmerte sich sehr gut um meine kranke Schwester. Leider konnte auch er nichts mehr für die junge Frau tun. Er verabreichte der Verzweifelten am Ende zu Hause noch Chemotherapie mit einem Tropf, um ihr nicht den Mut zu nehmen. Nachdem die Städtischen Kliniken die arme Kranke mit den Worten „Wir können nichts mehr für Sie tun, gehen Sie nach Hause, es ist vorbei!" wegschickten.

Der daraus resultierende Schock brach uns allen das Herz. Der Hausarzt reagierte hierauf. Die Gesundheitsreform trägt einen großen Teil dazu bei, dass die Ärzte nichts mehr für das Seelenheil der Menschen unternehmen dürfen, da sie hierfür gar keine Zeit erübrigen und kein Geld bekommen. Die Seele des Menschen ist oft ausschlaggebend für die Genesung, oder im schlimmsten Fall, um dem kranken Menschen einen friedlichen Tod zu gewähren. Den Behörden und den Krankenkassen sind die Lebewesen vollkommen egal, es handelt sich ja auch nicht um ihr Leben, das durch Einsparungen zerstört wird. Geld regiert die Welt! Das gilt ebenso für die Behandlungen von Kranken!

Nach dem Tod meiner Schwester nahmen wir alle am Sarg Abschied von ihr. Die Beerdigung war unerträglich! Am allerschlimmsten empfanden die Kinder, Oma, Ralf und ich den Moment, als der Sarg mit dem Leib der Toten in die Erde versenkt wurde. Gott sei Dank erschien ihr Göttergatte nicht zu diesem Begräbnis. Ralf erklärte ihm.

„Es ist besser, wenn du nicht hier auftauchst, sonst könnte es zur Eskalation während der Bestattung kommen!"

Ich glaube, ich hätte ihn auf den Sarg in das offene Grab gestoßen. Hiervon träumte ich damals sehr oft und dieser Alp verfolgt mich heute noch manchmal. Wenn der Exmann aufgetaucht wäre, meine in dem ganzen Jahr angestaute Wut, wer weiß …? Ich glaube nicht, dass Bärbel das gewollt hätte.

Als die schlimmen Tage vorbeizogen, versuchten Mutti, die Mädchen und ich all die Ereignisse des letzten Jahres zu verarbeiten. Für Kinder gibt es nichts Schlimmeres in ihrem Leben als den Verlust ihrer Mutter. Meine Nichten litten unsäglich. Auch meine Töchter standen sehr viel durch und Mutti weigerte sich weiterzuleben. Eine Sozialarbeiterin vom Jugendamt erschien und prüfte, unter welchen Bedingungen die Pflegekinder bei uns lebten. Diese Frau war heilfroh, dass Ralf und ich die Verantwortung für die Kinder übernahmen, und lobte meinen Mann. Endlich haben die beiden Mädchen eine Familie, in der auch der Mann Verantwortung für die Kinder zeigt. Es ist für unsere Nachkommen unerlässlich zu erfahren, dass nicht alle Männer die Familie bei Problemen verlassen. Dies ist eine sehr wichtige Erfahrung für die Mädchen!

Vom Jugendamt erhielten wir die Bestätigung, dass die Kinder bei uns gut untergebracht waren und dass das Amt den Aufenthalt von Verena und Anne in unserer Familie befürwortete. So vermochte keiner der Väter mal auf die Schnelle eins der Mädchen entwenden. Niemand versuchte mehr, unsere neuen Töchter wegzuholen. Anne fragte ihren „Patti" (Kosename für Patenonkel. Wir sind für beide Kinder Paten):

„Warum bist du eigentlich so nett zu uns?" Hierauf erwiderte mein Mann:

„Weil man die guten Taten im Leben gutgeschrieben bekommt!" Eigentlich trug er all die Lebensumstellungen aus ganz anderen Gründen mit. Erstens liebt der Onkel seine Nichten, besonders die kleine Anne nannte er sein Gummibärchen. Sie ist auch heute noch eine wirklich liebe Tochter und war auch die Einzige, die nie mit ihm Streit anfing. Sie kochte ihm freiwillig Kaffee und bereitete ihm das Abendbrot ebenfalls aus freien Stücken! Die anderen Mädchen lassen sich zu so etwas nur herab, wenn sie etwas bei ihm erreichen wollen. Ralf sagte zu mir:

„Ich habe nie eine richtige Familie besessen. Wenn ich über meine Kindheit und meine Jugend nachdenke, möchte ich das den beiden Mädchen nicht zumuten, allein und verlassen erwachsen zu werden. Wir integrieren sie in unsere Familie!"

Wir kämpften bis zu Leons Geburt mit großer Trauer. Drei der vier Mädchen mussten eine Psychotherapie beginnen, wir gingen zu einer Familientherapie, um die Trauer besser zu überwinden. Ich erlaubte dreien der Kids eine kleine Katze. Nachdem wir unsere Schäferhündin im selben Jahr einschläferten und irgendein Idiot anschließend unseren armen Kater erschlug, kauften wir zwei Hundewelpen und die Tiernarren gingen mit zu Ausstellungen und zur Hundeschule. Plötzlich wünschten sich die Mädchen Zierratten. Wir besaßen zum Schluss 26 Ratten, da diese Tiere sich unwahrscheinlich vermehrten.

Alle Tiergeschichten tolerierte ich, da diese Wesen das beste Mittel gegen Angst und Trauer sind. Die Kinder gaben sich gegenseitig Trost und waren unzertrennlich. Die erste Zeit nach Bärbels Tod schliefen alle vier in einem Zimmer. Ich glaube, wir standen alle unter Schock. Muttis Lebenswille war erloschen. Sie trug sich mit der Absicht, die Verstorbene in den Himmel zu begleiten. Die Trauernde kränkelte nach dem Tod ihrer Tochter sehr oft und ich versuchte, ihr neuen Lebensmut zu vermitteln, indem ich ihr ständig gut zuredete:

„Mutti, du darfst mich jetzt nicht im Stich lassen, die Kinder und ich, wir brauchen dich. Wie sollen wir diese schwere Zeit ohne unsere geliebte Oma durchstehen? Was glaubst du, wenn du jetzt stirbst, wer dir als Nächstes folgt? Du und ich, wir sind die Einzigen, die aus unserer Familie noch übrig geblieben sind. Wir zwei müssen jetzt für die Mädels Stärke zeigen. Ohne dich schaffe ich das Leben nicht!"

Mutti bemühte sich wirklich, aber der Kummer um ihr zweites verlorenes Kind fraß sie auf. Papa verstarb im Jahre 1986, kurz vor Annes Geburt.

„Gott sei Dank bekam er Bärbels Leiden nicht mehr mit", so dachte ich. Mein Vater hätte die Qual meiner Schwester nicht überstanden. Sie fehlt uns allen so sehr und bei jedem neuen Todesfall kommt die Vergangenheit immer wieder zum Vorschein und die alten Wunden reißen auf. Ich durfte nicht trauern, denn ich musste stark sein für die Kinder und Mutti.

Ralf war mit all diesen Problemen total überfordert. Die Geburt unseres kleinen Jungen gab unserer Oma wieder Kraft. Ich legte ihr dieses winzig kleine Baby in die Arme und meine Mutter erhielt neuen Mut zum Ertragen aller Lebenslasten. Ihr Dasein bekam einen Sinn, und dieser Lebensinhalt heißt Leon. Sie versorgte vormittags den kleinen Jungen, wenn ich meine Runde bei den Haustieren drehte und meinen Haushalt, in dem jetzt acht Menschen und oft mehr lebten, in Ordnung brachte. Oma wurde unentbehrlich. Der allerbeste Grund, das Sterben aufzugeben. Auch für den Rest der Familie bedeutete die Geburt unseres Babys der Anfang eines neuen Lebens. Nach all dem vielen Sterben in unserer Familie zeigte uns Leon: Das Leben geht weiter! Es existiert immer wieder ein Grund, wofür es sich lohnt durchzuhalten!

Ich nahm mir nach der Geburt Leons vor, niemandem mehr zu vertrauen und genau aufzupassen, was die Ärzte und Behörden mit dem Leben meiner Kinder planen. Meine Hab-Acht-Stellung war bisher im Leben meines Sohnes unerlässlich, denn nachdem mein Kind aus dem Kindergarten ausschied, beschritten wir einen schweren und harten Weg. Leon entwickelte sich zu einem nervlichen Wrack. Da der Junge durch sein Anderssein nicht die Norm der Regelschule erfüllte, fiel er Diskriminierungen und Qualen zum Opfer. Diese Geschichte veröffentlichte ich in meinem ersten Buch *„Er ist doch nur ein kleiner Junge!"*

Der kleine Junge verlebte eine sehr schöne Zeit im Kindergarten. Vor dem Besuch dieser Institution zeigte mein Kleiner Verhaltensauffälligkeiten, die mir sehr große Probleme bereiteten. Er verstand die Welt nicht. Er erkannte keine Gefahren. Mein Sohn erlernte nicht, wie er anderen Kindern signalisieren konnte: „Ich möchte mit euch spielen", er schubste, boxte oder küsste die kleinen Leute, um mit ihnen Kontakt aufzunehmen. Er hatte kein Regelverständnis und provozierte seine Mitmenschen, um beachtet zu werden. Leon verfügte trotzdem über gute Manieren: Er offerierte seinen Mitmenschen sehr schöne Komplimente. Außerdem grüßte er alle Personen in unserem Dorf mit ihrem Namen, was er bis zum heutigen Tag beibehielt.

Die Leute, besonders die Mütter im Kindergarten, fanden Leons Namensgedächtnis auffallend beeindruckend. Der Gute fiel durch seinen Charme überaus positiv auf. Besonders imponierend wirkte Le Petits Auffassungsgabe. Er verbesserte innerhalb kurzer Zeit all seine Defizite. Mein Sohn benannte bereits mit zwei Jahren sämtliche Farben, zählte mit ca. drei Jahren in Englisch, Französisch und Deutsch bis zwanzig. Der kleine Mann las Zahlen und setzte sie zusammen, z.B. $2 + 5 = 25$. Durch eine französische Quizsendung erlernte mein Stammhalter bereits im Alter von drei Jahren das französische Alphabet. Am Computer tippte er Oma, Opa, Mama und Papa, seinen Namen und andere kurze Worte durch Bedienen der Tasten.

Im Kindergarten vermutete man, dass der Kleine bereits das Lesen beherrschte, welches aber nie zu beweisen war, da das Kind derartige Durchführungen nur tätigte, wenn es sich unbeobachtet fühlte. Unschlüssig mutmaßte ich, dass der Junge sein Können für sich einbehalten wollte, und dementsprechend erhaschten die Kindergärtnerinnen und die Familie nur am Rande Nuancen von Leons Fähigkeiten. Die Ermahnerinnen und wir Eltern arbeiteten in Bezug auf die Erziehung durchgängig zusammengehörend miteinander! Sämtliche Involvierten besprachen öfter Knacknüsse und erziehungstechnische Fragen! Ich setzte die Arbeit vom Kinderhort zu Hause fort, wobei auch der Rest der Familie mit einbezogen wurde.

Der Trabant erlangte durch diese Absprachen ansehnliche Selbstsicherheit. Die Geselligkeit mit den anderen Sprösslingen und das Regelverständnis verbesserten sich in einem rasanten Tempo. Die Einschulung gestaltete sich frühzeitig als äußerst schwierig. Die zuständige Direktorin weigerte sich, meinen Sohn in der Regelschule einzuschulen. Sie bestand auf die Vorschule oder eine Sprachheilschule, um ihn anschließend auf die Lernhilfeschule abzuschieben. Ich beantragte für Leon einen Integrationsplatz, um dem entgegenzuwirken. Die Erzieherinnen des KIGAs wurden zu keinem Zeitpunkt befragt. Der ständig auftretende Standardspruch von Lehrern sowie den Damen und Herren aus dem Staatlichen Schulamt hieß:

„Ich bin kompetent, ich las den Bericht, ich besitze für solche Entscheidungen die richtige Ausbildung! Alle anderen sind nur Erzieherin, Sozialarbeiterin, Seelsorger usw.!"

Die Beantragung des Integrationsplatzes für meinen Sohn fand vor Schulbeginn statt. Hierauf erfolgte das erste sonderpädagogische Gutachten des Schulamtes. Dieses Dokument verwies auf einen sonderpädagogischen Förderbedarf. Der Tester dieses Gutachtens befürwortete einen Integrationsplatz. Das Amt lehnte diese Fördermaßnahme allerdings ab und der kleine Mann wurde aufgrund seines beachtlich hohen IQ-Wertes von 142 %, gemessen beim Überprüfungsverfahren des Sonderschul-Pädagogen, welcher meinen Stammhalter äußerst gründlich in Zusammenarbeit mit den Erzieherinnen aus dem Kindergarten prüfte, normal eingeschult. Dieser IQ-Wert wurde im Laufe des Schulaufenthaltes an der Grundschule in unserem Ort fortwährend als falsches Testergebnis bewertet. Die Lehrer dieser Schule und die zusätzlich dort agierende Sonderschullehrerin des BFZ (Bildungs- und Förderzentrum) überprüften meinen Sohn in zwei Jahren 26 Mal und man setzte das gepeinigte Wesen drei sonderpädagogischen Gutachten aus.

Absicht der gesamten sich wiederholenden Aktionen war, die Abschiebung meines Kindes auf die staatliche Erziehungshilfe- bzw. Lernhilfeschule, hieb und stichfest zu begründen. Welche der beiden Einrichtungen, interessierte die Pädagogen und besonders die Schulleitung, Frau Wagner, Direktorin der Grundschule, und die Klassenlehrerin, Frau Seidel, keinesfalls. Ihr Ziel war, sich durchzukämpfen, um das schwierige, nicht in das Raster passende Kind von ihrer Schule zu entfernen.

Dieses Verfahren etabliert sich seit etlichen Jahren in Elementarschulen als denkfester gebräuchlicher Vorgang. Unschuldige, die sich nicht für das genormte Schulraster eignen, obendrein Mehrarbeit verursachen, verfrachten die Schulbehörden auf die offiziellen Sonderschulen. So schiebt man Kinder aus sozial schwachen Familien und als schwierig Geltende, genau wie Migranten-Kinder, kurzerhand ab. Behinderte erhalten ebenso keine Chance auf eine normale Schullaufbahn. Auffällige Kids, ob sie nun unter ADHS oder ADS leiden, Asperger-Autisten, Körperbehinderte und sogar kleine Leute mit Hochbegabung entsorgt man auf die staatlichen Sonderschulen.

Aus Leons Klasse spazierten innerhalb von zwei Jahren neun Kinder von der besagten Grundschule. Anschließend drückten die Lehrer meinem Jungen den Anwärter-Stempel für „In die Wüste schicken" sichtbar auf die Stirn! Nachdem sie meinen Stammhalter vertrieben hatten, erwischte es den nächsten Kandidaten, einen kleinen körperbehinderten Jungen. Gott sei Dank verzichteten die Herrschaften urplötzlich auf ihre Abschiebetaktik. Der Knabe durfte nun doch an der Grundschule verweilen!

Nach drei Jahren der Verzweiflung, der Diskriminierung und des Mobbings an besagter Regelschule, schaffte ich es tatsächlich mithilfe engagierter Jugendamtsmitarbeiterinnen vom Landkreis, einen Platz für meinen kleinen Mann auf einer anthroposophischen Privatschule zu ergattern. Nach einer dreijährigen Odyssee durch die Welt der Psychotherapeuten, erhielt ich eine Diagnose für mein Kind:

„Leon Schulz, neun Jahre jung, leidet unter Asperger-Autismus und dem ADHS-Syndrom! Die Hochbegabung konnte man wegen der Verweigerung sämtlicher Tests und der Aufmerksamkeitsstörung nicht ermitteln!"

Wer jetzt denkt, dass unser Leben sich nun einfacher gestaltete und mein Sohnemann zur Eindämmung seiner Alpdrucke eine angemessene Therapie erhielt, dass das Schulamt nun dazwischentrat und dem kleinen Schüler eine echte Integrationschance in unserem Ort gewährleistete oder seine Erkrankung berücksichtigte, der irrt sich gewaltig! Wer abwegigerweise denkt, dass die staatliche übergeordnete Behörde, Kultusministerium, Behindertenvereine, Landkreis oder das Autistische Zentrum beratend und helfend Eltern mit behinderten Kindern zur Seite steht, der hat sich gründlich verrechnet! Um alles, was Eltern mit Asperger-Kindern eigentlich gesetzlich zusteht, nötigt man die Betroffenen zu kämpfen. Man ist Anfeindungen und Bosheiten ausgesetzt und muss sich Kompetenzmangel ankreiden lassen. Bei Anfragen erntet man Ablehnung. Statt adäquate Auskünfte zu erteilen, werden Fragende von einer Stelle zur nächsten verschoben. Eltern von behinderten Kindern besitzen kaum Traute, sich zur Wehr zu setzen, da sie Angst um ihre Nachkommen verspüren, die für die Aufmüpfigkeit der Eltern,allen Anfeindungen hilflos ausgesetzt sind!

Leon geht ab dem Juli 2008 in eine anthroposophische Schule, die nach dem Waldorfprinzip unterrichtet. (Dr. Steiner heißt der Initiator dieses Schulsystems.) Anthroposophen akzeptieren die Individuen so, wie sie eben sind, und bemühen sich, den besten Weg mit dem ihnen Anvertrauten zu beschreiten, damit diese auf eigenständige und befriedigte Lebensbejahungen individuell vorbereitet werden. Außerdem versuchen sie, die Mitte eines Jeden aufzuspüren, um hier die Stärken aufzubauen.

Der Unterricht findet meist in Blockstunden statt, z.B. ein paar Monate Englisch, dann Deutsch usw. Es wird nicht wie in Regelschulen stupide gelehrt, sondern die Trabanten in einer anthroposophischen Entfaltung erarbeiten sich die Themen und Resultate durch praktische Aktivitäten. Es gibt hier keine Noten. Jedes Jahr zur Versetzung verteilen die Pädagogen schriftliche Beurteilungen. Die Lehrer erhalten durch diese Methode die Aufforderung, sich um jeden ihrer Schützlinge Gedanken zu machen, wodurch eine Wertung überhaupt erst zustande kommen kann. Gearbeitet wird in diesem Schulsystem mit Lob und Erfolgen, sodass der neue Schüler erst einmal Selbstvertrauen aufbaut. Viele Kinder, die von den staatlichen Schulen auf eine Lehranstalt dieser besonderen Form wechseln, besitzen kaum Eigenwertgefühl. In mühsamer Kleinarbeit baut man die Selbstachtung neu auf.

Ich befürchtete, die anthroposophische Schule könnte Leon nach der Schülerakte der Grundschule beurteilen. Der Direktor erklärte mir hierzu:

„Die Kollegen und ich lesen keine Schülerakten von unseren Schülern. Wir bewerten die Kinder ausschließlich gemäß unseren eigenen Aspekten mittels Betrachtungen. Eine vorab gelesene Akte schürt nur Vorurteile. Wir möchten für jeden Nachkommen Chancengleichheit und lassen uns nicht von vormals angefertigten Feststellungen beeinflussen!"

Was für eine Schule!!!

Die Suche nach dem richtigen Betreuungsplatz für den Nachmittag

Zu Beginn der Sommerferien versuchte ich, eine adäquate Nachmittagsbetreuung für meinen Sohn zu organisieren. Bei einer Besprechung mit der Klassenlehrerin aus der Jean-Paul-Schule, Frau Prell, an der auch die Jugendamtsmitarbeiterin, Frau Noll, teilnahm, erkundigte ich mich nach dem Hort an ihrer Lehranstalt. Sie erklärte:

„Unser Betreuungsangebot wird fast überwiegend von jüngeren Kindern genutzt. Bei uns an der Schule sind diese Plätze ziemlich rar!" Die Idee, Leon zur nachmittäglichen Versorgung in der neuen Lehranstalt unterzubringen, gefiel mir überhaupt nicht:

„Ich würde meinen Kleinen gern weiterhin in den Hort der Grundschule schicken! Leons Verwirrung über die abrupten Lebensveränderungen ist enorm! Eine Umstellung mit diesem Stück Vergangenheit erleichtert meinem Kind den Abschied von dessen alter Umgebung. Ohne langsames Auslaufen seines alten Lebensabschnittes haftet das Gefühl des Ausgestoßenseins lange Zeit an dem Jungen! Seine Enttäuschung und das zerstörte Weltbild kann man dann nicht mehr reparieren! Nach all den großen Belastungen meines Sohnes in der Vergangenheit braucht er dringend das Gefühl, dass es doch einige Menschen an dieser Schule gibt, die ihn mögen. Er jammert nach seiner lieben Erzieherin Lina; Leon fühlt sich im Stich gelassen!"

Unter dem Aspekt der sozialen Eingliederung kontaktierte ich im Vorfeld die Betreuerin im Hort und fragte nach einem Platz. Frau Graf erklärte mir:

„Ich würde Leon sofort bei uns aufnehmen, wenn der Landkreis sein Okay gibt und Frau Wagner, die Direktorin, zustimmt." Der Klassenlehrerin Frau Prell sowie Frau Noll vom Jugendamt gefiel meine Idee sehr gut. Sie vertraten ebenfalls die Meinung, dass es für den neuen Schüler sehr wichtig sei, diesen Abschnitt seines Lebens abzuschließen, ohne das Gefühl des Abgeschobenseins zu empfinden (Leon dachte, ihn mag niemand, daher weigerte er sich, das Haus zu verlassen und fühlt sich total schutzlos). Dieses Thema besprach ich auch im Kreise der Ärztin und der Psychologin der KJP (Kinder- und Jugendpsychiatrie). Hier argumentierte ich ähnlich, fügte aber noch hinzu:

„Der Umgang mit ‚normalen' Kindern ist für einen Asperger-Autisten unerlässlich, da er seine Umwelt imitiert, um soziale Regeln zu begreifen. In der neuen Schule unterrichtet man überwiegend verhaltensgestörte junge Leutchen. Eine gute Ausgewogenheit im Umgang unterschiedlicher Verhaltensweisen erhöht die Flexibilität in der Zukunft. Eine Integration meines Kindes in seinem Heimatdorf ist wahnsinnig wichtig für sein weiteres gesellschaftliches Leben!"

Alle Beteiligten gingen uneingeschränkt konform mit meinen Ausführungen. Somit begannen für mich erneut die Probleme; Wut und Enttäuschung wurden wieder zu einem Bestandteil meines Alltags. Mir war vollkommen klar, dass das Bitten und Betteln um die uns zustehenden Hilfen noch für einige Zeit bestehen bleiben würden. Für ein läppisches halbes Jahr eine Nachmittagsbetreuung an dieser Grundschule zu ergattern, stellte ich mir recht einfach vor. Da Leon mit der Schule im eigentlichen Sinne nichts mehr zu schaffen hatte, dachte ich: „Es wird ja möglich sein, für ein paar Monate mein Kind dort unterzubringen!" Leider begann das böse Spiel mit den Schulbehörden wieder von vorne und diesmal erfuhr ich unmissverständlich, dass die Unzulänglichkeit der hohen Beamten weit über ein erträgliches Maß hinausreichen. Bei einem Telefonat mit Frau Oger, Sachbearbeiterin beim Landkreis, Schul- und Bauwesen, fragte ich diese:

„Gibt es irgendeine Möglichkeit, dass mein Sohn in unserem Dorf an der Grundschule einen Platz im Hort bekommt?"

„Natürlich, ich finde es sogar sehr gut, wenn Ihr Sohn weiter daran teilnimmt. Die Betreuung an dieser Regelschule sucht händeringend Kinder. Es sind nur noch elf Kinder, die das Betreuungsangebot wahrnehmen. Dadurch sind die Kosten gestiegen, wenn das so weitergeht, müssen wir die Betreuung schließen. Solange Sie alles pünktlich bezahlen, habe ich nichts dagegen."

Die Kosten lagen für Leon für den Besuch der Nachmittagsbetreuung einschließlich Mittagessen bei 140,00 Euro. Die Dame wirkte sehr sicher, was ihre Aussage betraf und ich freute mich, eine Lösung gefunden zu haben. Leider kooperierte Frau Wagner, die Direktorin, bei der telefonischen Anfrage überhaupt nicht. Um nicht gleich mit der Tür ins Haus zu fallen, fragte ich erst einmal nach Frau Seidel, Leons früherer Klassenlehrerin.

„Ich würde gern Frau Seidel sprechen."

„Die ist nicht zu sprechen, was wollen Sie denn von Frau Seidel?" Der Umgangston der Schulleiterin hatte sich mir gegenüber immer noch nicht geändert. Sie war doch Leon endlich losgeworden, sie hatte ihr Ziel erreicht, was wollte die Dame denn noch von mir?

„Ich hätte Frau Seidel gern um einen kurzen Brief gebeten, in dem sie mir bestätigt, dass ihr ehemaliger Schüler einen Schulassistenten benötigt und warum er diesen aus ihrer Sicht dringend braucht."

„Ich richte es ihr aus, aber ich denke, dass Sie diese Stellungnahme nicht benötigen, da Sie ja das sonderpädagogische Gutachten erhielten, in dem alles aufgeführt ist!", erwiderte Frau Wagner. Ich bedankte mich höflich und kam dann auf das Thema Betreuungsangebot nach Schulschluss zu sprechen. Die Dame vertröstete mich mit einer Antwort auf den Freitag vor den Ferien:

„Hierzu kann ich Ihnen im Moment nichts sagen, rufen Sie doch Freitag noch mal an, dann kann ich Ihnen darauf antworten!" Ich bedankte mich wieder höflich und die Frau legte auf. Kurz darauf sprach ich auf die Mail-Box der zuständigen Erzieherin:

„Hallo, Frau Graf, ich telefonierte mit dem Landkreis. Frau Oger war sehr davon angetan, dass Leon an Ihrer Nachmittagsgruppe wieder teilnehmen möchte. Die Direktorin wirkte nicht überzeugt und will mir in einem späteren Telefonat mitteilen, ob eine Möglichkeit vorhanden ist. Vielleicht sprechen Sie hierüber mal mit Frau Wagner, mein Gefühl verrät mir, dass sie Leon nicht mehr dabeihaben möchte!"

Als ich schon am Donnerstag in der Schule anrief, wurde die Schulleiterin zur Furie. Dieser Satz auf dem Anrufbeantworter (Mail-Box) von Frau Graf entpuppte sich als riesiger Fehler, den ich verbockt hatte! Die Führungsdame der Regelschule hörte das Handy ab! Diese überrollte mich total und Mama Regina verwandelte sich zu einer Schnecke, die sich vor Schreck in ihr Haus verkroch. Die Schulchefin regte sich tierisch über den Satz „Ich habe das Gefühl, sie will Leon nicht mehr haben!" auf. Wie heißt es im Volksmund so schön: „Betroffene Hunde bellen!" Einige Kenntnisse über die seltsamen Reaktionen von der Frau besaß ich mittlerweile, aber das Drama hätte ich mir wirklich erspart, wenn ich Frau Graf nicht vertraut hätte. Niemals wäre ich auf den Gedanken gekommen, dass „Big Sister" die Telefone ihrer Mitarbeiter abhört.

Ich schluckte, atmete tief durch und ließ das Donnerwetter über mich ergehen. Sehr kleinlaut und reumütig, mit einem riesigen Maß an Beherrschung und zähneknirschend presste ich die Antwort über meine Lippen. Ich hoffte etwas bei dieser Führungskraft zu erreichen, also war Freundlichkeit angesagt:

„Es ist mir nicht mehr möglich, auf Ihre Antwort zu warten, denn der Fahrdienst, der Leon zur Schule bringt und auch von dort abholt, möchte gern noch vor den Ferien erfahren, ob er den neuen Schüler nachmittags in der Grundschule absetzen darf?" Bei dem Fahrdienst handelte es sich um den ASB (Arbeiter-Samariter-Bund) aus unserem Ort.

„Ich erkundigte mich", lautete die Antwort der Grande Madame: „Leon kann nicht an unserer Betreuung teilnehmen. Aus versicherungstechnischen Gründen sehe ich hierfür keine

31

Möglichkeit. Außerdem strukturieren wir in der Nachmittagsgruppe alles um und so ist für Ihren Sohn kein Platz mehr vorhanden!"

Die genannte Veränderung innerhalb des Horts war ein echter Witz. Wie sich später herausstellte, besuchten die kleinen Mäuse lediglich die Kinder- und Jugendvereine in unserem Ort. Beispielsweise nahmen die Kids an einem Training des Fußballvereins teil und machten bei der DRLG (Deutsche Lebens-Rettungs-Gesellschaft) Schwimmübungen, etwas, wobei nach Ansicht der Direktorin Leon nicht teilnehmen konnte. Eine blöde Ausrede! Mein Sohn ist durchaus in der Lage, sich normal und frei zu bewegen! Es besteht weder für seine Spielkameraden noch für Le Petit Garçon irgendeine Gefahr! Die Reaktion von Frau Wagner konnte eigentlich gar nicht anders ausfallen. Ein Racheakt!?

Sie versuchte weiterhin, meinem Knaben und mir das Leben zu erschweren. Die Dame warf doch zu gerne dicke Steine auf unseren beschwerlichen Weg! Welche Erwartungen an diese Frau schwirrten bloß in meinem Kopf herum? Wie konnte ich annehmen, dass diese Grande Madame plötzlich nachgab? Ein gutes Finale ereignet sich ausschließlich im Fernsehen, jedoch nicht im richtigen Leben. Ich war so wütend und enttäuscht, dass ich weinen musste, der Frosch schnürte mir die Kehle zu, also legte ich ohne Beantwortung auf. Als meine Wenigkeit sich wieder notdürftig gefasst hatte, kontaktierte ich Frau Graf, die Erzieherin der Grundschule. Diese schien Leon und mir echt wohlgesinnt zu sein (dachte ich):

„Hallo!", sprach die Stimme aus dem Apparat. Ich nannte meinen Namen und es klickte in der Leitung. Meine Tränen kamen noch einmal zurück:

„Warum legt dieses Weib jetzt auf? Alle Freundlichkeit von dieser Dame: Heuchelei!?" Ein Anruf bei Frau Oger vom Landkreis verschaffte mir die Gewissheit, dass die Sachbearbeiterin desgleichen manipuliert wurde. Sie verweigerte urplötzlich dem kleinen Mann den zuvor bewilligten Hortplatz.

Ihren spontanen Sinneswandel verteidigte die Dame vom öffentlichen Dienst mit den Worten:

„Leon ist in der Betreuung unangenehm aufgefallen, er verursachte zu viel Schwierigkeiten!"

„Das kann doch nicht Ihr Ernst sein, Frau Graf nahm ihn mit zur Abschlussfahrt, zum Zelten. Sie versicherte mir, dass mein Junge das Wochenende mit allen Beteiligten friedlich und einträchtig verbracht hatte. Außerdem nimmt er jetzt Ritalin, um sich besser zu konzentrieren. Mein Sohn agiert viel ruhiger!" Der Frosch in meinem Hals tauchte erneut auf und drückte mir die Luft ab.

„Das spielt alles keine Rolle, ich falle Frau Wagner nicht in den Rücken!" Damit endete das Gespräch. „Nein, nein und nochmal nein, das darf doch alles nicht wahr sein!?" Warum ich in diesem Zustand voller Frust Frau Neumeier vom Kultusministerium anrief? Keine Ahnung! Eine vollends unüberlegte Handlungsweise, welche überhaupt nichts bewirkte. Ich erzählte der Beamtin vom KM unter Tränen, was sich mal wieder abspielte, und beschwerte mich tüchtig über Frau Wagner. Frau Neumeier versprach, sich um alles zu kümmern. Leider verlor auch diese Frau ihr Interesse an Leon und mir! Sie reagierte bis heute weder auf meinen Anruf noch auf mein Beschwerdeschreiben. Mein Brief an das Hessische Kultusministerium vom 18.06.2008, zusätzlich ein Schreiben an das Staatliche Schulamt am 19.06.2008:

Sehr geehrter Herr Hiller (oberster Boss des Staatlichen Schulamtes),
ich sende Ihnen ein Schreiben, das ich Frau Neumeier vom Hessischen Kultusministerium zugesandt habe. Ich habe noch eine Frage an Sie bezüglich des Handys von Frau Graf, Betreuerin im Hort der Grundschule. Ich hatte Frau Graf aufs Handy gesprochen und wurde nicht davon in Kenntnis gesetzt, dass Frau Wagner diese Gespräche abhört. Frau Wagner hat sich verbeten, dass ich so etwas bei Frau Graf aufs Handy sage: „Lügen Sie nicht, ich habe alles auf dem Handy abgehört!", waren

ihre Worte. Ich werde mich zusätzlich noch bei meinem Rechtsanwalt er-
kundigen, ob so etwas überhaupt erlaubt ist und nicht eine Verletzung
des Datenschutzes vorliegt. Des Weiteren habe ich heute mit Frau Oger
vom Landkreis, Abteilung Schul- und Bauwesen, telefoniert, die die
Entscheidung von Frau Wagner nun mitträgt, obwohl sie mir im Vor-
feld gesagt hatte, dass mein Sohn den Hort in unserem Dorf besuchen
kann und es vom Landkreis keinerlei Bedenken geben würde. Ich werde
diesen Brief in abgeänderter Form an Herrn Dörr, Leiter vom Land-
kreis (Schul- und Bauwesen) schreiben und ihn um Stellungnahme bit-
ten. Danach werde ich mich mit meinem Rechtsanwalt besprechen. Ich
bitte Sie höflich um eine Stellungnahme zu dieser Angelegenheit und ver-
bleibe …

Hier erwähnte ich noch Probleme aus der Grundschule, die
ich als sehr schwerwiegend empfand. Anschließend schilderte
ich diese Obliegenheit dem Kultusministerium in Wiesbaden:

An das Hessische Kultusministerium
Sehr geehrte Frau Neumeier,
wie ich Ihnen bereits in o.g. Telefonat mitgeteilt habe, möchte ich Ihnen
die letzten Vorgänge noch schriftlich zukommen lassen.
Am 13.11.2007 habe ich einen Brief mit der Bitte um Rückstufung
meines Sohnes Leon an die Schulleitung (Frau Wagner, Direktorin der
Grundschule) gesandt. Vor diesem Schreiben hatte ich noch ein ausführ-
liches Gespräch mit Frau Paulsen, der Klassenlehrerin der 2. Klasse. Da
Leons Klassenlehrerin, Frau Seidel, und auch die Direktorin, Frau
Wagner, mir im Vorfeld jegliche Hoffnung auf eine Rückstufung genom-
men hatten mit der Begründung, die zweiten Klassen seien voll (es gibt
hier zwei zweite Klassen) und diese hätten sehr schwierige Kinder, mit de-
nen Leon nicht zurechtkommen würde, wollte ich mir selbst noch einmal
ein Bild bei der zuständigen Klassenlehrerin machen. Frau Paulsen äu-
ßerte die Meinung, dass es allemal besser sei, ein Kind vorzeitig zurück-
zunehmen, um ihm die Demütigung des „Sitzenbleibens" zu ersparen.
Sie teilte mir weiterhin mit, dass sie Leon persönlich aus Vertretungsun-
terrichten kennen würde, und ich sollte auf jeden Fall versuchen, ihn zu-

rückzustufen. Sie meinte: „Für Leon ist immer ein Platz in meiner Klasse frei.“

Dies war das erste Mal, dass in dieser Schule jemand so etwas zu mir gesagt hat, endlich jemand, der meinen Jungen nicht gleich ablehnte. Ich verfügte nun über eine Bestätigung, dass mein Anliegen an die Schulleitung vielleicht die Lage meines Kindes verbesserte, und schrieb demzufolge den Brief mit Antrag auf Rückversetzung. Eine Woche später rief mich Frau Wagner an und meinte, dass der Antrag abgelehnt worden sei, da Leon in der jetzigen Jahrgangsstufe am besten gefördert würde. Als ich ihr darauf erwiderte, dass mein Sohn laut Prognose der Klassenlehrerin und Frau Kraft vom BFZ das Klassenziel nicht erreichen wird und nicht versetzt würde, sagte mir diese: „Dann bleibt er eben sitzen.“ Die arme Frau Paulsen traute sich im Anschluss an diese Schulkonferenz nicht mehr, mit mir zu sprechen. Immer wenn ich sie ansprach, sagte sie mir: „Es gibt auch gute Schulen in unserer Kreisstadt.“

Mittlerweile ist es so weit, dass wenn wir uns begegnen, sie mich nicht mehr anschauen kann und ganz schnell weggeht. Ich werde auf keinen Fall mehr versuchen, mit dieser Frau noch einmal ein Gespräch anzufangen. Ich möchte vermeiden, dass Frau Paulsen für ihre Freundlichkeit bestraft wird.

Am 13.03. schrieb mein Rechtsanwalt ebenfalls einen Brief an das Staatliche Schulamt mit der Bitte um vorzeitige Zurückstufung meines Sohnes. Dieses Schreiben wurde von dem Staatlichen Schulamt erst beantwortet, als mein Sohn sich schon in der KJP befand. (Schreiben per Anlage beigefügt). In diesen Monaten nach den Halbjahres-Zeugnissen bis zur Einweisung in die KJP hat mein Sohn sich in der Schule sehr gequält. Ich wollte mit dieser Zurückstufung eigentlich die Zeit bis zur Einweisung in die KJP überbrücken, um meinem Kind etwas Entlastung zu verschaffen.

Mit Schreiben vom 09.06.2008 wurde mir mitgeteilt, dass mein Sohn nicht versetzt wird. Am 16.06.2008 hatte ich ein Telefonat mit Frau Wagner über die Nachmittagsbetreuung in der hiesigen Grundschule. Leon soll nach den Ferien in die Jean-Paul-Schule gehen. Diese haben zwar einen Kinderhort bis 15.00 Uhr, dieser ist aber hauptsächlich für jüngere Kinder. Die Therapeuten aus der KJP sowie Frau Noll, Leons

Erziehungsbeistand vom Jugendamt, finden es sehr wichtig, dass Leon, da er ein Asperger-Autist ist, so oft wie möglich mit Kindern zusammenkommt. Ich möchte gern, dass mein Kind im hiesigen Ort weiter Kontakt zu den hier lebenden Kindern hat. Frau Graf, die zuständige Erzieherin (Betreuerin) in der Nachmittagsbetreuung, hatte mir schon zugesagt, dass wenn der Landkreis mit der Lösung einverstanden wäre, sie mein Kind bei sich aufnehmen würde.

Leider bekam ich am 16.06.2008 keine Zusage der Direktorin, Frau Wagner, der Schulleiterin der Grundschule. Eigentlich wollte ich an diesem Tag mit Frau Seidel, der Klassenlehrerin von Leon, telefonieren. Ich wollte sie fragen, ob sie mir fürs Jugendamt eine Stellungnahme schreiben könnte, warum Leon eine Schulassistenz benötigt. Nachdem ich drei Mal versucht hatte, Frau Seidel telefonisch zu erreichen, hatte ich Frau Wagner am Telefon, die mir sagte, Frau Seidel hätte Aufsicht. Frau Wagner vertröstete mich mit meinen Fragen auf Donnerstag, den 19.06.2008.

Ich rief gleich nach dem Gespräch mit Frau Wagner beim Landkreis an, um mich zu informieren, was denn gegen eine Nachmittagsbetreuung von Leon in unserem Dorf sprechen würde. Die dort zuständige Dame wusste nicht, wieso Frau Wagner hierbei so lange überlegen wollte. Sie sagte mir, dass es kein Problem sei, dass Leon dort in die Betreuung gehen würde. Es sei egal, ob er in die Kreisstadt oder anderswo zur Schule gehen würde. Es gäbe keinerlei Probleme, Leon am hiesigen Ort in die Nachmittagsbetreuung zu schicken. Sie wolle gleich bei Frau Wagner anrufen und ihr mitteilen, dass von ihr aus alles klargehen würde. Für die Hausaufgabenbetreuung müsste ich dann verantwortlich sein. Was für mich gar keine Frage ist. Ich bin auch früher mit Leon immer alle Hausaufgaben durchgegangen.

Da am Freitag die Sommerferien beginnen, habe ich heute noch mal versucht, etwas über mein Anliegen zu erfahren. Ich habe Frau Wagner darauf angesprochen. Sie teilte mir mit, dass eine Nachmittagsbetreuung hier in der Grundschule aus versicherungstechnischen Gründen nicht möglich sei, außerdem würden die beiden Erzieherinnen alles umgestalten und es gäbe dort keinen Platz mehr für meinen Jungen. Frau Wagner vertrat ebenso die Meinung, da ich nicht berufstätig bin, habe ich gar *kein Anrecht auf einen Betreuungsplatz. Ich war nicht mehr in der Lage, irgendetwas darauf zu antworten. Ich habe versucht, Frau Graf auf ihrem Handy zu erreichen, um sie nach der Umgestaltung zu fragen. Frau Graf meldete sich am Handy, aber als ich meinen Namen sagte, hat sie wieder aufgelegt. Auch Frau Oger vom Landkreis teilte mir mit, dass sie die Entscheidung von Frau Wagner mittragen würde und ihr nicht in den Rücken fällt. Frau Wagner sagte mir auch, ich solle den Integrationsplatz für Leon, den ich am 18.02.2008 beim Staatlichen Schulamt schriftlich beantragt habe, zurücknehmen. Da ich noch keinerlei schriftliche Zusage von der Jean-Paul-Schule habe, werde ich dies nicht tun. Frau Wagner erklärte mir, wenn ich diesen Antrag nicht zurücknehme, bekäme ich keine Zuweisung vom Staatlichen Schulamt für die Jean-Paul-Schule.*

Im Moment bin ich zu misstrauisch und werde nichts mehr, was mir jemand mündlich sagt, schriftlich bestätigen. Heute Morgen hatte ich einen Anruf vom Sekretariat der Jean-Paul-Schule, diese Dame wollte die Adresse von der zukünftigen Nachmittagsbetreuung Leons haben, da Leon gleich von dem zuständigen Fahrdienst in die Betreuung gebracht werden sollte. Eigentlich sind alle Beteiligten davon ausgegangen, dass es wegen der Nachmittagsbetreuung keine Schwierigkeiten geben würde. Da mein Sohn Asperger-Autist ist, wäre so etwas eine unerlässliche Maßnahme, um ihm einen Einstieg in die Gesellschaft zu erleichtern.

Wäre Leon ein vollkommen normales Kind, würde ich liebend gerne auf weiteren Kontakt mit dieser Schule verzichten. Leider braucht mein Sohn den Kontakt zu den Kindern in unserem Ort, dafür kann weder mein Kind noch ich etwas. Mir wäre alles andere auch lieber, ich habe mir die Behinderung meines Sohnes nicht ausgesucht und mein Kind ist dafür auch nicht verantwortlich. Ich habe große Angst, wenn meine Enkeltochter in ein paar Jahren in diese Schule muss und dann das gleiche Spiel von Diskriminierung sich wiederholt, nur weil meine Enkelin mit mir verwandt ist. Meine Tochter hat mich damit beruhigt, dass sie Laura nicht hier auf diese Schule schicken wird.

Leider kann meine Familie nicht so einfach wie Frau S. mit ihrem Sohn Felix in einen anderen Ort ziehen, damit uns Gerechtigkeit widerfährt und mein Sohn das bekommt, was ihm rechtmäßig zusteht. Für Ihre Be-

mühungen danke ich Ihnen im Voraus und verbleibe

Die Stelle im Brief, an der Frau Wagner mich aufforderte, meinen Integrationsantrag aufzuheben, damit Leon eine Zuweisung für die Jean-Paul-Schule erhielt, machte mich sehr stutzig. Das Schulamt ordnete zu keinem Zeitpunkt einen solchen Auftrag an. Ergo urteilte die Hausfrau, meine Wenigkeit, dass „Big Sister" erneut ein auffallend schlauer Geistesblitz durchzuckte! Falls ich den Integrationsplatz in meinem Gesuch an die Schulbehörde aufgehoben hätte und die Übernahme meines Buben zur anthroposophischen Bildung negativ verlaufen wäre? Was dann? Mutmaßungen, sonst nichts! Vorsicht ist die Mutter der Porzellankiste! Am selben Tag schrieb ich noch einen Brief an den Landkreis, den Chef für das Bau- und Schulwesen, den Ressortleiter der Nachmittagsbetreuung. Da dieses Schreiben im Wesentlichen denselben Text wie der vorhergegangene Brief beinhaltet, offenbare ich nur das Ende:

Ich bitte Sie nun höflich, mir eine schriftliche Stellungnahme zukommen zu lassen, da ich in dieser Sache Ihren Standpunkt wissen möchte, um eine klare Aussage des Landkreises zu erhalten. Ich möchte Frau Oger in keiner Weise angreifen, da sie von dem Konflikt zwischen mir und Frau Wagner nicht wissen konnte. Darum bitte ich Sie, mich schriftlich über die gesetzlichen und versicherungstechnischen Vorschriften über eine Schulbetreuung in Kenntnis zu setzen.
Außerdem hätte ich ganz gerne von Frau Oger eine Stellungnahme über ihren plötzlichen Sinneswandel. Ich habe meinen Anwalt um rechtlichen Beistand gebeten und gegen die Schule, Frau Wagner, eine Dienstaufsichtsbeschwerde eingereicht, die ich dem Staatlichen Schulamt und dem Hessischen Kultusministerium habe zukommen lassen.
Für Ihre Bemühungen …

Zu dieser Anfrage erhielt ich von den Schulbehörden keinerlei Anschauung, null Reaktion! Der Chefvertreter des Landkreises, Herr Fels, meldete sich telefonisch bei mir und konnte die ganze Situation noch nicht einordnen. (Oberbosse schenken Niedrigvolk prinzipiell keine Aufmerksamkeit!) Monsieur Fels versprach, sich um alles zu kümmern. Dies geschah in der zweiten Woche der Ferien. Kurz vor Ende der Erholungszeit telefonierte der Staatsdiener wiederholt mit uns. Mein Mann Ralf nahm das Gespräch entgegen. Der Herr erzählte ihm:

„Es ist nicht möglich, Leon im Nachmittagshort unterzubringen, da die versicherungstechnische Regelung eine Ausnahme nicht zulässt. Es tut mir leid, aber es dürfen nur Kinder, die an dieser Schule unterrichtet werden, den Hort besuchen." Eine schriftliche Stellungnahme erhielt ich nie. Ein Gespräch mit meinem Rechtsanwalt führte ich ebenfalls nicht, ferner verfolge ich nicht mehr das Ziel, Le Petit in der hiesigen Schulbetreuung unterzubringen. Zu diesem Zeitpunkt ward mir die ganze Streiterei echt zu doof, daher begrub ich das Kriegsbeil und erhoffte inständig, dass sich jeder langsam beruhigte und wir schließlich zu einem normalen Alltag zurückfinden würden! Mit Frau Kröger vom Jugendamt vereinbarte ich, dass wir erst einmal ein paar Wochen Schulunterricht abwarten, um zu erfahren, welche Hilfestellung der kleine Mann am dringendsten benötigte: eine Schulassistenz oder den adäquaten Betreuungsplatz am Nachmittag. Beides finanziert der Landkreis, Abteilung Jugendamt nicht.

Eigentlich war ich einmal fest entschlossen gewesen, keinerlei Abstriche in den Hilfen für meinen Stammhalter mehr zuzulassen. Nur entpuppten sich die letzten Jahre für Leon und mich als überaus nervenaufreibende Kraftzerstörer! Mein Verlangen nach einem friedlichen Alltag überdeckte alle anderen Gedanken. Wir benötigten dringendst Ruhe und Frieden. Meinem Sprössling mangelte es zwar an adäquater Unterstützung, aber eine übernervöse und ausgelaugte Mutter nutzte ihm rein gar nichts. Im Gegenteil, der Kleine besitzt einen Stimmungssensor! Je unruhiger und gestresster ich bin, desto mehr dreht er auf!

Das Ende einer dreijährigen Diagnosesuche!

Nach Leons Entlassung aus der KJP (Kinder- und Jugend-psychiatrie), in der er siebeneinhalb Wochen stationär zwecks Diagnose beobachtet wurde, besuchte mein Kind die Schule für Kranke, welche der Klinik angeschlossen ist.

Am 19.06. 2008 erhielt ich von dort einen Abschlussbericht:

Schulbericht für das Schulhalbjahr 2007/2008, 2. Halbjahr, für Leon Schulz, geb. am 15.03.1999.
Leon besucht die Schule für Kranke seit dem 13.05.2008. Er erhielt durchschnittlich zwölf Wochenstunden Unterricht in einer Kleingruppe mit zwei bis vier Schülern. Die angebotenen Unterrichtsfächer waren Deutsch, Mathematik und Englisch. Sachunterricht wurde fachübergreifend einbezogen. Der Unterricht erfolgte nach den Rahmenplänen der Klasse 3 für Grundschulen. Arbeits- und Sozialverhalten:
Leon verhielt sich von Anfang an recht zurückhaltend und still. Er kam selten aus sich heraus, wirkte kaum richtig ausgelassen und fröhlich. Sein Verhalten war stets höflich, Aufforderungen kam er jedoch nicht immer sofort nach. Er versuchte dann, sich zum Beispiel durch Toilettengänge oder andere Dinge zu entziehen und von der Forderung abzulenken. Manchmal machte er den Eindruck, nicht ganz anwesend zu sein. Arbeitsaufträge konnte Leon in diesen Phasen kaum nachvollziehen. In sein Hausaufgabenheft schrieb er zum Teil andere oder gar keine Aufgaben, auch erledigte er die Hausaufgaben nicht immer im entsprechenden Heft oder er machte nicht die von ihm geforderten und notierten Aufgaben. Beim Abschreiben machte er häufig Fehler, die er selbst nicht erkannte. Leon benötigte noch viel Hilfe und klare Strukturen in Bezug auf Organisatorisches wie beispielsweise das Aufräumen des Schulranzens, aber auch das konkrete Erteilen von Arbeitsaufträgen, da eine freie Auswahl ihn überfordert hätte. Phasen, in denen er gut und motiviert mitarbeitete, wechselten mit solchen, bei denen er kaum vorankam. Leons Begründung war dann in der Regel, dass ihn die Aufgaben langweilen würden, dennoch machte er dabei mehr oder weniger Fehler. Diese

korrigierte er zwar, meistens musste man ihn aber mehrmals dazu auffordern, da seine Gedanken immer wieder abschweiften. Mit seinen Mitschülern verstand sich Leon nicht immer gut, ab und an kam es zu beleidigenden Äußerungen den anderen gegenüber, sodass auch er gelegentlich Beleidigungen ausgesetzt war. Die Einführung eines Verstärkerplanes sollte dieses Verhalten regulieren helfen. Schulische Leistungen:

Deutsch: Leons Leseleistungen waren recht gut, jedoch bereitete es ihm teilweise Mühe, Sinn entnehmend zu lesen und demzufolge die Arbeitsaufträge umzusetzen. Ab und an las er nicht genau oder mit sehr verwaschener Aussprache. Bei der gemeinsamen Besprechung der Themen kam er meist gut zurecht, die Umsetzung in Einzelarbeit fiel ihm allerdings nicht immer leicht. Auch nach mehrmaligem Erklären und Vorgeben der Lösung schrieb er zum Teil andere Dinge auf. Folgende Themen wurden im Deutschunterricht behandelt: verschiedene Übungen zur Rechtschreibung, Adjektive, Wörter mit der Vorsilbe un-, Bohnentagebuch. Thema Hunde: Steckbrief zum Lieblingshund schreiben (Informationen aus Texten entnehmen), Körper und Lautsprache des Hundes, verschiedene Hunderassen unterscheiden, Körperbau des Hundes, Hundeberufe, Hundegedicht lesen und teilweise auswendig lernen, Verhalten und Aussehen von Hunden, Besuch der Hundeausstellung im Naturkundemuseum. Mathematik: In Mathematik unterliefen Leon immer wieder Fehler, da er beispielsweise die Addition mit der Subtraktion verwechselte oder den Übertrag übersah. Auch bei einfachen Ergänzungen schlichen sich Fehler ein, bei der von ihm geforderten Überprüfung verwendete er teilweise die Finger. Das Prinzip des Dividierens gelang Leon nicht immer, vor allem die Übertragung auf größere Zahlen fiel ihm manchmal verhältnismäßig schwer. Folgende Themen wurden im Mathematikunterricht behandelt: schriftliche Addition und Subtraktion im Zahlenraum bis tausend, Multiplizieren und Dividieren mit großen Zahlen. Englisch: In Englisch arbeitete Leon recht gerne mit, wobei er sich vor allem in Gruppenarbeit noch etwas zurückhielt. Besonders Bewegungslieder ließen ihn mehr aus sich herauskommen. Seine Leistungen sind in Englisch als gut zu bezeichnen. Im Englischunterricht wurde folgendes Thema behandelt: Body.

Es gab also in Sachen Schule nichts Neues zu berichten! Ich dachte: „Es wird noch viel Zeit, Hilfe und Verständnis benötigt, damit Leon eines Tages die schulischen Belange nicht als demütigend und, wie er stets bemerkte, als langweilig empfindet. Vielleicht verarbeitet er all die Gemeinheiten und diskriminierenden Erfahrungen durch seine Grundschule, um genügend Motivation fürs zukünftige Lernen zu erhalten!?"

Aus eigener Erfahrung ist mir hinlänglich bekannt, dass der Grundstein für schulischen Eifer in den ersten Schuljahren gelegt wird. Wenn ein kleines Wesen äußerst jämmerliche Erlebnisse in der Anfangszeit, seiner didaktischen Karriere erleidet, sind Kraftbeanspruchungen im weiteren Verlauf dieses Daseins vorprogrammiert. Die Belehrung und das geistige Arbeiten als etwas Angenehmes zu betrachten, ist in den meisten Fällen nicht mehr möglich! Alles was damit zusammenhängt, empfindet ein Heranwachsender gleichsam fies. (Das ist meine Einschätzung, so erlebe ich es bei mir selbst, bei einer meiner Töchter und auch bei Leon.) Von der Klassenlehrerin, Frau Seidel, erhielt ich keine Stellungnahme zur Befürwortung eines Schulassistenten! Da die Beantragung, lt. Aussage der zuständigen Behörde als „knorrig" dargestellt wurde, erforderte der Antrag so viele Gutachten von Fachpersonen, wie wir aufzutreiben vermochten.

Es war Sache des Landkreises, diese Fachhilfe zu finanzieren. Das Amt vertritt aber die Meinung: „Alles was die Schule betrifft, soll die Schulbehörde bezahlen!" Die Pennen-Bosse ihrerseits lehnen jegliche Kostenübernahme ab und verweisen auf den Landkreis. So kann es passieren, dass man betroffene Eltern hin und her treibt. Die armen Leute werden hierdurch so verunsichert, dass sie oft aufgeben. Zumal es keine Seltenheit ist, dass beide Behörden tricksen, auf Teufel komm raus, um keine Kosten zu übernehmen. Der Abkömmling spielt hierbei meist keine Rolle, es handelt sich ausschließlich um Sparpolitik! Also war ich Herrn Hohmann, dem Sonderschullehrer und Verfasser des letzten sonderpädagogischen Gutachtens im Auftrag des Schulamtes überaus dankbar, dass er mir eine zusätzliche Stellungnahme zuschickte:

Förderschule, Herr Hohmann, 23.06.2008
Ihr Sohn Leon Schulz, geb. 15.03.1999 / Telefonat mit Frau Schulz am 12.06.08, Bescheinigung zur Vorlage beim Jugendamt

Wegen seiner längerfristig anhaltenden Lernprobleme wurde über den Schüler Leon Schulz im Februar 2008 im Auftrag des Staatlichen Schulamtes ein sonderpädagogisches Gutachten angefertigt. Im Rahmen dieser Überprüfung wurden verschiedene Tests durchgeführt, Gespräche mit unterrichtendem Lehrpersonal und Eltern geführt und Leons Verhalten im Unterricht in mehreren Schulstunden und in Testsituationen beobachtet. Es konnte u.a. festgestellt werden, dass bei Leon oft eine große Unkonzentriertheit und sehr wechselhafte Stimmungen auftreten, die sein Lernen sehr erschweren. Auch große Schwierigkeiten bei altersentsprechenden, jedoch selbstständig zu erledigenden Aufgaben konnten nachgewiesen werden. Meist arbeitete Leon überhaupt nur dann mit, wenn die anwesende Lehrperson sich ausschließlich um ihn kümmerte. Auch von ärztlicher Seite wird davon ausgegangen, dass Leons Verhalten von einer komplexen Störung geprägt ist, die eine längerfristige, differenzierte Förderung notwendig macht. Bei Leon waren Asperger-typische Persönlichkeitsmerkmale diagnostiziert worden. Für sein weiteres Lernen benötigt Leon sehr viel individuelle Zuwendung und Unterstützung. Wir unterstützen daher den Antrag der Eltern, dass für Leon eine Schulassistenz bereitgestellt wird.

Am 18.06. erhielt ich die schriftliche Bestätigung, dass man Leon in der Jean-Paul-Schule aufnahm. Einige Unterlagen waren noch auszufüllen und somit war die Aufnahme meines Sohnes in die anthroposophische heilpädagogische Schule perfekt. Bei der Jean-Paul-Schule handelt es sich ebenfalls um eine Erziehungs- und Lernhilfe-Schule. Die Zuweisung des Staatlichen Schulamtes erfolgte am 24.06. 2008:

Beschulung Ihres Sohnes Leon, geb. 15.03.1999. Hessisches Schulgesetz vom 13.07.2006 (GVBl.I S.386) in Verbindung mit der Verordnung über sonderpädagogische Förderung vom 17.05.2006 (ABl.6/06, S. 412) Mein Schreiben vom 23.01.2008, Az: wie oben.

Die in meinem Auftrag von der Förderschule durchgeführte Beratung, Ihre schriftliche Einverständniserklärung zur Umschulung Ihres Kindes in die Jean-Paul-Schule, Schule für Erziehungshilfe

Sehr geehrte Frau Schulz, sehr geehrter Herr Schulz,
i.o. Angelegenheit ergeht folgender Bescheid:
1. Ich weise Ihren Sohn gemäß § 54 Abs. 4 i. V .m. § 21 Abs. 5 VO Sonderpädagogische Förderung antragsgemäß der Förderschule, Jean-Paul-Schule zu.
2. Die sofortige Vollziehung der Zuweisung wird hiermit angeordnet. Begründung: Sie beantragen mit Schreiben vom 10.06.2008 die Zuweisung zur Förderschule, Jean-Paul-Schule. Diese erfolgt deshalb mit Wirkung vom 01.08.2008. Die Zuweisung erfolgt gemäß § 54 Abs. 2 Ziffer .4 Hess. Schulgesetz in Verbindung mit § 21 Abs. 5 der Verordnung über sonderpädagogische Förderung. Gleichzeitig wird die sofortige Vollziehung der Zuweisung gemäß § 80 Abs. 2 Ziff. 4 der Verwaltungsgerichtsordnung (VwGO) angeordnet. Dies ist sowohl im öffentlichen Interesse als auch im Interesse des Kindes geboten. Eine aufschiebende Wirkung eines Rechtsbehelfs hätte zur Folge, dass Ihr Kind ab dem neuen Schuljahr nicht in der gebotenen Weise beschult werden könnte. Dies widerspräche in hohem Maße sowohl der Verpflichtung als auch dem Recht des Kindes bezüglich einer notwendigen sonderpädagogischen Förderung und würde auch für die Mitschüler/innen eine nicht hinnehmbare Beeinträchtigung ihres Lernens darstellen. Leon wünsche ich, dass er sich in der Jean-Paul-Schule schnell einlebt und dass er viel Freude und Erfolg beim Lernen hat. Rechtsmittelbelehrung! Gegen diesen Bescheid kann innerhalb eines Monats nach Bekanntgabe Widerspruch eingelegt werden. Der Widerspruch ist schriftlich oder zur Niederschrift bei dem Staatlichen Schulamt für den Landkreis und die Stadt zu erheben. Dabei sollten die zur Begründung dienenden Tatsachen und Beweismittel angegeben werden. Die Bearbeitung des Widerspruches unter Kostenord-

nung für den Bereich des Kultusministeriums. Wegen der Anordnung der sofortigen Vollziehung ist beim Verwaltungsgericht der Antrag auf Wiederherstellung der aufschiebenden Wirkung des Widerspruchs möglich. Die Bearbeitung des Widerspruchs unterliegt den Bestimmungen des Hess. Verwaltungskostengesetzes und der...

Diese Schulbescheide sind für viele Eltern oft schwer zu verstehen. Erziehungsberechtigte sollten sich die ganzen Paragrafen wegdenken, mit denen kann man nur etwas anfangen, wenn ein Rechtsanwalt konsultiert wird. Wichtig ist der Inhalt. Vätern und Müttern gestattet man die Wahl, darüber nachzudenken, ob sie den Anordnungen des Schulamtes Folge leisten, oder ob sie sich für ihr Kind etwas anderes vorstellen.

Einen fristgerechten Widerspruch sollte man auf alle Fälle erst einmal erheben, wenn Unsicherheit sich breitmacht, damit die Einspruchsfrist eingehalten wird. Außerdem benötigen Eltern manchmal genügend Zeit, um die Vorschläge der Schulbehörde zu überdenken. Ich legte nach dem zweiten sonderpädagogischen Gutachten durch meinen Rechtsanwalt Widerspruch ein, da die Schule mich mit diesem sonderpädagogischen Bericht zu erpressen versuchte! Die Klassenlehrerin und die Dame vom BFZ (Bildungs-Förder-Zentrum, Sonderschullehrerin für Lernhilfe) benötigten meine Einwilligung für die Umschulung auf eine Lernhilfe- bzw. Erziehungshilfe-Ausbildung. Die beiden Damen legten mir das Gutachten vor und forderten dessen Einhaltung: Bei Abweichungen des Kindsverhalten muss eine Sonderschule in Betracht gezogen werden! (Die Abschiebung!)

Es dauerte eine Weile, bis ich begriff, dass die Penne ohne Zustimmung der Eltern keinerlei Eigenmächtigkeiten vornehmen darf. Die Lehranstalt in unserem Ort versuchte von Anfang an, mich zu zermürben und die Direktorin beabsichtigte, mir einzureden, dass ich überhaupt kein Mitspracherecht bei der Beschulung meines Sohnes besaß. Am Anfang war ich sehr verunsichert und schenkte dem Bluff der Lehrerin Glauben. Gott sei Dank organisierte ich verschiedene Hilfspersonen mithilfe des Kinderarztes, die mir beratend zur Seite standen. Im Laufe der Zeit klärten sich viele Taktiken der Behörden, da meine Erfahrungen diesbezüglich kontinuierlich zunahmen. Ein lernfähiger Mensch versteht irgendwann auch die gemeinsten Behördenspiele!

So erfasste ich, dass die sonderpädagogischen Gutachten nur dazu dienten, meinen Widerstand zu umgehen und mit rechtlichen Mitteln, also den Expertisen, das Schulamt zu veranlassen, sich einzuschalten, um den Jungen in eine Sonderschule zu verbringen. Die staatliche Institution trägt Scheuklappen und befürwortet uneingeschränkt jegliche Entscheidungen seiner Direktoren.

Leider für die Intriganten der Grundschule, entsprach das dritte Gutachten als Einziges den Wünschen der Pädagogen und stellte bei Leon sonderpädagogischen Förderbedarf im Sinne einer Förderschule fest. Jetzt probierte das staatliche Schulamt, mich in die Enge zu treiben. Mit der gemeinen Drohung, meinen kleinen Schatz durch Polizeigewalt in die vom Amt ausgesuchte Lehranstalt zwangseinzuweisen! (Die von mir geforderten Schulen waren der Behörde zu teuer.)

Man sollte sich nicht veräppeln lassen, auch das staatliche Schulamt besitzt keine Rechtsmittel, die es ihm erlaubt, über den Kopf der Eltern hinweg zu entscheiden. Wenn die Kontroversen zu schlimm werden, ist es unbedingt angesagt, sich Hilfe zu besorgen. In diesem Fall ist ein Rechtsanwalt unerlässlich. Niemand sollte sich scheuen, dem angedrohten oder vorgeschlagenen Weg der Ämter zu widersprechen! Es ist vollkommen egal, wie man dieses Einspruch-Schreiben formuliert. Hauptsache, dass klar und deutlich daraus hervorgeht, welche Argumente gegen die Entscheidung der Schule und der zuständigen Behörde sprechen.

Ich nahm bei meinen Recherchen in der Welt der Administrationen wahr, wie leichtfertig diese Dienststellen mit der Zukunft von kleinen Kindern knobeln! Ein arg böses Spiel, welches diese Leute sich ausdenken. Es gibt tatsächlich Fälle, in denen die Lehrer den betroffenen Schülern nicht die geringste Chance auf einen normalen Bildungsweg einräumen. So hörte ich von Fällen, wo Grundschulleitungen und Lehrer die kleinen Mäuse erst gar nicht bei sich aufnehmen, sondern die Schulanfänger direkt beim Aufnahmegespräch ins Abseits schieben. (10 Minuten entscheiden hier über die gesamte Zukunft/Werdegang eines kleinen Menschen! Eine willkürliche Entscheidung, die tatsächlich von der Tagesform des jeweiligen Überprüfers abhängt!?) Bei meinem Sohn Leon praktizierte man ebenfalls solche Taktiken, ohne Erfolg.

Ich lasse das Leben meines Kindes nicht von irgendjemand bestimmen, der ihn nicht kennt und ihn auch nicht wahrnehmen will! 10 Minuten und „Aus die Maus!" für den Rest des Lebens! Wo tritt hier die Gleichheit und die Gerechtigkeit, wie im Grundgesetz verankert, in Kraft?) Viele Eltern schenken den Lehrern und Behörden Vertrauen, sie nehmen tatsächlich an, diese erstreben für unsere Nachkommen „nur das Beste!"? Vielleicht mutmaßen die Pädagogen tatsächlich in diesem Moment, dass ihr Dekret die Realität darstellt. Die Gedankenarbeit der Pauker und Beamten beschränkt sich nur auf die Dinge, die mittels eventueller Berichte wurzeln. Diese Personen leiden derart an Ego-neunmalklug, dass sie Anschauungen anderer keinesfalls akzeptieren. (Dies gilt natürlich nicht für alle Pädagogen. Ausnahmen bestätigen wie immer die Regel, oder umgekehrt!)

So vernahm ich oft bei Dialogen mit Staatsdienern den Standardsatz: „Hören Sie nicht auf andere Leute, die sind vollkommen inkompetent. Mein extra langes Studium und meine Ausbildung berechtigen mich, solche Wahrsprüche zu fällen!" Diese Damen und Herren, die beabsichtigten, mir ihre ausschließliche Kompetenz zu verkaufen, kannten in den meisten Fällen meinen Sohn gar nicht persönlich oder bildeten sich bereits nach einem Gespräch von 10 bis 15 Minuten eine unumstößliche Ansicht! So erlangte die Einschulungsärztin vom Gesundheitsamt nach einem Zehnminutengespräch angeblich den vollen Durchblick. Sie bewertete uns, obwohl sie keinerlei Kenntnis von unserem Leben und der Persönlichkeit des Kindes aufwies. Die Medizinerin erkundigte sich weder beim Kinderarzt noch bei den Erzieherinnen im Kindergarten nach meinem kleinen Mann. Aber sie erachtete sich als urteilssicher. Leider registrierte die Ärztin während der Unterhaltung mit meinem Knaben nicht, dass dieser keinerlei Lust mehr verspürte, weiterhin mit ihr zu debattieren und deswegen Antworten erfand, die durchaus nicht zu den Fragestellungen passten. Leon schwatzte einfach irgendwelchen Blödsinn, der ihm gerade in den Sinn kollerte, sobald Le Petits Interesse nachließ. Er hörte nicht mehr zu und schaltete einfach ab. Die Direktorin, die Leon bei der Einschulung bewertete, fertigte sich ein Bild von meinem Sohn ausschließlich vom Bericht der Schularztuntersuchung an. Dort entstand schon die erste falsche Ausführung! Außerdem war ihr bekannt, dass mein Junge im Kindergarten einen Integrationsplatz einnahm.

Die Vorurteile befanden sich also bereits in ihrem Kopf, als sie loslegte, meinen Abkömmling für die Einschulung zu beleuchten. Das ganze Elend, die Inspektion, spielte sich mit ca. fünf bis sechs anderen Stammhaltern über etwa zehn Minuten ab. Die Schulleiterin würfelte mit den Kindern und befragte diese nach der Summe der zwei Würfel. Leon, ganz clever, hatte tolle Antworten parat und war hierauf sehr stolz. Bei ihm waren: 3 + 6 = 36 und 2 + 5 = 25. „Der Junge ist nicht mal in der Lage ordentlich zu addieren!" Die Schulleiterin warf uns ihre unumstößliche Diagnose beim Betreten ihres Büros sogleich vor:

„Mit so einer Rechnerei fehlt Ihrem Kind die erforderliche Schulreife!" Die Vorurteile der Chefin vermehrten sich durch das äußere Erscheinungsbild von uns als Mama + Papa noch zusätzlich wie Läuse. Mein Mann war jahrelang politischer Häftling in der ehemaligen DDR. Er sieht aus wie jemand, der im Knast einsaß. Ist ja auch so, nur verbüßte er diese Haftstrafe nicht aufgrund strafbarer Handlungen, sondern wegen der Äußerung seiner politischen Meinung in einem diktatorischen Land. (Selbst wenn dieser Mann ein Schwerverbrecher gewesen wäre: Darf man seine Vorurteile an unschuldigen kleinen Wesen auslassen?) Ich bin ebenfalls der legere Typ und erschien nicht im kleinen Schwarzen.

Als die Direktorin mit der falschen Addition unseres Sohnes nicht weiterkam, hängte sie dem kleinen Mann einen Sprachfehler an! Sie nötigte uns, Leon auf die Sprachheilschule zu schicken, mit anschließender Unterbringung in der Sonderschule für Lernhilfe. Durch meine Erfahrungen und durch die vielen Recherchen in der Welt der Schulen und deren übergeordneten Behörden, knipste sich ein Licht an, das die Bürokratie in den Lehranstalten beleuchtete, Engstirnigkeit und Papierkrieg wie in allen anderen deutschen Behörden. (Auch in etlichen zuständigen Vereinen traf ich solche verstaubten Aktenordner an!)

Alles scheitert an der Kompetenz- und Kostenfrage. Die Lehrer und die höheren Beamten in den staatlichen Schulämtern und Ministerien sind von ihrer Ermächtigung so sehr überzeugt, dass sie keine anderen Sichtweisen zulassen. Ich hörte von Lehrern, genau wie von den Beamten in hoher Position aus dem Staatlichen Schulamt oft den Spruch: „Die Sozialarbeiter ... usw. können diese Angelegenheit nicht überblicken und ihr Urteil ist nicht adäquat. Ich las die Berichte und habe durch mein Studium die einzige Befähigung! Ausschließlich ich bin kompetent!" Wobei ich bis heute nicht weiß, woran diese Pädagogen ihre Allwissenheit festmachen. Ich schreibe hier meine Sichtweise der Dinge, wie sie durch all meine Kontakte zu diesen Leuten zustandekam.

Wäre ich jetzt Lehrer, mein geistiger Standort flüsterte: „Ich habe durch meine gemachten Erfahrungen die hierfür nötige Kompetenz und alle anderen sind unwissend!" Das ist natürlich Blödsinn, ich empfinde solch eine Einstellung als sehr anmaßend! Durch Erfahrungen lernt man dazu, das ist eine korrekte Aussage. Die Pädagogen ließen sich durch nichts überzeugen und versuchten, mir ständig ihren unumstößlichen Standpunkt aufzuzwängen, wenn nötig sogar mit Polizeigewalt! Da Leon Schulz und seine Eltern nun einmal mit einem schlechten Ruf infiziert wurden, lehnte man meinen Knaben von Anfang an ab. Durch Vorurteile erlangte die Direktorin ihr Wissen. Die Dame hielt uns wohl auch für total blöd, denn ihren Vorschlag, den Jungen erst in die Vorschule oder die Sprachheilschule zu exilieren mit anschließender Deportation zur Lernhilfeschule, riet la Grande Madame, ausschließlich unter uns zu beraten und niemand anderen in ihr Denkmodell einzuweihen. Eigentlich könnte man über die Schulleitung herzhaft lachen, aber in diesem Fall plante sie, einem Kind bereits am Anfang seines Lebens eine echte Chance auf eine gute Bildung zu zerstören!

Sonderschule bedeutet, ausgeschlossen zu sein aus der normalen Gesellschaft. Diese Kinder finden in der heutigen Gesellschaft gar keine Lehrstelle. Den Pädagogen fehlt hier echt der Weitblick. Hauptschüler haben in dieser Gesellschaft kaum noch die Möglichkeit, eine gute Ausbildungsstelle zu ergattern. In den Köpfen der heutigen Betriebsausbilder und selbst in staatlichen Institutionen (die eigentlich mit gutem Beispiel vorangehen müssten) sind Jugendliche mit Realschule (Mittlerer Reife) für das Handwerk gerade gut genug. Für den Rest der Lehrstellen benötigen die Bewerber wenigstens Abitur.

Die Direktorin, die die Einschulungsprüfungen mit den Trabanten durchführte, verließ die Grundschule in unserem Ort. Eine neue Leiterin betrat die Schulbühne. Ich erhoffte einen Neuanfang. Leider war der Grundstein für die Vorurteile bereits gelegt. Nach dem ersten halben Jahr, in dem Leon sich super beteiligte und voller Motivation mitarbeitete, wurde unser Enkelkind geboren. Mein Nachkomme erträgt bis heute keine gravierenden Erneuerungen und baute vollkommen ab. Die Kindergartenbetreuerinnen verhinderten bei häuslicher

Modifikation seinen totalen Zusammenbruch. Wir zogen an einem Strang und erfassten die Labyrinthe des kleinen Jungen, um ihn auf den Boden der Tatsachen zurückzuholen. Die Pädagogen interessierten sich nicht für Gespräche und für die Erfahrungen der Eltern und der Erzieherinnen. Sie zauberten sich die einfache Variante hervor und kramten die alte Voreingenommenheit abermals aus einer Schublade hervor. Ihre Feststellung: „Leon ist für diese Schule nicht geeignet, Es handelt sich bei Ihrem Sohn um ein Lernhilfekind! Der Junge muss auf die entsprechende Sonderschule!"

Da meine kleine Maus ab diesem Zeitpunkt nicht mehr in das Raster der angepassten Schulkinder hineingepresst werden konnte, verbreiteten sich Gerüchte, wir würden unseren Abkömmling vernachlässigen. Also verstärkten die Pädagogen den Druck auf uns Eltern, um dieses Kind, bei dem sie Mehraufwand leisteten, in eine staatliche Sonderschule abzuschieben. Als ich diese Befangenheiten bzw. die Kompetenz der Lehrer durchbrechen wollte und ihnen von dem Verdacht auf Asperger-Autismus, ADHS oder vielleicht sogar Hochbegabung berichtete, lehnten sie meine Wahrscheinlichkeiten rigoros ab. Ich war nicht fachkundig Die Pauker kannten sich bei Syndromen natürlich bestens aus und wiesen sich, bei einer Erkennung derselben, als die absoluten Fachleute aus: „Leon hat so etwas nicht!"

Der Verdacht auf Hochbegabung von Le Petit ließ sich nicht von der Hand weisen, aber die Lehrer ignorierten die Testung des Sonderschullehrers einfach. Dieser Pädagoge entfloh aus dem guten hessischen Land, um eine Lehrerstelle in einem anderen Bundesland anzutreten. Nun bot sich eine besonders günstige Gelegenheit, um die positive Prognose des Herrn und dessen Prüfung einfach beiseitezuschieben: „Dieser Test kann nicht gewertet werden, da das Ergebnis nicht korrekt ermittelt wurde!" So der Kommentar der Sonder-Pädagogin von der Lernhilfeschule plus der Schulleitung. Da sich die angeratene Lehranstalt für Lernhilfe als eine der einfachsten und billigsten Eventualitäten darstellte, ignorierte man einfach eine normale Intelligenz des kleinen Schülers und die Hochbegabung sowieso! Der Kinderfänger für diese Schule agierte vor Ort. O.g. Sonderschulpädagogin, mit extra langem Studium, betreute insbesondere die schwierigen Trabanten an der Grundschule und diese Dame vermittelte auch anderen Müttern den Eindruck, Nachschub für ihre Lehrinstitution einzusammeln. Bei dem Kindertherapeuten, den ich aufsuchte, da hier auf die Schnelle ein Termin zu ergattern war, wurde im Schnelldurchlauf eine Diagnose auf: „Inkompetenz der Mutter wegen ihrer psychischen Erkrankung" erstellt! Wie ich feststellen musste, weisen wirklich gute Fachleute in diesem Bereich eine Wartezeit von 1 Jahr und mehr auf! Hier erreichte ich ständig die Anrufbeantworter und es erfolgten nur ganz wenige Rückmeldungen. Bei einer angeblich beachtlich guten Verhaltenstherapeutin ließ ich mich auf der Warteliste eintragen.

Diese Psychologin versprach mir, sich nach ca. einem Jahr bei mir zu melden. Da Leon eine gute Verhaltenstherapie benötigte, wollte ich mir diesen Platz auf Vorrat sichern. Leider meldete sich diese Dame nach zwei Jahren immer noch nicht und war auch nicht mehr zu erreichen. Um kurzfristig etwas wegen einer Diagnose zu erreichen, musste ich bei dem erwähnten Doktor zugreifen. Herr Dr. Arnold, die angebliche Koryphäe in der Diagnostik solcher Syndrome!? Ein ganz kurzes Gespräch mit dem kleinen Mann und eine schnelle Unterredung mit den Eltern. Zwei weitere Sitzungen erledigte Doktors Mitarbeiter. Sein kompetentes Urteil: „Die Ursachen für die Fehlentwicklung des Jungen …" und ich bin halt mal wieder an allem schuld.

Damit dieser Herr sich ein korrektes Urteil bilden konnte, spielte ich mit offenen Karten und berichtete von meiner Angststörung. Diese psychosomatische Erkrankung hindert mich öfters daran, unser Haus angstfrei zu verlassen. So lieferte ich dem Arzt seine Beurteilung frei Haus. Leons Bild beim Staatlichen Schulamt wurde nach den Berichten der Schule und den pädagogischen Gutachten gezeichnet. Die Sozialarbeiterin vom Jugendamt und ich waren nicht befugt, uns eine Überzeugung zu erlauben. So schafften Frau Noll, die Begleiterin und ich es nicht, mit unseren Bemühungen für den Knaben eine adäquate Bildung zu entdecken und dem kleinen Mann sein Leben zu erleichtern. Wir bewegten uns keinen Schritt voran. Es existierte einfach kein Lichtblick, wir redeten uns den Mund fusselig, doch niemand nahm uns zur Kenntnis. Jeder protzte mit seinem Wissen über mein Schätzchen, nur die Sozialarbeiterin und ich dumme Mutter hießen „die Ahnungslosen". Trotzdem existierte ein riesiger Unterschied zwischen den Kompetenten und Frau Noll und meiner Wenigkeit.

Wir zwei versuchten, meinen Kleinen zu verstehen und bemühten uns um ihn. Die anderen beurteilten (verurteilten) nur. All diese Erfahrungen brachten mich dazu, etliche Lehrer wirklich für inkompetent und selbstherrlich zu erachten. Wenn diese Personen kleinen Wesen aufgrund von Befangenheiten jede Bildungschance verweigern, plus Kinder auf Schulen verteilen dürfen, wie es ihnen gerade beliebt (ein getestetes hochbegabtes Kind wird urplötzlich nach einem halben Jahr guter Leistungen zum Lernhilfekind. Als man ihnen die Lernhilfeprognose widerlegte, verwandelte sich das kleine Lebewesen plötzlich in ein Erziehungshilfekind. Und dann mutierte dieser kleine Junge wieder zum Lernhilfekind, weil laut pädagogischem Gutachten doch keine Erziehungshilfe mehr vorlag!?).

Wenn diese Lehrer Eltern und Schülern das Leben zur Hölle machen dürfen, nur weil deren Auffassungen andere Anhaltspunkte aufweisen und die Einwilligung für einen unsinnigen Schulvorschlag verweigern! Wenn Pädagogen die Nachkommen seelisch zerstören, da die Erziehungsberechtigten um ihre gegensätzlichen Wahrnehmungen ringen müssen und das alles mit dem Segen sämtlicher Staatsbeamten – wie kann eine Regierung dann noch vertrauenswürdig wirken? Diese Verwaltungseinheit ist noch nicht einmal in der Lage, Artikel 3 des Grundgesetzes durch ihre eigenen Beamten einzuhalten:

Gleichheit vor dem Gesetz:
Alle Menschen sind vor dem Gesetz gleich.
Männer und Frauen sind gleichberechtigt.
Niemand darf wegen seines Geschlechts, seiner Abstammung, seiner Rasse, seiner Sprache, seiner Heimat und Herkunft, seines Glaubens, seiner religiösen oder politischen Anschauung benachteiligt oder bevorzugt werden. Niemand darf wegen seiner Behinderung benachteiligt werden.

Wenn wir uns nicht endlich einmal ernsthaft Gedanken über die Zukunft unserer Gesellschaft machen und unser Staat die Notwendigkeit nicht einsieht, dass in der Bildungspolitik dringend Veränderungen angesagt sind, wird unsere Gesellschaft in naher Zukunft untergehen. Es gibt immer mehr Kinder, die Auffälligkeiten zeigen und aussortiert werden. Somit entsteht eine Zweiklassen-Gesellschaft: Die der Gebildeten und der Ungebildeten. Nur eine gerechte Bildungspolitik kann unsere Kinder davor bewahren, in extreme Kreise abzustürzen. Denn die Unzufriedenheit wird die Benachteiligten in die Kreise der Extremisten und Sekten treiben. Auch der Drogen- und Alkoholkonsum wird sich unter den Jugendlichen immer mehr verbreiten.
Nur Allgemeinbildung für alle Kinder kann unsere Gesellschaft davor bewahren auseinanderzufallen. Ein Grundwissen ist die Grundlage für Aufklärung, und auf diese Ausgangsbasis haben alle Kinder gleichermaßen ein Anrecht.

Natürlich ist die Bildungspolitik nicht das einzige Problem, welches unsere Kinder und Jugendliche haben. Aber hier ist ein Angriffspunkt für unsere Politiker, endlich einmal zu handeln. Vorträge alleine retten unsere Nachkommen nicht. Für viele Eltern ist es sehr schwierig, die Autorität dieser Behörden anzuzweifeln. Das Wohl unserer Stammhalter fordert von Eltern viel Kraft, die sie auf alle Fälle nützen sollten. In unserem

Land benötigen wir keine Sonderschulen, die den Unterricht an der Elementarschule ersetzen.

Wir benötigen Regelschulen, in denen alle Abkömmlinge gleichermaßen unterrichtet werden. Sämtlicher Förderunterricht sollte an die Grundschulen verlegt werden. Alle Schüler mit derselben Problematik auszusortieren und im selben Klassenverband unterzubringen, ist keine Lösung! Wie sollen Sonderschüler ihr Manko ausgleichen, wenn ihnen wegen der Abschiebung keine Integrationschance zuteil wird? Erlernt jemand andere Verhaltensmuster, wenn er bei den Klassenkameraden sein eigenes Spiegelbild jeden Tag immer und immer wieder erkennt? Wie vermag ein Kind in solch einer sozialen Abstiegs-Falle herauszufinden, was richtig oder falsch ist?

Am 01.07.2008 traf die Bestätigung des Autismus-Therapie-Institutes ein. Mein Sohn leidet an Asperger-Autismus. Das Institut unterzog Leon im Rahmen des KJP-Aufenthaltes einem Spezialtest. Dieser nennt sich ADOS:

ADOS-Untersuchungsbefund für Leon Schulz:

ADOS ist ein Beobachtungsinstrument, das darauf abzielt, die sozialen, sprachlichen und kommunikativen Verhaltensweisen zu erfassen, die für die Diagnose einer Störung aus dem Autismus-Spektrum relevant sind. Es umfasst eine Reihe unstrukturierter und strukturierter Situationen, die eine Vielzahl von Auslösereizen für bestimmte Arten sozialen und kommunikativen Verhaltens ermöglichen. In diesen Situationen kann das übliche soziale und kommunikative Repertoire des Kindes beobachtet werden. Mit Leon wurde Modul 3 (fließende Sprache) durchgeführt, welches aus 14 Aktivitäten mit 28 Beurteilungen besteht. Die Aktivitäten sind von ihrer Art her spielerisch, Fantasie und kommunikationsanregend. Verwendet werden Spielsachen und andere konkrete Materialien sowie Bildvorlagen. Darüber hinaus werden Gesprächsthemen über allgemeine Dinge und sozial-emotionale Fragen initiiert, die in zwangloser Atmosphäre und dem Entwicklungsalter des Kindes entsprechend eingebracht werden. Leon beteiligte sich an allen Aktivitäten gleichermaßen kooperativ. Er erfüllt alle an ihn gerichteten Anforderungen, teilweise be-

folgend wie bei einer Schulaufgabe, teilweise mit Spaß. Er zeigt flüssige Sprache in ganzen Sätzen und die Fähigkeit zur Konversation. Im Redefluss wird die Sprache manchmal verwaschen bis unverständlich, vor allem beim Erzählen einer Bildergeschichte. Hier taucht er in die Welt der Bildvorlage ein und scheint das Gegenüber nicht mehr wahrzunehmen. In der Konversation gibt er gelegentlich spontan Auskunft und reagiert angemessen auf Bemerkungen der Untersucherin, erfragt jedoch kaum weitere Informationen. In der wechselseitigen sozialen Interaktion zeigt Leon die Fähigkeit zu angemessenem Blickkontakt, sozial gerichteter Mimik und beschreibenden Gesten, wendet diese Elemente der nonverbalen Kommunikation aber nur in reduziertem Umfang an. Ebenso sind geteilte Freude und gemeinsame soziale Interaktionen möglich, erscheinen aber eingeschränkt und unbeständig. Leon beteiligt sich an allen kreativen und „Als-ob“-Aktivitäten, kopiert hierbei gerne die Anregungen der Untersucherin und verfügt selbst über wenig Variationsbreite. Wiederholt bringt er als eigenes Thema das Playstationspiel „Sonic“ ein; im Versuch der Beschreibung des Spiels lässt er kaum Einfühlungsvermögen in die offenkundige Unwissenheit der Untersucherin erkennen. Darüber hinaus waren keine repetitiven, stereotypen oder ungewöhnlichen Interessenbereiche oder Handlungen zu beobachten. In der Auswertung des ADOS liegen bei Leon die Ergebnisse für Kommunikation und soziale Interaktion mit 8 Punkten leicht über dem „cut-off“-Wert für eine autistische Störung (7 Punkte), bleiben aber unterhalb des „cut-off“-Werts für Autismus (10 Punkte). Somit lautet die ADOS-Diagnose für Leon: Autistische Störung.

Für die Erstellung einer Gesamtdiagnose ist darüber hinaus die Einbeziehung aller verfügbaren Informationen und biografischen Anhaltspunkte erforderlich.

Im Autismus-Institut fühlte Leon sich sehr wohl. Als wir vor einem Jahr diese Institution aufsuchten, wollte der kleine Mann unbedingt dort angemeldet werden. Er sprach voller Empörung: „Überall meldest du mich an, nur hier nicht, das finde ich gemein! Kann ich denn nicht doch dorthin gehen?" Damals hielt ich es nicht für möglich, dass wir so viel Schlimmes erleben mussten, um endlich einen Therapieplatz zu erhalten.

Wir bekamen jetzt eine Möglichkeit, nach einem endgültigen fachärztlichen Abschlussbericht der KJP, auf die Warteliste des Autistischen Zentrums zu gelangen. Leon platzierte sich auf dem 14. Platz, das bedeutete, dass mein Sohn noch etwa ½ bis 1 Jahr auf einen Therapieplatz warten musste. Diese Hilfe bedeutet, eine Stunde Asperger-autistische Verhaltensweisen zu verbessern und ab und zu Elterngespräche, die den Erziehungsberechtigten einen besseren Umgang mit dem Kind vermitteln sollen.

Die neue Schule

Am 2. Juli 2008 wurde mein Sohn Leon aus der KJP entlassen. Er fühlte sich überglücklich, nicht wieder in die Psychiatrie zurückkehren zu müssen. Mein Sohn genoss die Ferien rundum. Leider weinte mein armes Kind drei Tage vor Schulbeginn jeden Abend im Bett und es war ihm vor lauter Angst nicht möglich einzuschlafen. Er fragte mich ständig:

„Mama, warum muss ich auf diese fremde Schule, ich will dort nicht hingehen, bitte, bitte, lass mich wieder hier in den Unterricht. Ich verspreche dir, auch ganz lieb zu sein!" Ich versuchte, ihm die Angst zu nehmen und erklärte dem armen Tropf, dass es in der neuen Schule viel leichter für ihn würde.

Leons neue Klassenlehrerin bringt viel mehr Verständnis für ihn auf: „Auch die Kinder sind ähnlich wie du, du wirst sehen, mit diesen Sprösslingen und Erziehern kommst du viel besser zurecht!"

Ich weiß nicht mehr, was ich meinem Kind noch alles erklärte. Mein Anliegen war, ihn zu beruhigen. Es brach mir das Herz, meinen kleinen Mann wieder einmal so leiden zu sehen. Der kleine Junge erkundigte sich unter Tränen:

„Warum darf ich nicht mehr hier in die Betreuung gehen? Duldet Lina (Frau Graf von der Grundschulbetreuung) mich denn auch nicht mehr bei sich? Hat mich denn keiner auf der Schule lieb? Vermisst mich denn dort niemand? Ich sehne mich so sehr nach den Lehrern und meinen Schulfreunden!"

„Frau Graf vergisst dich bestimmt nicht. Sie konnte auch nichts gegen die Entscheidung in der Betreuung unternehmen! Die neue Lehranstalt ist viel schöner. Nachmittags bleibst du eben zu Hause, dann machen wir zwei es uns richtig gemütlich!" Ich wünschte mir, meinem Sohn die Enttäuschung zu ersparen, dass niemand bereit war, für ihn einzutreten. Leon registrierte eine ganze Menge und so meinte er:

„Ich weiß schon genau, was passiert ist, die Frau Wagner kann mich bloß nicht leiden und hat allen gesagt, sie sollen mich hassen! Wenn die Direktorin endlich verschwindet, könnte ich zurück in meine Schule!"

„Nein mein Schatz, du musst so oder so nächstes Jahr auf eine andere Penne gehen. Es ist besser, jetzt auf die neue zu wechseln, dort bleibst du bis zur elften Klasse."

Leon weigerte sich vehement, seine jetzige Lebenslage zu akzeptieren. Mein Kind lebt in der Gegenwart, mit der Zukunft kann er nicht viel anfangen. Er ist nicht in der Lage, vorausschauend zu denken. Die kleine Maus bemerkte nur noch im Weggehen:

„Es ist schon schade, so abgeschoben zu werden, ich bin wirklich sehr traurig!" Unser kleiner Mann erlebte wider Erwarten keinerlei Eingliederungsprobleme in der neuen Schule. Ein paar Tage später erklärte er mir überaus stolz:

„Mama, die Tabletten wirken richtig toll. Ich schaffe es, ohne Fehler abzuschreiben!" Leon bekam Ritalin (richtiger Name Methylphenidat) verabreicht. Dieses Medikament benötigte meine kleine Maus, um die Aufmerksamkeitsstörung zu verbessern. Gegen einige Symptome bei ADHS verordnet der Mediziner dieses Präparat den Zappel-Leutchen. Das Arzneimittel Ritalin verursacht bei dauerhafter Anwendung eine Abhängigkeit und fällt unter das Betäubungsmittelgesetz. Bei Asperger-Autismus wie bei autistischen Erkrankungen darf dieses Mittel nicht eingesetzt werden.

Die erste Woche war ich gezwungen, meinen Sohn am Kragen zu packen und ihn mit Gewalt zum Schulbus (einem Kleinbus vom ASB) zu zerren. Am Transportauto angekommen, schob ich ihn ins Wageninnere und schloss ganz schnell die Tür. Ich unterhielt mich mit ihm wirklich sehr vernünftig und der Junge beabsichtigte, freiwillig einzusteigen, aber dann war seine Angst vor dem Fremden wieder größer als sein guter Wille.

In den ersten Tagen musste die Klassenlehrerin besondere Strenge anwenden, wodurch ihre Anweisungen oft hart und laut wirkten. Leon verspürte plötzlich entsetzliche Angst vor dieser Pädagogin. Ich telefonierte mit Frau Prell, sie erzählte mir:

„In den ersten Tagen nach den Ferien war es hier sehr turbulent, einige Kinder fangen nach den Ferien immer wieder an auszutesten, wie weit sie gehen können. Ich bin gezwungen, sehr energisch zu reagieren. Leon passte sich gut an und er arbeitete ebenfalls mit, ihn lobte ich! Mir ist nicht aufgefallen, dass der neue Schüler Angst verspürte, im Gegenteil, er lebte sich wirklich schon ein und kommt eigentlich mit den Kindern zurecht."

Leon berichtete mir immer wieder, er würde es nicht ertragen, wenn seine Klassenlehrerin zu schreien anfing. Ich redete ihm ständig gut zu und versicherte meinem Sohn:

„Dich hat sie doch gar nicht damit gemeint. Frau Prell lobt dich doch, du arbeitest toll mit! Die Kids, die stören, muss man eben mal maßregeln!"

„Die Klassenlehrerin und all die anderen Lehrer sind viel zu streng, ich will da nicht mehr hin!" Mein Sohn wirkte schon wieder genauso verzweifelt wie im letzten Jahr in der Regelschule. Unter Zwang, um meiner Verantwortung Rechnung zu tragen, nötigte ich mich mal wieder, hart durchzugreifen. Meine Bemühungen, den Frosch im Hals zu schlucken, gelangen und drückten die Tränen zurück in meine Augen. Mitleid durfte ich nicht verspüren! Ich musste immer hart bleiben, bei meinem Kleinen fiel es mir besonders schwer: „Regina, sei unnachgiebig, sonst geht Leon gar nicht mehr zur Schule und es wird nie ein Ende mit dem Elend und Leid nehmen! Ich will nicht mehr hart sein, ich will einfach einmal meinen Gefühlen nachgeben! Ich will …!"

Ich blieb stark und schob mein Baby in den Schulbus, dabei schluckte ich den Frosch herunter, der nicht mehr verschwinden wollte. Mein Kleiner tobte nach zwei Wochen nicht mehr, wenn er in den Kleinbus einstieg, aber er redete immer noch von seiner Angst vor der Schule, den Kindern und den Lehrern. Ich ermutigte ihn ständig und wir kuschelten jeden

Morgen, bis der Bus eintraf. Leon erzählte mir abends immer wieder die Geschichte, dass im Himmel die Wolken nach Erdbeeren schmecken und er lieber bei seinem Opa, dem Onkel und seiner Tante sein möchte. Oft sagte er:

„Im Himmel gibt es keine Schule, da brauche ich keine Angst zu haben und kann immer fröhlich sein!"

Kinder sollten auf der Erde glücklich sein. Sie sind das schönste Geschenk Gottes und ihre Geburt ist das allergrößte Wunder überhaupt. Leider wissen viele Menschen mit solch einer Gabe nicht umzugehen. Es ist wirklich schlimm, das größte und schönste Geschenk Gottes, das allergrößte Wunder nicht gut zu behandeln, sondern das Geld und sich selbst über das Wohl unserer kleinen Mäuse zu erheben. Alle Kinder besitzen ein Anrecht auf eine unbeschwerte, glückliche Kindheit. Leider ist dies in unserem Land, einem Land des Wohlstands, einem Land des Reichtums und der angeblich unbegrenzten Möglichkeiten, einem Land, in dem die Menschen frei sind (?), für solche Kinder wie Leon einfach nicht machbar! Auch für die Kleinen, mit anderen Behinderungen, kann das Leben sich als unlösbares Problem darstellen!

Unser kleiner Mann besitzt Eltern, ein Zuhause, jemanden der ihn liebt, und ...! Es gibt viele arme, kleine Wesen in unserem Land ohne Eltern und ohne Liebe und noch viel Schlimmeres, kleine Menschen, die in der Hölle leben! Diese armen Würmer dürfen wir nicht vergessen. Gerade hier können die mangelnden Hilfen und Desinteresse tödlich enden. Die Zeitungen hinterfragen bei ihren Recherchen solcher Tragödien nie, warum die staatlichen Ämter eine Betreuung solcher Familien einfach abbrechen. Meine Erfahrungen in Sachen Jugendamt bestehen darin, dass Hilfsprogramme generell zwei Jahre nicht überschreiten. Die Begründung lautet: „Die Familien müssen nach dieser Hilfestellung, also nach 2 Jahren sehen, dass sie alleine zurechtkommen!"

Auf meine Feststellung: „Zwei Jahre rausgeschmissenes Geld! Wie kann man die Betreuung einer Familie, die den Problemen nicht gewachsen ist, plötzlich abbrechen, nur weil mehr Zeit mehr Geld bedeutet? Wenn der Sozialarbeiter aus dieser Familie ausscheidet, ist alles, was erreicht wurde, wieder hinfällig!" die lapidare Antwort: „Das stimmt nicht!" Außerdem entscheiden bei den Jugendämtern, genau wie in anderen bürokratisch geführten Organisationen, die Sessel-Pupser über die Verteilung von Geldern für Hilfsprogramme: „Sie lesen die Berichte und entscheiden!"

Das größte Problem derartiger Bürokraten besteht in ihren Sparprogrammen, ihre Zahlungsverweigerung findet an der falschen Stelle statt, sie lassen gefährdete Kinder einfach im Stich. Diese erheischen als Erwachsene so richtig „Money!", wenn sie dem Staat flugs wiederum zur Last fallen!

Als man Leon umschulte und mit riesigen Knacknüssen aus der KJP entließ, musste Frau Noll vom Jugendamt die Betreuung meines Sohnes beenden, da die zwei Jahre nicht überschritten werden durften. Wir beichteten es dem kleinen Jungen bis heute noch nicht. Mein Sohn glaubte bis dato, Frau Noll würde ihn irgendwann einmal wieder zu Exkursionen abholen. Dieser zusätzliche Abschied hätte ihn noch mehr verwirrt.

In einer Sitzung der Familientherapeutin der KJP musste mein Nachkomme viele Figuren auf ein Brett platzieren. Diese Holzpuppen stellten wichtige Familienmitglieder dar. Die Toten in unserer Familie waren beständig anwesend. Ich weiß, dass die Verstorbenen unserer Sippe noch nicht absolut aus dem familiären Leben verschwunden sind. Sie existieren irgendwie weiter. Besonders meine Mutti lässt sie fortgesetzt erneut auferstehen. Dieser Zustand ist besonders für unseren Nachwuchs fatal. Ein Psychologe erzählte mir einmal, dass die Altlasten bei schweren Schicksalsschlägen erst in der dritten oder vierten Generation die Familien nicht mehr dominierend belasten.

Bei uns traten schwere Schicksalsschläge bisher in jeder Altersgruppe auf. Meine Großmutter verlor ihre Mutter sehr früh, später fielen ihr Mann und beide Söhne sowie ihr Schwiegersohn als junge Burschen im Krieg. Mutti erlebte als Kind dasselbe und im Erwachsenenalter starben ihr 21-jähriger Sohn, ihr 60-jähriger Mann und ihre 39-jährige Tochter auf sehr tragische Weise. Dies sind auch meine traurigen Erinnerungen. Meine Mädchen erlebten den Tod meiner Schwester (Renis und Annes Mama) hautnah, hier erblickten sie ihren Alptraum. Leon, Laura und Cedric, mein Sohn und meine Enkelkinder, werden mit Sicherheit den Tod ihrer geliebten Oma-Uroma verkraften müssen. Von Altlasten vermag man hier wirklich nicht zu reden. Ich hoffe inständig, dass den Kindern aus späterer Generationen solche Schicksalsschläge erspart bleiben und unsere zukünftigen Nachfahren dann wirklich von Altlasten sprechen dürfen. Der Tod existiert als ein normaler Vorgang! Der belastende Aspekt: In unserer Familie sind so viele junge Leute auf scheußliche Weise gestorben! Eine immense Tragik, die zu bewältigen sich als nahezu unmöglich darstellt. Also lebte auch Leon, genau wie meine Mädels, mit den Toten. Was sich im Endeffekt bei meinem Sohn hieraus entwickelte, war momentan noch gar nicht zu überblicken!

Ab dem 18.08. plante die 4. Klasse eine Klassenfahrt. Eine echt tolle Idee, dass so etwas am Anfang eines Schuljahres unternommen wird. Die Kinder erhielten eine richtig gute Chance, sich besser kennenzulernen. Sie fuhren mit fünf Studenten zum Zelten in einen kleinen Ort. Dort beabsichtigten sie, fünf Tage an einem Bach auf einer Waldwiese zu zelten und Steinzeit zu erleben. Ich freute mich sehr für meinen Schatz, meine Gedanken hierzu: „Die Chance für meinen Sohn, sich zügiger dem Klassenverband anzupassen! Klassenfahrten unterstützen die Trabanten, mittels der Freizeitstimmung flotte Freundschaften zu schließen!" Leon empfand dasselbe überhaupt nicht als tolle Idee. Er weigerte sich mitzuzelten! Er wünschte sich, diese Zeit zu Hause zu verbringen:

„Schatz, du kannst nicht hierbleiben! Wenn du nicht mitfährst, musst du die ganze Woche in einer anderen Schulklasse verbringen!" Ich versuchte, mit meinem Stammhalter über die Reise zu debattieren.

„Ich will nicht mitfahren, fremde Kinder machen mich krank! Ich habe doch so eine Angst!" Leon verspürte wirklich Furcht oder etwa doch nicht? Mein Sprössling provozierte erneut enormes Mitleid! Ich besprach die Szene mit der Klassenleiterin. Wir beschlossen, dass der kleine Mann an der Tour teilnehmen würde. Ich vermochte ihm nicht noch zusätzlich eine andere Kindergemeinschaft, zudem andere Lehrer, aufzubürden. Wenn seine zukünftigen Kumpels vom Camping zurückkehrten, war der Kleine gezwungen, sich wieder in die 4. Klasse zu begeben. Ob ich ihm die Klassenfahrt aufdrängen durfte, überblickte ich beim besten Willen nicht? Es gab aber keinen anderen Ausweg. Mein Knäblein durfte sich nicht zu Hause verstecken, er benötigte gleichaltrige Kinder und er musste sich mit der Zeit an die neue Lehranstalt gewöhnen! Jede andere Eventualität schloss ich aus! Meine ganz voluminöse Sorge: „Hoffentlich hält Leon diese große Belastung durch!"

Aus eigener Erfahrung (ich leide an einer Angststörung; viele Menschen mit Höhenangst oder anderen kleinen Einschränkungen infolge Panikzuständen sind in der Lage, diese Sinnesempfindungen nachzuvollziehen) weiß ich, wie sehr einen Angst beeinflusst. Verzagtheit bringt einen Menschen beständig dazu, ganz einfache Vorhaben zu streichen, da einem die Verwirklichung undenkbar erscheint! Ich betete unbeirrt zum lieben Gott, er möge es meinem Kind etwas leichter machen!? Was vermochte ich auch anderes zu tun außer beten? Mir waren die Hände gebunden, ich stellte mir immer wieder dieselbe Frage: „Wie kann ich meinem Kleinen helfen, um ihm sein Leben zu erleichtern?" – Es heißt, der Glaube versetzt Berge. – Ich hoffe sehnlichst, dass Leon, meine Familie und ich es wenigstens schaffen, den Berg zu erklimmen!?

In meiner Verzweiflung und um mich ein wenig abzureagieren, suchte ich im Internet nach dem Ministerbüro für Bildung in Berlin. Ich fand eine Hotline und rief dort an, um mir Luft zu verschaffen. Die Schule trägt einen großen Anteil an dem Unglück meines Sohnes. Ich brauchte mal wieder ein Ventil und so dachte ich: „Rufst einfach mal an und lässt etwas Ärger ab!" Die Aufregung während des Telefonates steigerte sich enorm! Der Mann am Telefon wirkte arrogant:

„Es tut mir ja wirklich leid", was gelogen war, ich denke, er fühlte sich belästigt: „aber im Ministerium interessiert man sich nicht für private Probleme dieser Art. Sie müssen sich in dieser Beziehung selbst weiterhelfen. Der Versuch mit Rechtsanwalt und Hessischem Kultusministerium ist bestimmt der richtige Weg!"

„Das kann doch nicht wirklich Ihr Ernst sein, es betrifft hierbei nicht ausschließlich meinen Sohn, sondern es sind viele andere Kinder mit ADHS, ADS, Hochbegabung und Asperger-Autismus involviert. Ihr Desinteresse ist unmöglich! Diese Abkömmlinge werden durch mangelnde Aufklärung nicht richtig diagnostiziert und damit um eine adäquate Beschulung gebracht. Und wie verhält es sich mit den behinderten kleinen Wesen? Die schiebt man genauso in irgendwelche Sonderschulen ab! Behinderte sollen doch in unserem Staat in die Gesellschaft integriert werden, wie kann es dann möglich sein, dass mit Wissen des Bildungsministeriums dieses Recht den Kindern verwehrt wird!?" Ich redete mich sehr in Rage und war drauf und dran, die Beherrschung zu verlieren:

„In was für einem Land leben wir eigentlich? Kann es wirklich sein, dass diesem Staat unsere Kinder, die unsere Zukunft bedeuten, das Wichtigste überhaupt, so egal sind? Und die Herrschaften haben Kenntnis über all die Vorgänge, die ganzen Probleme mit Schulen etc., das darf doch alles nicht wahr sein! Ein derartiges Verhalten ist nicht zu entschuldigen! Für menschliche Nachkommen die totale Hoffnungslosigkeit!"

Der Mann am anderen Ende der Telefonleitung fühlte sich

plötzlich durch meinen Wutanfall vollkommen überfordert:

„Ganz so ist das natürlich auch nicht, schreiben Sie doch bitte einen Brief an das Familienministerium, ans Ministerbüro." Er diktierte mir ganz schnell die Adresse und verabschiedete sich. Seine anfängliche Arroganz verflog im Laufe des Gesprächs und nun freute er sich, endlich das Telefonat beenden zu können. Schade, es tat mir so richtig gut, Dampf abzulassen. Als ich mich vor den PC setzte, um einen Brief zu formulieren, war die Wut verflogen und ich schrieb eine sehr sachliche Benachrichtigung ohne Emotionen:

An das Familienministerium, Ministerbüro Berlin, 11.08.2008
Sehr geehrte Damen und Herren,
ich habe Ihre Adresse von dem Telefongespräch auf Ihrer Hotline aus dem Internet. Obwohl mir der Herr auf der Hotline erklärt hat, dass in Ihrem Ministerium kein Interesse an privaten Schulproblemen herrscht, was ich wirklich nicht einsehen kann, übersende ich Ihnen trotzdem meinen Brief.
Mein Anliegen betrifft die Erfahrung, die ich als Mutter eines auffälligen Kindes mit der hiesigen Grundschule gemacht habe. Seit der letzten PISA-Studie hatten viele Eltern eigentlich gehofft, dass sich die Situation in unseren Schulen zum Positiven verändern würde. Leider ist in den Schulen alles noch viel schlimmer geworden. Der Konkurrenzkampf und die Anforderungen sind sehr gewachsen, sodass unsere Kleinen sehr unter dem Druck leiden müssen. Alle Kinder, die nicht in das Schulraster passen und den Anforderungen nicht entsprechen, werden auf Sonderschulen abgeschoben. Behinderte Kinder haben erst gar nicht die Möglichkeit, auf den Regelschulen integriert zu werden. Ich habe ein Kind mit Asperger-Autismus und ADHS. Was mein Sohn in unserer Grundschule erlebt hat, hat ihm jede Freude an der Schule genommen. Zu seiner Erkrankung ist nun noch die Angst vor Menschen und eine totale Verweigerung von allen schulischen Dingen hinzugekommen. Er geht nur noch unter Zwang in die Schule.
Ich hatte einmal ein Kind, das sehr aufgeschlossen war, sehr freundlich und selbstsicher und einen IQ von 145 hatte. Bis es in die Schule kam.

Es gab keinerlei Gespräche zwischen Lehrern und Eltern, meine Anfragen auf Gespräche wurden immer abgelehnt. Jedes halbe Jahr wurde ich in die Schule bestellt und mir wurde mitgeteilt, dass mein Sohn auf die staatliche Sonderschule für Lernhilfe umgeschult werden soll. Nachdem ich diese Umschulung abgelehnt habe, wurde mein Sohn ständig getestet, um ihm eine Lernbehinderung nachzuweisen. Mein Einwand, dass mein Sohn evtl. ein Syndrom oder eine andere Erkrankung hat, wurde ständig von den Lehrern mit Unverständnis und einer vollkommenen Ablehnung dieser Vermutung kommentiert. Nach der Vorstellung meines Sohnes im SPZ (Sozial-Pädiatrisches Zentrum) war mein Sohn dann kein Lernhilfekind mehr, sondern ein Erziehungshilfekind. Da ich diese Schule ebenfalls abgelehnt habe — mein Sohn ist weder ein Lernhilfe- noch ein Erziehungshilfekind — wurde er noch zwei Mal vom BFZ (Bildungs- und Förderzentrum) überprüft.

Ich hatte immer gehofft, die Schule würde einen Schulpsychologen einschalten, da meine Besuche bei den entsprechenden Stellen immer ergebnislos verliefen. Leider hat sich die Regelschule ausschließlich darauf konzentriert, meinen Sohn von der Schule abzuschieben. Leon ist nicht das einzige Kind, mit dem so auf dieser Schule verfahren wird. Leider sind viele Eltern auf das Urteil der Lehrer angewiesen und haben sehr viel Vertrauen zu diesen. So landen alle möglichen seelisch und psychisch behinderten Kinder auf den falschen Schulen. Wobei ich mir wirklich die Frage stelle, warum behinderte Kinder von den „normalen" Schulen ausgeschlossen werden. Behinderte Menschen sollen in die Gesellschaft integriert werden, wie kann man so etwas erreichen, wenn man sie als Kindergartenkinder schon abschiebt?

Ich habe mich zwischenzeitlich mit dem Kultusministerium in Verbindung gesetzt, diese haben mir geholfen, das Schulamt zu veranlassen, meinem Sohn eine adäquate Schulbildung zu ermöglichen. Vorerst bin ich mit der schulischen Betreuung meines Sohnes sehr zufrieden. Vielleicht findet Leon irgendwann wieder Freude am Lernen. Eine Integrierung meines Sohnes in unserem Ort findet nun nicht statt, da mein Sohn keinen Betreuungsplatz in der einheimischen Grundschule bekommt. Die Direktorin, Frau Wagner, hat diese Betreuung meines Sohnes in der Nachmittagsgruppe abgelehnt, obwohl der Landkreis und die zuständige

Erzieherin mir diesen Platz zugesagt hatten.

Anbei übersende ich Ihnen einige Schreiben von mir an das Schulamt und an das Kultusministerium. Ich werde nicht aufhören, für meinen Sohn Hilfen zu organisieren, und ich kämpfe auch weiterhin um die Rechte, die behinderten Kindern zustehen. Ich habe auch kein Vertrauen zu Lehrern usw., sondern bin in der Lage, mir ein eigenes Bild von unseren Problemen und Lösungen zu machen. Es gibt viele Eltern, die das nicht können, die noch nicht einmal wissen, woher sie Hilfe bekommen und was ihnen rechtlich zusteht. Jedes Kind hat ein Recht auf die optimale Schulbildung. Jedes Kind hat ein Recht darauf, in die Gesellschaft voll integriert zu werden. Außerdem haben unsere Kinder ein Anrecht darauf, Allgemeinbildung zu erhalten und Grundwissen in allen Fächern. Der Lerndruck steigt, die Anforderungen steigen, der Konkurrenzkampf wird immer härter, die Kinder werden aussortiert, aber lernen tun sie wirklich nicht mehr viel.

Da Ihnen die Problematik bekannt ist, kann ich nicht verstehen, warum nicht endlich etwas daran geändert wird? Ich wünsche mir für meinen Sohn, dass er selbstständig werden kann und eine Ausbildung absolvieren kann, trotz seiner Behinderung. Leider benötige ich Hilfen, um diesen Wunsch wenigstens etwas zu realisieren.

Mit freundlichen Grüßen …

An diesem Punkt endete das Schreiben, da ich nicht schon wieder ins Fettnäpfchen treten wollte. Vielleicht werde ich noch einmal einen Brief schreiben, wenn ich für Leon alle Unterstützungsmaßnahmen erreicht habe, die mein Kind benötigte. Um eventuelle Hilfen, die ich noch weiterhin beantragen musste, nicht zu gefährden, versuchte ich, mich zurzeit noch etwas zurückzuhalten. Es war eine Genugtuung für mich, an das Ministerium zu schreiben. So wie ich die Behörden und Ministerien einschätzte, würde keine Antwort von der Ministerin und ihren Mannen bei mir eintreffen.

Endlich erreichte uns ein Befund aus der KJP. Dies war noch nicht der endgültige Abschlussbericht, sondern nur ein vorläufiger für das Jugendamt, zum Beantragen aller Hilfsmaßnahmen. Vom Landkreis, Abteilung Jugendamt, würden nur noch zwei Unterstützungsmöglichkeiten genehmigt. Die Therapie im Autistischen Zentrum empfand ich noch mit am Wichtigsten für meinen Sohn. Hier bekäme Leon endlich Psychotherapie. Es handelt sich zwar nur um eine Stunde in der Woche, aber bisher verweigerte man dem Kind jegliche Autismus-spezifische Behandlungen. Geplant wären in diesem Institut weiterhin für die Eltern Aufklärungsgespräche über die seelische Störung bei Autismus, die vor allen Dingen mein Mann dringend benötigte.

Ralf glaubte nämlich immer noch nicht an Leons Erkrankung und war nach wie vor der Auffassung, dass unser Kind sich dermaßen auffällig verhält, weil ich ihn zu sehr verwöhnte und bemutterte! Auf diesem Standpunkt steht mein Göttergatte bis heute! Als zweite Betreuungsmaßnahme, die noch im Rahmen einer Finanzierungsmaßnahme eingebunden war, entschloss ich mich für den Schulassistenten. Leon brauchte dringend jemanden, der ihm half, den Schulalltag besser zu bewältigen. Dafür verzichteten wir auf die Nachmittagsbetreuung, die der Landkreis (Jugendamt) für meinen Sohn vorschlug. Die Sozialarbeiterin zog einen Betreuungshof für verhaltensauffällige Kinder in Betracht. Diese Maßnahme kostet im Monat 3.000,00 Euro. Bis Leon einen Termin im Autistischen Zentrum zur Therapie erhielt, sammelte ich noch viele Informationen über die Hilfsmöglichkeiten für Autisten und hoffte, irgendetwas zu finden, was mir im Umgang mit dem Kind weiterhalf. Ich würde auch ganz gerne mal wieder in der Erziehung meines kleinen Mannes etwas Selbstsicherheit erlangen. Mein Wunsch und mein Streben, nach langer Zeit endlich ein positives Gefühl zu ergattern, welches mir Festigkeit vermittelte, dass all meine Unternehmungen und Versuche richtig und sinnvoll erscheinen ließen! Dieses Bewusstsein verspürte ich schon sehr lange nicht mehr! Leon würde es mit Sicherheit auch viel besser gehen, wenn ich bei meinen Aktionen mehr Überzeugung ausstrahlen würde.

Durch meine Unsicherheit fühlte sich auch Le Petit sehr beunruhigt. Mein großes Ziel, alles korrekt einzuordnen, um bei meinem Kind eine Daseinsverbesserung zu erreichen, war momentan nicht erreichbar!

Der Brief der KJP (ohne Datum) erreichte mich am 12.08.2008:

Klinik für Kinder- und Jugendpsychiatrie und Psychotherapie im Zentrum für Soziale Psychiatrie Kurhessen gemeinnützige GmbH – Ärztliche Stellungnahme zur Planung einer Eingliederungshilfe:
Beschreibung der sozialen Beeinträchtigung bei der Teilhabe in der Schule und Gesellschaft, welche sich aus der beschriebenen Problematik ergibt – Förderungsbedarf:
Die Anwendung verschiedener diagnostischer Verfahren (VSK, ASAD, DISYPS, ADOS) sowie Verhaltensbeobachtungen im Einzel- und Gruppensetting und die Auswertung anamnestischer Informationen hatte zum Ergebnis, dass die Verhaltensauffälligkeiten, die Leon zeigt, einer autistischen Störung entsprechen, im Sinne eines Asperger-Syndroms. Das heißt, Leon ist hinsichtlich verschiedener sozialer Funktionen sehr beeinträchtigt. Er tritt zwar leicht mit anderen Personen in Kontakt, dieser verläuft jedoch eher stereotyp und kann auch nicht lange aufrechterhalten werden. Es fällt ihm sehr schwer, zwanglose Beziehungen zu Gleichaltrigen herzustellen, und er versteht die impliziten Regeln des sozialen Miteinanders oft nicht. Er sagt häufig ungefiltert, was er denkt, auch wenn dies verletzend für den anderen ist. Leon hat große Schwierigkeiten damit, Bedürfnisse und Gefühlsregungen anderer zu verstehen oder deren Intentionen nachzuvollziehen. Der emotionale Ausdruck bei Leon ist eingeschränkt, d.h. er reagiert z.B. mimisch nicht auf Lob, Schreck oder Freude. Nur langsam lernt Leon kommunikatives Verhalten, wie z.B. den anderen während des Gesprächs anzuschauen, ihn anzulächeln etc. Hinsichtlich seiner Sprachverwendung fällt auf, dass Leon häufig stereotype, höfliche Formulierungen verwendet, das Gesagte wörtlich nimmt und keine Ironie versteht. Leon stellt häufig situationsunangemessene Fragen, spricht über seine Lieblingsthemen, ohne auf die aktuelle Situa-

tion zu achten. Sonderinteressen im engeren Sinne zeigt Leon kaum, allerdings ist er sehr fixiert auf Playstation- bzw. Computer-Spiele. Zudem zeigt Leon Symptome einer Aufmerksamkeitsstörung, er kann sich nur für kurze Zeit auf eine Sache konzentrieren, lässt sich leicht ablenken. Dies ist durch die Gabe von Methylphenidat deutlich verbessert. Bezüglich seiner motorischen Entwicklung fallen eine Haltungsschwäche, eine muskuläre Hypotonie sowie eine mangelnde Koordinationsfähigkeit auf. Mitunter handelt Leon spontan und unüberlegt, sodass er noch sehr viel Beobachtung und Kontrolle benötigt. Leon verfügt über eine gute Merkfähigkeit, hat ein freundliches Wesen und zeigt sich meist kooperativ. Hinsichtlich seiner intellektuellen Fähigkeiten ergibt sich ein völlig uneinheitliches Bild, sodass diesbezüglich kein abschließendes Urteil möglich ist.

Es ist davon auszugehen, dass seine aktuelle intellektuelle Fähigkeit mindestens im unteren Durchschnittsbereich liegt. Seine Leistungen scheinen dabei sehr abhängig von Bedingungen der konkreten Situation zu sein. Auch von der klinikinternen Schule wird ein sehr inkonstantes Arbeitsverhalten und Leistungsvermögen berichtet. Leon benötigt daher ein schulisches Angebot, das sich besonders auf die Förderung der Kommunikationsfähigkeit des Jungen konzentriert und ihm die Möglichkeit bietet, im eigenen Tempo Lernstrategien zu entwickeln und allmählich zu einer größeren Konstanz zu gelangen. Zudem ist ein klarer Rahmen unabdingbar.

Da Leon hinsichtlich seiner sozialen Fähigkeiten in oben beschriebenen Maße beeinträchtigt ist und auch durch eine gute Förderung – die auf jeden Fall als erfolgversprechend angesehen werden kann – voraussichtlich nur langsam Fortschritte machen wird, erscheint uns eine zusätzliche Unterstützung (Schulassistenz) für Leon sinnvoll. Ansonsten droht ein erneutes Herausfallen des Jungen aus dem sozialen schulischen Rahmen. Zudem sehen wir eine besondere Führung des Jungen und Unterstützung der Familie durch eine spezialisierte Einrichtung für erforderlich an und befürworten die Anbindung und Therapie im Autistischen Therapie-Institut.

Hinsichtlich der weiteren Entwicklung seiner sozialen Fähigkeiten sowie einer Unterstützung der Familie in der Förderung des Jungen wäre außerdem eine ambulante Jugendhilfemaßnahme, z.B. in Form einer Tages-

gruppe, zu empfehlen.

Bei dem Diagnose-Schreiben handelte es sich erst einmal um einen vorläufigen Bescheid, aber da der kleine Patient jetzt zu Hause verweilte, hatte der Befund keine Konsequenzen mehr zur Folge. Für diese Krankheitsbestimmung kämpfte ich drei lange, nervenaufreibende Jahre. Drei Jahre Höllenqualen meines Kindes zerstörte fast unsere ganze Familie!

Beim Lesen dieses Schriftstückes gingen mir all die Anlaufstellen durch den Kopf, die Frau Noll und ich aufsuchten, um Hilfe zu erbetteln. Wir versuchten es mit dem SPZ (Sozial-Pädiatrischen Zentrum), in der Gemeinschaftspraxis Dr. Arnold und Kollegen (Kinder- und Jugendpsychologen) sprachen wir vor und Leon wurde getestet, bei einem Herrn vom Jugendamt, einem Kollegen von Frau Noll, der Kinderpsychologe und selbst betroffener Vater ist, ließen wir uns beraten. Weiterhin war Leon im Autistischen Zentrum, hier wurde eine vorläufige Diagnose auf Asperger-Autismus erstellt und auch schriftlich bestätigt.

Dieser Bericht veränderte aber nichts für meinen Jungen. Wir stellten uns noch bei der Ambulanz der KJP (Kinder- und Jugendpsychiatrie) vor. Entscheidend war die Aufnahme in der stationären Kinderpsychiatrie. Leon wurde insgesamt 26 Mal getestet, wovon die Schule die meisten Prüfungen durchführte! Die Motivation der Lehranstalt: Mir einen Beweis zu erbringen, dass mein Kind eine Lernstörung und Teilleistungsschwächen aufweist. Das arme Kerlchen wurde drei Mal sonderpädagogisch überprüft! Diese ganzen Testungen entpuppten sich für den kleinen Mann als riesige Strapazen. Seine Verweigerungen verschlimmerten sich durch die sehr vielen Überprüfungen immer mehr, außer in Musik war er zu keinen Leistungen mehr fähig.

Das Verhältnis der Lehrer zu meinem Sohn verschlimmerte sich zunehmend. Die Diskriminierungsattacken wurden viel härter, um den Druck zu erhöhen, damit ich endlich aufgab!

Wir beanspruchten pädagogische Frühförderung. Der kleine Junge bekam 2 Jahre lang Ergotherapie durch den Kinderarzt verschrieben. Ein Logopäde überprüfte ihn und stellte nichts Gravierendes fest. Die putzigen Antworten entstanden durch Leons Aufmerksamkeitsstörung. Die Sprachprüfung erfolgte bereits im Kindergarten und der Logopäde erwähnte zu dieser Zeit bereits Konzentrationsschwächen bei meinem Kind!

Nach ½ Jahr guter Schulzeit beantragte ich die Beistandschaft beim Jugendamt, nachdem der kleine Mann anfing, im Unterricht abzubauen. Diese Institution war sehr hilfreich, ohne das Engagement des Jugendamtes wäre ein Durchhalten der letzten Jahre nicht möglich gewesen! Leider gewähren die Jugendämter solche Hilfen nur maximal zwei Jahre, und als es Leon mal wieder so richtig schlecht ging, musste Frau Noll gehen. Wir sagten Leon nicht, dass seine Frau Noll nicht wiederkommt, und die Jugendamtsmitarbeiterin verabschiedete sich nicht von ihrem Schützling. Mein Sohn hätte diesen zusätzlichen Abschied nicht verkraftet. Frau Noll kam zwar nicht mehr, aber unser Kind besitzt keinen Zeitbegriff und nahm es nicht wahr, dass seine Beistandschaft ging. Ab und an trafen sich die beiden beim Reiten, wo Frau Noll mit einem ihrer neuen Klienten auftauchte.

Ich nahm Kontakt mit dem Staatlichen Schulamt auf in der Hoffnung auf Verständnis und Hilfe. Fehlgeschlagen! Jetzt musste ich mich nicht nur mit der Schule herumschlagen, sondern auch noch mit der um eine Stufe höheren Lehrerschaft. In einer sehr verzweifelten Lage suchte ich Hilfe beim Hessischen Kultusministerium. Es handelte sich um einen Versuch, denn auch das Hessische Kultusministerium ist eine Schulbehörde. Tatsächlich antwortete das oberste Amt auf meinen Hilferuf. Von einigen Menschen, die es wissen müssen, erfuhr ich, dass ein Schicksalsengel die verzweifelten Versuche, ein kleines Kind aus seiner misslichen Lage zu befreien, nicht mehr mit ansehen konnte. Im Normalfall reagierte das Hessische Kultusministerium genauso wenig wie das Staatliche

Schulamt! Wenn die Damen und Herren gerade Mal guter Dinge sind, beschert einem vielleicht das Glück eine Antwort! Beim Eingreifen des Schutzengels fand sich eine Beamtin, die sogar reagierte! In dem Fall des Schulwechsels half mir die Dame aus dem KM. Ich schrieb und telefonierte aber auch 1000 Mal mit dieser Institution.

Penetrant am Ball bleiben ist unterlässlich, auch beim Staatlichen Schulamt muss man sich ständig in Erinnerung bringen, sonst vergessen einen diese Herrschaften ganz schnell! Durch das Eingreifen der im KM zuständigen Beamtin erhielt Leon einen adäquaten Schulplatz. Leider erledigte sich die Angelegenheit für das Kultusministerium mit dieser Gefälligkeit. Was die Übernahme meines Kleinen in die Nachmittagsbetreuung der Regelschule anging, vernahm ich von keiner Institution eine klare Aussage, obwohl ich auch hier ständig intervenierte! Niemand interessierte sich ab diesem Zeitpunkt mehr für das verlorene, von Ängsten geplagte Kind und seine hilflose Mutter! Für meinen Sohn änderte sich, bis auf den Schulplatz nichts, aber das wird schon.

Das Kapitel Grundschule ist immer noch nicht abgeschlossen

Am Freitag, den 1. August 2008, rief die Sekretärin der hiesigen Grundschule bei mir an, eine scheinbar sehr nette Frau.

„Hallo, Frau Schulz, Sie müssten Leons Zeugnis abholen und die Schulbücher abgeben. Wann könnten Sie denn vorbeikommen?" Ich wartete schon auf diesen Anruf und erwiderte:

„Frau Bachmann, ich setze in nächster Zeit keinen Fuß mehr in Ihre Schule. Meine Wut im Bauch könnte durch eine Begegnung mit Frau Wagner diesen zum Platzen bringen, eine Eskalation wäre nicht auszuschließen! Dem möchte ich lieber aus dem Weg gehen." Frau Bachmann wirkte überhaupt nicht überrascht und meinte nur:

„Okay, dann komme ich Montag um 9.00 Uhr bei Ihnen persönlich vorbei und bringe Ihnen das Zeugnis." Am Montag kam dann der Hausmeister, ein sehr netter Mann, mit dem ich oft ein Schwätzchen hielt. Er brachte das Zeugnis und holte die Schulbücher ab. Ich bin der Meinung, der Hausmeister und die Putzfrau sind die besten Pädagogen an dieser Schule. Die Kinder lieben beide Personen!

Leons Zeugnis :
Jahrgangsstufe 3, Schuljahr 2007/08, 2. Halbjahr. Mit Datum vom 20.06.2008
Arbeitsverhalten 4 Sozialverhalten 3
Religion 4 Kunst 4
Deutsch 5 Musik 3
Sachunterricht 4 Sport 4
Mathematik 5 Englisch 3
An der Schach AG teilgenommen
Versäumnisse: 46 Tage/46 Tage entschuldigt
3 Stunden entschuldigt
*Gemäß Konferenzbeschluss vom 04.06.2008 wird Leon Schulz **nicht** in die Jahrgangsstufe 4 versetzt.*

Das Zeugnis barg keine Überraschungen! Ich verstehe bis heute nicht, warum die Lehrer an der Elementarschule sich so vehement gegen die Rückstufung von Leon wehrten. Es wäre für meinen Abkömmling nur eine Möglichkeit gewesen, die Zeit bis zur Einweisung in die KJP besser zu überdauern.

Der kleine Mann litt in diesem letzten Schulhalbjahr beträchtlich unter Schulängsten. Zu diesem Zeitpunkt, als ich den Rückversetzungsantrag stellte, das war nach dem 1. Halbjahr der 3. Klasse, ließ das Zwischenzeugnis meines Jungen darauf schließen, dass mein Petit Monsieur didaktisch abstieg. Mein Sohn weigerte sich, zum Unterricht zu stiefeln. Die Lehrmeister faselten in den letzten Jahren von argen Eingebungen: Der kleine Knabe sei böse und dies ändere sich nur durch den Besuch der Sonderschule. Sie schwärmten ihm vom Busfahren vor und mein Stammhalter berichtete mir einmal verzweifelt unter Tränen:

„Mama, es ist doch egal, was ich mache, es ist sowieso alles falsch!" Die Pädagogen erkoren Leon für alle Schülerstreiche als den Sündenbock aus. Beispiel: Die Trabanten der 3. Klasse verprügelten öfters ein Mädchen, welches viele im Klassenverband nicht mochten. Die Direktorin und auch die Mutter der Kleinen mahnten mich an, ich sollte meinen Sohnemann davon abhalten, die Verfolgte weiterhin zu malträtieren. Mir war bewusst, dass Leon seine Klassenkameraden imitierte, er haute und schubste seine Mitschülerin. Ich verteidigte diese Handlungsweise auf gar keinen Fall, meine Empfindungen über solches Benehmen sind eindeutig. Gewalt darf man, egal aus welchem Anlass, niemals tolerieren! Leon wurde für sein Verhalten gerügt. Anne und ich versuchten in einem Rollenspiel, unserem Männlein die Lage des Mädchens nahezubringen. Petit Monsieur kapierte nach diesem Rollenspiel, in dem er seine Mitschülerin Lotte darstellte, was wir zu erklären beabsichtigten. Er durchschaute dessen ungeachtet nicht, dass sein Handeln falsch war! Der kleine Knabe erläuterte hierzu, vollkommen unschuldig:

„Mama, ich weiß, dass Lotte sich beschissen fühlt, mich haut es auch oft so um, wenn die anderen mich so gemein behandeln! Ich bin aber nicht derjenige, der Lotte böse schlägt und gemein quält. Alle Kinder kloppen und hassen das Mädchen, die erwischt oft ganz schön böse Dresche, aber durchaus nicht von mir. Ich haue gar nicht fest, ich tue das doch nur, um den Kindern zu zeigen, dass ich wie alle anderen bin! Das muss ich doch so machen!" Später erfuhr ich von anderen Müttern, dass Leon wirklich nicht die treibende Kraft in diesen Auseinandersetzungen mit Lotte war. Da gab es andere Vorfälle, wo das Mädchen geschlagen wurde, und hieran war unser kleiner Sohn wirklich nicht beteiligt. Die Mamas begriffen ganz und gar nicht, warum die Direktorin und Lottes Mutti sich ausgerechnet Leon als Sündenbock auserkoren. Ich erfasste die Motivation der Direktorin; diese suchte ständig Anlässe, um meinem Sohn etwas beizupacken! So gabelte sie erneut einen Anlass auf, dem Knaben eins auszuwischen und mir zu beweisen, wie schrecklich mein Junge sich benahm. Bei der Mutti verhielt es sich wahrscheinlich gemäß dem Volksmund: „Immer auf die Schwächeren, die nicht imstande sind, sich richtig zu wehren!" Andere Kinder hätten sich voraussichtlich verteidigt, ferner behauptet: „Wieso sagst du mir so etwas, die anderen hauen Lotte doch auch!" Leon bewerkstelligte es überhaupt nicht, sich bei solchen Obliegenheiten im Dialog passend und gradlinig zu behaupten! Sich solche hilflosen kleinen Leutchen als Schuldige auszusuchen bedeutete, die einfache Variante zu wählen. Die Gegenwehr fällt nicht annähernd ungestüm, etwa wie bei „normalen" Kindern aus! Meine kleine Maus rechtfertigte sich zwar, aber bei seiner Antwort handelte es sich eher um einen unbeholfenen Versuchsballon eines kapriziösen Angriffs:

„Alle Kinder hassen Lotte!" Leons Mitteilsamkeit traf manche Leute wie ein Hammer, von Diplomatie verstand mein Sohn nicht die Bohne! Die Mutter der Kleinen reagierte auf die taktlose Feststellung mit:

„Das stimmt gar nicht, alle Kinder hassen dich!" So vermochte sie, ihrer Entrüstung (meine Vermutung) auf einer entsprechenden, Leon angenäherten Ebene zum Ausdruck zu verhelfen. Von meinem Bengel erfuhr ich über diesen „untere Schiene"- Disput nichts. Die Frau profilierte sich möglicherweise mit ihrem Ausspruch gegenüber den anderen Mamis. Sie ergatterte statt Zuspruch, den sie wohl erwartete, eine Rüge:

„Wie kannst du so etwas zu Leon sagen, er ist doch noch ein Kind. Du bist erwachsen und hättest es besser wissen müssen!" Es gab etliche Eltern, die mein Nesthäkchen mochten, und dies brachten sie ab und an zum Ausdruck. Der arme kleine Junge war zu jener Zeit mit seinen Nerven vollkommen am Ende, er fühlte sich total als Versager! Le Petit mangelte es gänzlich an Selbstwertgefühl und nun verspotteten ihn auch noch seine Mitschüler! Mein kleiner Mann erfasst alles Gesagte durchgepaust und derartige Hänseleien treffen ihn bis ins Mark (Trabanten können überaus grausam sein!). Den Anschuldigungen, sowie den Verdächtigungen der Mentoren schenkte Leon ebenfalls Glauben. Er erkennt keine Lügen, Ironie oder Gleichnisse! Mein Sohn ist durch seinen Asperger-Autismus nicht in der Lage, Aussagen zu differenzieren oder als unsinnig abzutun.

All diese Kampagnen gegen den Jungen machten ihn kaputt. Hauptsächlich mit den Knaben begannen die Streitereien, denn die ereilte die Vorpubertät und ihr Bestreben, cool zu wirken, ließ sie komisch aussehen. Leon verstand diese Verhaltensänderungen nicht und er fühlte sich mit dem seltsamen Viertel-Männer-Gehabe überfordert. „Cool sein" richtig zu imitieren, gestaltete sich als nahezu undurchführbar. So fing mein Schätzchen an, vorpubertäre Spinnereien nachzuahmen, und wirkte dabei lächerlich! Schaffte er es vorher oft, das Verhalten seiner Mitschüler zu kopieren, gelang dies dem kleinen Kerlchen nun überhaupt nicht mehr! Die Gleichaltrigen verspotteten den kleinen Ratlosen! Mittlerweile erkannte jeder die Schwierigkeiten im angemessenen sozialen Verhalten meines

Sohnes. Spätestens jetzt hätten die Pädagogen „zum Wohle des Kindes" eingreifen müssen. Ein Interesse an einer Berichtigung der Lage des kleinen Trabanten war allerdings nicht vorhanden und so ließen die hierfür eigentlich zuständigen Beamten das zappelnde, hilflose Wesen ins offene Messer laufen!

Außerdem bemerkten sämtliche Klassenkameraden, dass Leon von den Lehrern abgelehnt wurde. Diese behandelten den armen Tropf als Störenfried und Klassenkasper! Bis dato akzeptierten ihn die anderen Mäusezähnchen so, wie er eben war, sie lachten ihn nicht aus, selbst wenn der kleine Wirrkopf seine Strumpfhose nach dem Sportunterricht über die Jeans zog. Alle kannten das Kerlchen aus dem Kindergarten: „Leon verhält sich halt so, er macht manchmal eben komische Sachen! Das ist halt Leon!" So plapperten die kleinen Leutchen in der Vergangenheit über meinen Sprössling! Nun hänselten sie ihn! Der arme Tropf verstand die Welt einfach nicht mehr, Le Petit Garçon fühlte sich absolut verzweifelt! In dieser fatalen Situation sprach mein tieftrauriger kleiner Junge häufig über seine Sehnsucht, die Wolken im Himmel zu berühren:

„Die Wolken im Himmel schmecken bestimmt nach Erdbeeren. Mein Opa, Onkel Gerhard und Tante Bärbel sind schon dort. Im Himmel gibt es keine Schule. Ich mag ins Himmelreich reißaus nehmen! Mama, wenn ich dorthin abhaue, muss ich mich doch umbringen, oder? Nur wer stirbt, kann in den Himmel kommen? Ich könnte aus dem Fenster springen, mich vor einen Zug legen, was könnte ich beispielsweise noch tun? Ach ja, mich erschießen oder totstechen?! Genau das mache ich! Ich gehe ins Himmelreich! Vorher muss ich sterben und dann kann ich die Wolken im Himmel schmecken!"

Die Ausweglosigkeit meines Sohnes bei großer Überforderung und die durch Hänseleien und Gemeinheiten entstandenen Verletzungen seiner kleinen Seele fabrizierten diese Todessehnsucht! Während dieser Seelentiefs erzählte Leon mir die „Geschichte vom Himmel!" Ich empfand ungeheuerliches

Entsetzen und Hoffnungslosigkeit! Die Angst um mein Baby erhielt einen neuen Aspekt. Kinder verzweifeln manchmal, aber das Ersehnen des Todes ist unbeschreiblich katastrophal, außerdem für eine Mutter letztlich unbegreiflich und nicht zu verkraften! Ich nahm mein geliebtes, bedauernswertes, unglückliches kleines Wesen in die Arme, drückte ihn ganz fest an mich und erklärte mit erstickter Stimme, dass er bei mir bleiben muss:

„Leon, du darfst mich nicht alleine lassen! Ich liebe dich so sehr und schaffe es nicht, ohne dich hier zu leben! Wer stirbt, kommt nie mehr zurück! Wir müssen hier auf der Erde verweilen! Sieh mal, alle sind doch hier und sie wären sehr traurig, wenn du alleine weggehst. Unser Papa, die Oma und die Tiere würden ohne uns verhungern! Sie schaffen es nicht alleine zu leben!" Wenn ich so mit ihm sprach, sagte Leon meist:

„Okay, wir bleiben erst einmal hier. Brauche ich jetzt nicht mehr in die Schule?" Ich fand es echt mies, meinem leidenden Liebling in diesem hoffnungslosen, niedergebeugten Zustand die nächste Enttäuschung zu bereiten:

„Schätzchen, ich darf dich nicht vom Schulunterricht befreien! Die Polizei wird kommen und dich ungerührt zum Unterricht schleppen! Du hast doch mitbekommen, dass Frau Freitag vom Schulamt beabsichtigt, diese Androhung ohne Erbarmen wahrzumachen!" Der bejammernswerte kleine Mann schüttelte nur den Kopf und schlich mit gesenktem Haupt, ähnlich einem geprügelten Hund, vor den Fernseher! (Einen Hund zu schlagen bedeutet schlichtweg, dass man nichts vom Wesen dieser sensiblen, klugen Tiere kapiert. Hiebe zerstören jegliche ersprießliche Ausbildung, außerdem verursacht grobschlächtige Gewalt bei allen Schutzbefohlenen großen Schaden!)

Mein Jüngster zog sich wieder zurück und korrigierte seine Verzweiflung in Gleichgültigkeit, er wirkte, als wenn ihn das alles nichts mehr anginge. So ist es bei Leon meistens, erst regt er sich furchtbar auf, schreit, tobt oder ist sehr traurig und weint.

Plötzlich verspürte ich eine vollkommene Umkehr seiner Stimmung, ein Hebel im Kopf schaltete auf AUS und der Kleine verhielt sich vollkommen unbeteiligt. Mein Liebling wandte sich ab und alle Aufregung verlosch analog mit dem Glanz in seinen blauen Augen. Es ist äußerst schwer für mich nachzuvollziehen, was in so einem Augenblick in Leons Gedankenwelt passiert!?

Auch reichlich andere Situationen, in denen mein Nachkomme auffällig bizarr reagierte, stießen bei mir häufig auf Verständnislosigkeit! Bisher informierte uns niemand über die Asperger-autistische-Erkrankung und deren Auswirkungen! Meine großen Wissenslücken zum ADHS-Syndrom bereiteten mir ebenfalls Unbehagen! Ich las zwar viel darüber, aber das Gelesene erschien mir doch zu theoretisch. Durch die mangelnden praktischen Erkenntnisse in adäquaten Umgangsformen mit einem autistischen Behinderten und fehlenden Anleitungen von Fachleuten auf diesem Gebiet waren wir nicht in der Lage, unsere Problematik im Verhalten miteinander zu lösen. Leon erhielt bisher noch nicht eine einzige Therapiestunde in Sachen Asperger-Autismus und ADHS. Wir benötigten dringend qualifizierte Hilfe. Nur wie und von wem?

Meiner Intuition zufolge brauchte mein Kind weiterhin eine Nachmittagsbetreuung und den geregelten Umgang mit „normalen" Gleichaltrigen! Es war wahnsinnig wichtig, dem kleinen Mann hier im Ort eine soziale Integration zu ermöglichen. Leon traute sich nicht mehr alleine vor die Tür! All seine Freizeitgestaltungen waren zu diesem Zeitpunkt, nach der Entlassung aus der KJP, dem abrupten Schulwechsel und seinem Gefühl: „Keiner mag mich, ich bin balla-balla!" (Leons Ausspruch!) gefährdet, da meinem Sohn der Mut fehlte, sich weiterhin frei in unserem Dorf zu bewegen. Der kleine Junge entwickelte große Ängste, das Haus zu verlassen. Wenn ich ihn in diesem Zustand verweilen ließe, würde sich die Angst manifestieren und ein Heraushelfen aus dieser Depression immer schwieriger! Es war unbedingt angesagt, etwas dagegen zu unternehmen! Ich brauchte eine Idee, um die deutschen Bürokraten zu überlisten!? Aus vertraulichen Gesprächen mit dem Staatlichen Schulamt wusste ich, dass diese über alle Vorgänge in unserer Grundschule informiert waren! Man teilte mir unter vorgehaltener Hand mit, dass das Schulamt die Fehlentscheidungen der Schulleitung in unserer Grundschule bewusst in Kauf nahm! Außerdem steckte mir ein etwas höherer Beamter, dass bei Einlenken der Direktorin Leons Aufnahme in dem hiesigen Hort nichts im Wege stehen würde! „Mit etwas gutem Willen und dem Zudrücken eines Auges wäre dies durchaus machbar!" Offiziell änderte sich nichts.

Ich telefonierte oft mit Beamten aus diesem Amt, viele der dort arbeitenden Lehrer brachten in diesen Gesprächen ihr Bedauern über unsere Situation zum Ausdruck. Einige forderten mich auf, meine Interessen weiterhin hartnäckig zu vertreten. Wieder andere versicherten mir, dass es sich bei den angewandten Praktiken in Bezug auf meinen Sohn um Fehlentscheidungen handelte und so etwas normalerweise nicht vorkommt! Ein junger Mann, seine Stimme wirkte jedenfalls relativ jung, offenbarte mir:

„Ich kann Ihre Wut gut verstehen und meine Meinung zu den ganzen Vorfällen geht mit der Ihren konform! Leider muss ich hier noch viele Jahre arbeiten und so darf ich zu diesem Fall keine Stellung beziehen!" Wenn ich versuchen würde, diese Aussagen für meine Zwecke zu nutzen – diese Leute stritten alles ab, dann gäbe es keine vertraulichen Informationen mehr!

Nun ging ich einen anderen Weg. Meine Bemühungen, mich an die Öffentlichkeit zu wenden, bescherten mir einen kleinen Erfolg. Eine regionale Zeitung in unserer kleinen Kreisstadt verfasste eine Reportage über Leon mit Foto und Hintergrundinformationen. Dieser Artikel erschien am 14.08.2008 und ich fühlte mich unheimlich gut und freute mich über den Bericht! Unseren Sohn überkam kolossaler Stolz über das beachtenswerte Foto.

„Ich bin in der Zeitung, das Bild ist einfach toll, ich finde das sehr aufregend. Ich freue mich mächtig darüber", schwärmte Le Petit. Sämtliche Nachbarn besuchte ich, mit der Zeitung in der Hand. Sie waren von diesem Artikel begeistert. Meine Anrainer zitterten mit uns, da sie hautnah unser ganzes Elend miterlebten. Manchmal weinte eine Nachbarin zusammen mit mir, wenn mein Kleiner wieder vollkommen aufgelöst von der Regelschule zu Hause eintraf, oder wenn er wie am Spieß schrie, sobald ich ihn morgens aus der Haustür schob.

Jetzt bescherte uns diese Zeitung einen schönen Erfolg. Den wir unbedingt benötigten!

Ich versuchte, erst einmal eine Selbsthilfe-Gruppe zu kontaktieren. Im Internet fand ich nichts, aber auf den Zeitungsartikel meldete sich eine Autisten betreuende Organisation, die in Verbindung mit dem gleichnamigen Zentrum steht und dieses nach eigenen Aussagen gründete. Ich beabsichtigte, mich an diese Menschen zu wenden, um erst einmal Erfahrungen auszutauschen. Leider befindet sich dieser Verein recht weit von unserem Dorf entfernt. Ich überlegte mir, selbst eine Selbsthilfe-Gruppe zu gründen. Erfahrungen sammelte ich bereits auf anderen Gebieten: Ich beteiligte mich jahrelang als aktives Mitglied einer Verbindung für Alkoholiker. In einem Hundeverein wirkte ich ebenfalls über einen längeren Zeitraum aktiv mit. Wir organisierten Ausstellungen und setzten uns für den Tierschutz ein. Hinzu kamen Veranstaltungen, Informationsabende und sogar eine Demonstration, an deren Vorbereitungen ich mitarbeitete. Vielleicht wäre dies ein Ziel für die Zukunft! Aus eigener Erkenntnis weiß ich, dass das Austauschen von problematischen Erlebnissen mit Gleichgesinnten das Beste gegen Verzweiflung darstellt. Mein alter Leitspruch bewährte sich wieder einmal:

Wenn du denkst, es geht nicht mehr,
kommt von irgendwo ein Lichtlein her!

Ein beschwerlicher Weg
Von Heidi Senska
Bilder von Heidi Senska

Diagnose Asperger-Autismus: Mutter kämpft um gute Betreuung und Anerkennung

Regina Schulz kämpft: Um das Wohl ihres Sohnes Leon, für eine passende Schulform, um Therapie und Anerkennung. Die Ärzte der Klinik für Kinder- und Jugendpsychiatrie haben bei dem Neunjährigen jetzt das Asperger-Syndrom, eine Form von Autismus, festgestellt. Nach den Ferien wechselte Leon von der Grundschule an die Jean-Paul-Schule. Bis dahin war es ein beschwerlicher Weg. Briefe an das Schulamt, das Kultusministerium, ärztliche Gutachten und Schulunterlagen dokumentieren das beharrliche Hoffen einer Mutter, für ihren Sohn eine angemessene Betreuung zu bekommen. Bis die Diagnose „Asperger-Syndrom" feststand, musste sich Leon insgesamt 26 Tests bei verschiedenen Ärzten unterziehen. Erst seit Kurzem haben Leons Eltern die Gewissheit, dass ihr Kind ein „Aspie", wie sich Betroffene selbst nennen, ist. Erst jetzt können sie aufgrund dieser Diagnose weitere Schritte unternehmen, beispielsweise einen Behindertenausweis beantragen und in die Warteliste für einen Therapieplatz im Autismus-Therapie-Institut aufgenommen werden.

Er erkannte keine Gefahr! Schon als kleines Kind ist Leon immer etwas auffällig gewesen, schildert die Mutter. Mit drei Jahren unterschied er alle Farben, konnte auf Englisch, Französisch und Deutsch bis zwanzig zählen. Allerdings habe Leon keine Gefahren, etwa eine heiße Herdplatte, erkennen können. Mithilfe eines Kinderarztes und der frühpädagogischen Hilfe beantragte Regina Schulz für Leon einen Integrationsplatz im Kindergarten. Zusätzlich bekam Leon Ergotherapie. Alle Beteiligten tauschten sich regelmäßig über die Fortschritte Leons aus. „Im Kindergarten lief alles gut", so Schulz. Ein medizinischer Gutachter stellte bei Leon einen Intelligenzquotienten von 145 Punkten fest. Weil er so eine gute Prognose hatte, konnte Leon auf der Regelschule eingeschult werden. Nach einem halben Jahr begannen dort die Probleme: Leon verweigerte *den Unterricht, seine guten Leistungen ließen rapide nach. Regina Schulz empfand, dass Leon von den Lehrern abgelehnt wurde. Sie suchte den Kontakt zu ihnen, wünschte sich eine engere Zusammenarbeit. Der Kontakt sei in der Anfangszeit abgelehnt worden, später hieß es bei persönlichen Gesprächen, Leon sei untragbar, müsse auf eine Schule für Lern- oder Erziehungshilfe wechseln. Leons Mutter wollte das nicht hinnehmen, beantragte stattdessen einen Integrationsplatz beim Schulamt. Dieses Vorhaben und auch die geplante Rückstufung ihres Sohnes konnte sie nicht erreichen. Leon blieb sitzen. Die Grundschule wollte dazu gegenüber der HNA keine Stellung nehmen.*

Immer wieder bestätigten ihr Menschen, die sich mit Leon beschäftigten, dass er viele Dinge schnell lerne: Reiten und Keyboard spielen zum Beispiel. Auch im Religionsunterricht in der Kirche machte er sich gut. Pfarrer Günter S. bezeichnet ihn als „feinfühligen, sensiblen Jungen". Mit ein bisschen Zureden habe sich Leon immer beteiligt. Das sei für ihn immer ein Erfolgserlebnis gewesen. Jetzt sei er froh, dass Leon auf die Jean-Paul-Schule geht.

Regina Schulz kämpft weiter: Als Nächstes will sie für Leon einen Schulassistenten beantragen. Doch auch das, fürchtet die Mutter, kann sich noch eine Weile hinziehen (siehe 3. Lokalseite).

HNA, Freitag, den 15. August 2008
Bizarr und kaum bekannt

Interview mit Therapeutin Christiane W. über das Asperger-Syndrom
Von Heidi Senska

Oft müssen Eltern ihre Kinder langwierigen Untersuchungen aussetzen, bis die Diagnose einer Krankheit wie Asperger feststeht. Warum das so ist, wie man mit Betroffenen umgeht und welche Schule für sie geeignet ist, beantwortet Christiane W., Autismus-Therapeutin und Diplommusiktherapeutin am Autismus-Therapie-Institut.

Warum ist das Asperger-Syndrom so schwer zu diagnostizieren?

C.W.: Der Kenntnisstand über diese Form des Autismus ist in der Bevölkerung noch sehr gering. Auch in Fachkreisen, wie etwa bei Kinderärzten, die ja der erste Ansprechpartner für Eltern sind, ist das Wissen darüber noch nicht so ausgeprägt.

Die Tendenz ist aber steigend. Außerdem lassen sich die Symptome des Asperger-Syndroms manchmal nur schwer von den anderen Erkrankungen wie ADS, ADHS, Zwangsstörungen oder Angststörungen abgrenzen.

Wie geht man mit Asperger-Kindern um?

C.W.: Betroffenen fehlen meist wesentliche Fähigkeiten in der sozialen Kompetenz. Während diese Fähigkeiten normalerweise mühelos in der Kindheit erworben werden, müssen Asperger-Kinder die Regeln des sozialen Miteinanders und der Kommunikation mühsam erlernen. Hierbei ist oft Autismus spezifische Therapie nötig, wie wir sie in unserem Therapieinstitut durchführen. Darüber hinaus ist für Eltern und Bezugspersonen die Aufklärung über das Krankheitsbild von großer Bedeutung, um Verständnis für die manchmal bizarren Verhaltensweisen und das krankheitsbedingte Unvermögen zu entwickeln. Häufig wird das Fehlverhalten von Asperger-Kindern als Erziehungsfehler der Eltern missverstanden. Eltern zweifeln an ihrer Erziehungskompetenz und ein fataler Teufelskreis setzt ein.

Was kann den Eltern in dieser Situation helfen?

C.W.: Das Wissen um die Asperger-Symptomatik und der Austausch mit Eltern anderer betroffener Kinder kann für Entlastung sorgen und die angespannte Situation entkrampfen helfen.

Welche Schulform ist für Asperger-Kinder geeignet?

C.W.: Das hängt vom Grad der Intelligenz und vom Schweregrad der Erkrankung ab. Liegt eine durchschnittliche Begabung vor, sollte eine Regelbeschulung angestrebt werden. Dabei ist im Einzelfall ein Nachteils-Ausgleich sinnvoll, wie er zum Beispiel für Kinder mit einer Lese-Rechtschreib-Schwäche inzwischen selbstverständlich ist. Bestimmte Leistungen fließen dann nicht in die Bewertung ein. Hilfreich für Schüler mit

Asperger-Syndrom können auch eine zusätzliche Integrationslehrkraft oder eine Schulassistenz sein. Wenn diese Hilfen nicht ausreichen und die schulische Situation zu belastend wird, muss eine andere Lösung gefunden werden, vielleicht auch eine Umschulung in eine Förderschule.

Gibt es in Nordhessen Spezialschulen für Autisten?
C.W.: Nein. In Deutschland gibt es aber einige Schulversuche für Autisten. Spezialschulen für Asperger gibt es nicht.

Wären diese sinnvoll?
C.W.: Das ist immer zweischneidig. Einerseits wäre in einer Spezialschule eine intensivere und individuelle Betreuung der Kinder möglich. Andererseits besteht bei diesem Modell immer auch die Gefahr der Ausgrenzung aus der Gesellschaft. Und warum sollte ein Kind, das eine gute Intelligenz besitzt, nicht auch eine Regelschule besuchen? Unser Bestreben ist es, Betroffenen zur bestmöglichen Integration in die Gesellschaft zu verhelfen. Daher hat auch die schulische Integration erst einmal den Vorrang.

Zur Person: C. W. arbeitet seit 10 Jahren im Autismus-Therapieinstitut. Sie studierte in Heidelberg Musiktherapie mit Diplomabschluss. Später absolvierte sie Weiterbildungen zur Autismus-Therapeutin. (ska)

Hintergrund: Das Asperger-Syndrom
Von Heidi Senska

Das Asperger-Syndrom ist laut Weltgesundheits-Organisation eine tiefgreifende Entwicklungsstörung. Sie wird als angeborene, unheilbare Wahrnehmungs-Informationsstörung des Gehirns beschrieben. Asperger gilt als leichte Form des Autismus und macht sich im Gegensatz zum Kanner-Autismus erst etwa ab dem dritten Lebensjahr eines Kindes bemerkbar. Asperger ist auf den ersten Blick nicht erkennbar. Betroffene sehen normal aus, zeigen jedoch sonderbare Verhaltensweisen. Sie haben Schwierigkeiten, mit Menschen zu sprechen, Gesagtes richtig zu interpretieren und einzusetzen. Sie sind geistig normal entwickelt und zeigen häufig Spezialinteressen.

Das Syndrom wurde benannt nach dem österreichischen Kinderarzt Hans Asperger (1906-1980), der es erstmals 1944 in seiner Doktorarbeit beschrieb. (ska)

Da versteht ein Junge die Welt nicht so, wie es einem gesunden Kind seines Alters gegeben ist, und ist damit noch doppelt gestraft. Elend lange Testverfahren, widersprüchliche pädagogische Marschrichtungen – all das wird sein sensibles Wesen vermutlich nur noch mehr zerrütten. Die Geschichte von Leon ist ein Beispiel dafür, dass im Umgang mit dem Asperger-Syndrom noch viel geschehen muss. In der Forschung nehmen die Erkenntnisse über Mimik und Körpersprache dieser Form des Autismus langsam zu. Sie müssen aber auch zeitnah auf die Pädagogik an Regel- und Förderschulen übertragen werden. Und wo die Pflicht nicht auf die Kür folgt, wo Eltern mit ihren Sorgen allein gelassen werden, gibt es viel Nachholbedarf. Der Respekt gilt allen Eltern, die sich geduldig durch Telefonschleifen und Behördenbriefe kämpfen, um für ihre Kinder das Beste herauszuholen. (ska)

All meine Aktionen gaben mir das Gefühl, etwas gegen Ungerechtigkeiten zu unternehmen, aber meinem Kind ging es dadurch nicht besser.

Angst vor der Zukunft

Nun war es so weit, nach abgelehnten Vorbereitungsgesprächen seitens Leons musste ich meinen Sohn davon überzeugen, dass ihm keine Option offen stand: „Leon, du wirst zelten gehen!" Ich wusste: Nun beginnt der Kampf! Diese Anordnung verursachte bei meinem Kind hysterische Ausbrüche! Nach der schweren Zeit in der KJP stellten die gewaltigen Verlustängste, eine endlose Woche ohne Mama zu verreisen, für meinen kleinen Schatz eine bleischwere Einschüchterung dar. Wenn Le Petit es bewerkstelligte, diese gigantische Hürde zu bezwingen, so hoffte ich, bestand für ihn eine echte Chance, den Schulalltag besser zu bewältigen!

Ich freute mich über die Klassenfahrt, aber Leon verspürte die totale Panik! Er konnte abends nicht einschlafen und morgens in der Schule übermannte ihn die Müdigkeit. Kinder begreifen oft nicht, dass manche Situationen gemeistert werden müssen, obwohl sie eine wahnsinnige Angst überkommt. Als Elternteil bin ich dazu verpflichtet, bei essentiellen Knacknüssen nachzuhelfen.

Es blieb mir nichts anderes übrig, als das entstandene Leid meines Sohnes zu erdulden und ebenfalls das hindernde Grausen zu ignorieren, um meinem Stammhalter den rechten Weg aufzuzeigen (ihn zu seinem Glück zu nötigen!).

Nun äußerte des kleinen Mannes neue Klassenlehrerin auch noch die Gedankenlosigkeit: „Leon, wenn du so müde bist und deine Augen kaum aufhalten kannst, bleibst du besser zu Hause!"

Der Knabe reagierte mit seiner wunderschönen Logik und nahm die Worte sehr ernst. Er dachte sich, wenn er nur andauernde, frappante Müdigkeit zur Schau trüge, könnte er der verhassten Bildungsstätte endgültig Lebewohl sagen. Dementsprechend bemühte der Schlauberger sich abends, so lange wie möglich wachzubleiben. Ich redete wie ein Buch, um ihn davon zu überzeugen, dass, auch wenn er schlafwandele, die

Lehranstalt Pflicht bleibe!

„Na gut, du hast mich überredet, die Schule besuche ich, aber zelten kannst du vergessen, basta!" Das Männlein begriff recht schnell, dass er mein Mitleid nicht wecken konnte, so versuchte er auf die trotzige Art, meine Umstimmung zu erreichen:

„Wenn du nicht mit deinen Klassenkammeraden fährst, bleibt dir nichts anderes übrig, als am Unterricht mit fremden Schülern teilzunehmen!" Leon wurde böse und stampfte mit dem Fuß auf:

„Das kommt überhaupt nicht infrage, ich bleibe zu Hause!" Ende der Diskussion, ich ließ meinen Sohne stehen und kümmerte mich nicht weiter um sein Schreien und Toben.

Am Abend vor der Abreise packte ich dem Störrischen alle Sachen in einen Rollkoffer und kündigte ihm an:

„Frau Prell und ich haben beschlossen, dass du morgen mitfährst! So oder so, es gibt keine andere Möglichkeit!" Mein Trotzkopf tobte mal wieder, dann wartete er, bis ich mit Kofferpacken fertig war und schlich in sein Zimmer. Ich hörte es rumpeln und als ich versuchte, die Zimmertür zu öffnen, hatte mein Junge einen kleinen Schrank vor die Tür geschoben und packte ausnahmslos das gesamte Reisegepäck wieder aus. Er verstreute alle Sachen auf dem Fußboden. Anschließend rückte er den Schrank wieder weg und lief weinend und schreiend zu seiner Oma. Die nahm ihn in die Arme und tröstete den Schreihals. Zwischenzeitlich packte ich alles wieder ein und bugsierte den Rolli in unser Schlafzimmer. Am folgenden Morgen begaben wir uns zum Treffpunkt auf dem Schulgelände.

Ich packte Leon wie so oft in letzter Zeit am Kragen und zog ihn hinter mir her, verfrachtete ihn ins Auto und setzte mich neben ihn auf den Rücksitz. Ich nahm ihn während der Fahrt zur Schule in die Arme und wir übten Atemübungen gegen Angst. Außerdem legte ich ihm ein Armband und eine Halskette von mir um und erklärte meinem Sohn:

„So, mein Schatz, mit diesem Schmuck überträgt sich meine Kraft auf deinen Körper und hierdurch spürst du, dass ich immer bei dir bin. Merkst du mich in deinem Herzen?" Leon fing an, sich zu beruhigen und antwortete ganz leise und verzweifelt:

„So ein bisschen fühle ich das schon."

„Merkst du auch, dass ich jetzt bei dir bin, auch wenn du nicht mit mir zusammen bist?"

„Ja, Mama, ich spüre es!" Mein Mäuschen legte sich in meine Arme, hörte auf zu weinen und schloss die Augen. Ich hoffte inständig, dass er sich beruhigt hatte. Leider weinte er abermals schrecklich, als wir den Sammelplatz der Reisegesellschaft erreichten und mein Baby die vielen Menschen erblickte. Er klammerte sich ganz fest an mich und der riesige Frosch versperrte mir wieder die Atemwege!

In dem Moment war der Ofen aus, mich überkam ein starkes Gefühl der Resignation, nur ein Gedanke beherrschte mich total: „Ich will mein Kind wieder mit nach Hause nehmen, ihn festhalten und nie wieder loslassen!" „Ich muss stark sein, Leon zuliebe!". Dieses Denken gewann den Kampf in meinem Kopf! „Scheiße! Scheiß! Scheiße!" Wir warteten etwa zehn Minuten, bis eine der Betreuerinnen erschien, mit Leon sprach und ihn an der Hand mitnahm. Ralf und ich liefen danach ganz schnell zum Auto und fuhren heim. Die Betreuerin versprach, sich zu melden, wenn der Kleine es gar nicht schaffen sollte, sich zu beruhigen.

Die ganze Woche rief niemand an, und als wir Leon am Ende der Woche wieder in Empfang nahmen, war mein Sohn puppenlustig und schwärmte vom Zelten. Wunderbar, das war geschafft! Mir wurde durch diesen Vorfall klar, dass ich den Knaben zukünftig zu seinem Glück zwingen musste! Diese Entscheidung kristallisierte sich als die allerbeste Variante heraus, um den verunsicherten kleinen Jungen zum Verlassen des Hauses zu bewegen. Zu dieser Einsicht gesellte sich dann gleich die nächste, die mir aufzeigte, wie entkräftend dieses

„zu seinem Glück Zwingen" werden würde. Mir graute vor der Zukunft! Trotz des Erfolgs beim Camping stellte sich keine Besserung ein. Leons kleiner Freund Till, der Junge mit der Gehbehinderung, lud ihn zu sich ein. Er mag den Wirrkopf und möchte gern mit ihm spielen.

Mein Sohn verabredete sich zwar mit seinem kleinen Freund, bekam aber sodann plötzlich panische Angst, als er und sein Papa vor der Haustür von Till standen. Ralf begleitete den Weinenden in das Haus und unterhielt sich eine Weile mit Tills Vater. Daraufhin blieb Leon bei seinem Freund und die Kinder spielten miteinander und verstanden sich prächtig. Wenn ich meinen Kleinen fragte: „Möchtest du dich wieder mit deinem Kumpel verabreden?", antwortete er: „Nein, ich kann da nicht mehr hingehen, ich habe echt das große Zittern!" Zum Reiten und Keyboardspielen setzte die Panik ebenfalls ein! Wenn diese Termine anstanden, brach mein Sohn kontinuierlich in Tränen aus, verkroch sich hinter dem Sofa im Wohnzimmer und schrie:

„Ich kann nicht, Mama, lass mich bitte zu Hause bleiben, ich habe solches Zähneklappern!" Ich zerrte ihn hinter dem Sofa hervor und verfrachtete ihn in das Auto. Beim Aussteigen musste ich ihn ebenfalls hinter mir herziehen und ihn zu dem jeweiligen Treffpunkt schleifen. Erst während der Übergabe hörte Leon auf zu jammern. Fortan beteiligte sich das Kerlchen konzentriert und voller Leidenschaft. Posteriori, wenn ich ihn abholte, war mein Nachkomme Feuer und Flamme:

„Es war ganz toll und hat mir viel Spaß gemacht." Als Frau Noll, unsere gute Seele vom Jugendamt, ihn einmal zum Reiten abholte, weinte der kleine Mann bitterlich und klammerte sich an seine zuverlässige Freundin wie ein Ertrinkender. Mein Kind tat mir so leid, er litt wie ein Hund und jedesmal befiel mich dieser blöde Frosch im Hals!

Leon wirkte nicht nur hilflos und verloren, er war es tatsächlich! Er empfand abends im Bett sehr viel Angst vor der Schule wie vor den Freizeitveranstaltungen. Sein Kumpel Peter, zu dem mein Junge immer liebend gerne getrapst war, fragte Leon, ob er mit ihm spielen möchte. Auch diese Einladung lehnte mein kleines Männchen wegen seiner Ängste ab. Leons Selbstbewusstsein verschwand in den Tiefen seiner Seele und wurde von Panik sowie Unsicherheit verdeckt! Manchmal saß ich vor dem Hühnergehege und dachte daran, welches Kind Leon früher war: Ich hatte einmal einen fröhlichen, offenherzigen, kleinen Jungen, der überall alleine hinging, der Spaß daran hatte, mit dem Fahrrad im Dorf herumzufahren, um mit Sprösslingen zu spielen, der ohne jegliche Begleitung den Kindergottesdienst besuchte und auch vollkommen selbstsicher am Krippenspiel in einer überfüllten Kirche teilnahm. Urplötzlich, ohne Vorwarnung, veränderte sich für den Kleinen das Leben vollkommen.

Ohne richtig Abschied nehmen zu können, war er aus der hiesigen Grundschule herausgerissen worden. Die zuständige Führungskraft der Penne ließ meinem Sohn noch nicht einmal das kleine Stückchen altes Lebensgefühl. Warum verhielt Frau Wagner sich so hartherzig gegenüber dem kleinen Jungen? War es wirklich aus lauter Gemeinheit oder aus anderen Motiven, dass sie meinem Sohn das letzte Stückchen althergebrachte Gewohnheit sowie die Integration in seinem Heimatdorf verweigerte? Für Leon wäre es so wichtig gewesen, wenigstens für eine Weile dieses bisschen Perfektum noch fortsetzen zu dürfen. Die Veränderung wäre nicht ganz so krass ausgefallen und meinem Baby wäre vielleicht dieser totale Zusammenbruch erspart geblieben. Möglicherweise entstand dieses unprofessionelle Dekret aus reiner Lexikonweisheit der zuständigen Beamten? Meine Denkübung, welche aus dem Zorn über den Wandel meines jetzt hilflosen Sohnes geboren wurde: „Trotz ihrer Bildung und des Wertmaßes, welche diese Leute befugt, über den Werdegang unschuldiger Kinder zu entscheiden, verfügen die Herrschaften nicht über den kleinsten Funken Fingerspitzengefühl (Herz), das ihnen vermittelt, wie arg es für ein Kind mit Asperger-Autismus ist, wenn ein solchermaßen krasser Abbruch der gewohnten Gepflogenheiten erfolgt! Gesunde kleine Menschen quälen häufig Erneuerungen, die unverhofft in ihr Dasein einbrechen, aber sie verwinden es mit der Zeit und sie begreifen, dass nichts bleibt, wie es war.

Normalerweise ist es bei einem Schulwechsel nach der vierten Klasse üblich, dass ein paar der Klassenkameraden ebenfalls mit in die neue Schule wechseln. Wenn ein Kind ganz alleine plötzlich Ort und Menschen tauschen muss, entwickelt es mit Sicherheit Ängste. Ein gesunder kleiner Mensch wird diese Furcht überwinden (manchmal aber auch nicht) und gewöhnt sich üblicherweise schnell an die Veränderungen. Einem Asperger-Autisten ist es nicht gegeben, solch einen Lebenseinschnitt so einfach wegzustecken.

Im Kindergarten unterstützten wir den kleinen Schatz bei Neuerungen grundsätzlich und gaben ihm viele Hilfestellungen, damit die neue Situation für Leon nicht zur Eskalation führte. Es hatte den Anschein, dass den Lehrern in der Schule und dem Schulamt die Verfassung meines Sohnes vollkommen gleichgültig war. Die letzten drei Jahre versuchte die Schulleitung der Grundschule, eine Möglichkeit zu finden, um meinen Sohn abzuschieben, welches sie nun gründlich und endgültig geschafft hatten. Toll! Welche Glanzleistung! In der KJP sprach ich mit Frau Schömberg, Leons zuständiger Psychologin, die ebenfalls über eine solche Handhabung in der Regelschule Erschütterung zeigte, genauso wie Frau Noll und Frau Kraft vom Jugendamt. Wieder einmal scheiterte das Wohlergehen meines Kindes an engstirnigen Fehlentscheidungen, die kein Mensch durchschaute.

Was ist eine Kinderseele wert?

Leon weinte oft, er wollte so gerne zu seiner Lina in die Nachmittagsbetreuung in unserem Ort. Er hat bis heute nicht begriffen, dass sich sein Leben schlagartig veränderte. Ich versuchte, ihn zu trösten, so gut es eben ging, aber die ganze schreckliche Situation vermochte ich meinem Jungen nicht zu verklickern. Wie sollte er auch all das verstehen, mein Begreifen derartiger Skrupellosigkeit fehlte ja selbst gänzlich. Der einzige Weg in dieser mich zur Hilflosigkeit verurteilenden Situation bestand darin, immer wieder zu versuchen, die Schulbehörden darauf aufmerksam zu machen, was sie mit ihrer Unwissenheit?/Ignoranz? meinem Kind antaten! Leider interessierten die Damen und Herren sich nicht für meine Zurufe! Mein Bauchgefühl sagte mir, dass der seelische Zustand von kleinen Kindern bei diesen Leuten kein Interesse weckte! Wie konnte ich eigentlich erwarten, hier Verständnis zu finden? Ich dachte: „Den Herrschaften geht es in erster Linie nur darum, kein Stückchen nachzugeben! Ihrer Autorität wurde in vollem Umfang Genüge getan, und einen Fehler einzugestehen geht schon einmal gar nicht! Beamte fabrizieren keine Fehlwürfe! Das Seelenleben eines kleinen Wesens bedeutet gar nichts im Vergleich zum Prestigeverlust der ‚Unfehlbaren'! Kleine Menschen existieren genug, aber ...!?"

Meine Wut auf die Direktorin und das Schulamt kehrte immer wieder zurück, obwohl ich eigentlich gemütsbelastenden Zorn verabscheue. Dieser verdirbt einem die klare Sicht! Besonders wenn ich mein Kind so ansehe, verliere ich jeglichen Vernunftaspekt und meine Emotionen sind nicht mehr kontrollierbar! Dann stelle ich mir die nutzlose Frage immer wieder: „Warum? Wieso können Menschen so grausam sein?"

Eine Antwort auf „Warum oder Wieso"? Gibt es hierauf überhaupt eine Antwort? Ich denke viel über all die Vorkommnisse in der Bildung nach und mir wird immer aufs Neue bewusst, dass mein Sohn ohne mein Kämpfen gegen Schule und Schulbehörde in einer der staatlichen Sonderanstalten (Lernbehinderten-Schule oder Erziehungshilfe-Einrichtung) gelandet wäre, und niemand hätte sich um eine adäquate Diagnostik gesorgt! Der Asperger-Autismus und das ADHS-Syndrom? Blieben reine Vermutungen!? Wir hätten uns pausenlos über das Betragen des Kindes gewundert und die Schule würde Leon im Endeffekt als nicht erziehungsfähig einstufen. Die Pauker behandelten Le Petit Garçon bereits in der Vergangenheit wie ein vernachlässigtes, nicht kontrollierbares, unstrukturiertes Geschöpf. Durch die Charakteristik-Bestimmung der Behörde wäre eine Chance auf eine adäquate Therapie durch Menschen, die im Umgang mit dieser Erkrankung geschult sind, oder überhaupt etwas mit diesen Syndromen anzufangen wissen, keinesfalls, niemals, erreichbar gewesen, alle Zukunftschancen hätten sich in Luft aufgelöst. Es lag ja laut den Pädagogen keine Erkrankung (kein Syndrom) vor. Leon hätte sich zu dem Kind entwickelt, welches die Direktorin und Lehrerin in ihm von Anfang an sehen wollten.

Mein kleiner Mann erhielt durch mein Eingreifen und die Ausdauer, die ich hierbei entwickelte, eine Diagnose und einen guten Schulplatz. Die Mentoren, die den Knaben in Zukunft unterrichten, besitzen Erfahrung mit nicht angepassten und unter Syndromen leidenden Schülern. Diese Pädagogen sind befähigt, individuell auf die Bedürfnisse der kleinen Leute einzugehen und gestalten ihren Unterricht in einer Art und Weise, dass auch jemand wie Leon den Lernstoff bewältigen kann. Diesen riesigen Vorteil erreichte ich mithilfe meiner Beistandschaft vom Jugendamt und durch das Eingreifen von Frau Neumeier vom Hessischen Kultusministerium.

Außerdem bestünde tatsächlich die Möglichkeit, dass dem Schätzchen der adäquate Therapieplatz im Autistischen-Zentrum, trotz langer Wartezeit und sofern die Kostenübernahme sich klärt, als wichtigste Unterstützung beispringt. Eigentlich beabsichtigte ich aber, noch einiges mehr zu erreichen. Durch den Asperger-Autismus besitzt Leon keine ständig abrufbaren Strukturen. Wir benötigten dringend für meinen Sohn fachmännischen Beistand, um ihm soziale Reaktionen und menschliche Wertmaßstäbe zu vermitteln.

Dieses Lernziel erlangt Le Petit nur durch streng vorgegebene Tagespläne und ständige Wiederholungen des Tagesablaufes (ritualisierte Verhaltensweisen). Die Realisierung und Einübung der Rituale bedeuteten für mich eine totale Überforderung. Ich benötigte wenigstens für den Anfang jemand Richtungsweisenden. Mit der Anwendung von herkömmlichen Erziehungsmethoden sah ich kein Vorankommen. Durch den sozialen Umgang erfahren Kinder in Schulen und Freizeitaktivitäten sehr viele soziale Grundregeln, in die man einen Aspie zusätzlich einweisen muss. Autisten erlernen diese Fähigkeiten nicht wie „normale Leutchen" durch instinktives Aufschnappen im Kleinkindalter, sondern sie müssen die bei Gleichaltrigen vorhandenen und selbstverständlichen Umgangsregeln zusätzlich, wie z.B. Lesen, Schreiben oder Rechnen, büffeln. Die Anwendung mancher Worte oder Aktionen bringt ein Kind wie Leon und manchmal auch dessen Eltern „in Teufels Küche!" Ich versuchte mit meinen Mitteln, dem Stammhalter alles zu verdeutlichen, es funktionierte leider nicht.

Wenn Le Petit andere Kinder imitierte, fehlte ihm das Feeling, in welcher Lebenssituation sowie bei welchen Personen er das neu Erlernte anwenden durfte! Er orientierte sich hauptsächlich an negativen Vorgaben. Aus der Kindergartenzeit schlummerten versteckt in meinem Sohn viele positive Dispositionen, desgleichen stetig eingeübte soziale Grundregeln, die ich bei ihm nicht wecken konnte. Er war nach der Schule kaum ansprechbar und beharrte auf dem, was die anderen Trabanten ihm beibrachten. Die Probleme waren so nicht zu lösen. Umso älter Leon wurde, desto schwieriger entpuppten sich die Lernvorgänge im Gesellschaftsleben! Ich empfand entsetzenerregenden Bammel vor der Zukunft! Meine ganz große Hoffnung für mein Nesthäkchen: Einen Weg zu finden, ein selbstständiger junger Mann zu werden, der den Zugang zu anderen Menschen findet und nicht aus der Gesellschaft ausgeschlossen wird! „Der Mensch ist ein Rudel-Tier, niemand kann auf die Dauer isoliert leben. Ein Computer- oder Videospiele sowie Fernseher ersetzen keine menschlichen Beziehungen!"

Ich war auf mich alleingestellt. In Eigenregie versuchte ich, mich über Hilfsangebote zu informieren und recherchierte im

Internet. Welche Vereine konnte ich anrufen, gab es neue Informationen über die Rechte von Behinderten usw.? Die Versuche bei verschiedenen Institutionen, negativ! Keine Neuerungen, nichts im Internet! Die letzten drei Jahre schöpfte ich, so mein Glaube, alle vorhandenen Möglichkeiten aus! Was nun? So entschloss ich mich aus reiner Verzweiflung, gegen die Entscheidungen in Sachen Schulbetreuung etwas in Bewegung zu setzen. Die Erkenntnis polterte beharrlich in meinem Kopf, dass bei Leon und anderen Kindern in so einer Situation gespart wird, wo doch viele kleine Schätzchen dringend Hilfe in etlichen Bereichen benötigen. Sparmaßnahmen bei Hilfesuchenden; bei wem liegt die Verantwortung in einem Sozialstaat? Auf wen, oder was sollte ich Rücksicht nehmen?

Das Internet, eine wundervolle Erfindung, um an Informationen zu gelangen, leistete mir gute Dienste! Wie so oft in den letzten Jahren, suchte ich irgendetwas über die Zuständigkeit bei der Finanzierung von Betreuungsplätzen und Schulassistenzen. Ein Bericht einer Therapeutin über die Finanzierung eines Schulassistenten in Thüringen entpuppte sich als Anhaltspunkt. Hier hatte das zuständige Gericht entschieden, dass die Kosten für eine zusätzliche Betreuungskraft, die man für die Beschulung in Sonderschulen einsetzt, vom Schulamt erstattet werden müssen.

Eigentlich verspürte ich kein Verlangen, mich wieder mit diesem Verein von Bürokraten auseinanderzusetzen. In der Vergangenheit regte ich mich oft über diese hoch bezahlten Beamten auf, die übrigens von unseren Steuergeldern leben und die bis heute nicht einsehen, dass Eltern ihnen Arbeit und Brot geben und ihre Villen finanzieren. Einige von diesen studierten Herrschaften behandelten mich wie eine dumme Trine. Sie ließen mich spüren, dass ich ihnen nicht das Wasser reichen konnte! Als sie bemerkten, dass sie mich nicht beeindruckten, wurde ich einfach ignoriert. Nur durch das Eingreifen der netten Dame vom Hessischen Kultusministerium gelang es mir, etwas für Leon zu erreichen!

Eigentlich bin ich ein umgänglicher und friedliebender Mensch, auch wenn hiervon momentan nicht viel zu bemerken war. Mich erneut aufs Glatteis zu begeben, bereitete wirklich keine Freude, aber ich war nicht gewillt, die Ungerechtigkeiten einfach so hinzunehmen. Bei meinen Überlegungen kam ich zu dem Schluss, dass sich nichts verändert, wenn ich auf dem Sofa sitze und vor mich hin schimpfe. Viele Menschen in unserem Land sind mit den politischen und sozialen Zuständen äußerst unzufrieden. In Wohnzimmern diskutieren die Leute oft heißblütig über empfundene politische Fehlentscheidungen. Dabei kam mir der Gedanke, dass es keinen Sinn macht, wenn man sich darüber untereinander berät. Viel besser wäre es, den Unmut öffentlich zu äußern. Die Verantwortlichen müssen dringendst auf ihre Fehler gestoßen werden. Also probte ich wie gewohnt den Aufstand, um die Obrigkeiten mit ihren Praktiken in Sachen Schulbildung und Behindertenhilfe zu konfrontieren und auf Trugschlüsse hinzuweisen. Durch Protestschreiben und Telefonate kompensierte ich mein Dilemma! Trotz meiner häufigen Anfragen erhielt ich keinerlei Hilfestellung.

Es blieben sehr viele Fragen unbeantwortet: „Wie verbessere ich die Lernsituation für Leon? Wie erstelle ich einen Tagesplan für Autisten? Welche Veränderungen werfen meinen Sohn aus der Bahn? Wie kann ich die motorischen Schwächen meines Kindes verbessern? Wie gehe ich mit Leons Ängsten um? Wie hole ich seine alte Selbstsicherheit im Umgang mit seinen Mitmenschen zurück? Wo sind eigentlich all die positiven Erfahrungen meines Knaben aus früherer Zeit geblieben? Wie kann ich meinem Stammhalter begreiflich vermitteln, dass Regeln eingehalten werden müssen und es super wichtig ist, dass ich mich auf ihn verlassen kann?

Fragen über Fragen, wer weiß hierauf eine Antwort?" Es gibt nur ganz wenige Therapeuten, die sich mit Aspies auskennen. Frau Schömerg von der KJP und Frau Noll vom Jugendamt bemühten sich mit mir zusammen, einen Weg für Leon zu finden! Vergebens! Mein Sohn leidet unter ADHS und Asperger-Autismus. Ich las hierüber, dass viele Kinder mit solchen Syndromen ungefiltert sehen und hören, das heißt: Sie sind nicht in der Lage, die wichtigen Geräusche von den unwichtigen zu trennen: Z.B hören sie ein vorbeifahrendes Auto mit der gleichen Intensität wie den Menschen, der sie gerade anspricht. Beim ungefilterten Sehen verhält es sich ähnlich, sie erfassen in einem Bild alle sich darauf befindlichen Gegenstände und können auf Anhieb keine Einzelheiten orten. Der Umgang mit diesen gestörten Sinneswahrnehmungen bedarf dringend einer fachmännischen Anleitung!

Viele alltägliche Verhaltensweisen meines Abkömmlings kreisen mir immer und immer wieder durch den Kopf. Ich versuchte, mir irgendwie Klarheit über Leons Manko und meine Reaktionen darauf zu verschaffen. Ich schrieb mir vieles auf, um es oft zu wiederholen, vielleicht fand ich hierdurch eigene Wege, um schwierige Situation besser zu lösen!? Mein Stammhalter glaubt alles, was man ihm erzählt, für ihn sind Märchen und erfundene Geschichten real. Ein Beispiel:

Mit einem etwas jüngeren, kleinen Jungen phantasierte mein Kind über Schlangen. Die beiden Kerlchen stellten sich vor, man geht einfach so in ein Geschäft und kauft sich eine Kobra wie ein Meerschweinchen. Sie besprachen miteinander, wie sie am besten so ein Tier erwerben könnten. Leons Kumpel wählte seine Mutter aus, die mit ihm eine Kobra einkaufen sollte. Mein Männchen entwendete hierfür 15,00 Euro und gab sie dem Kleinen. (Mein Schätzchen vermutete, diese 15 Euro seien sein Geldgeschenk von der Oma, welches ich in sein Sparbuch legte. Leons Logik: „Das ist meins, damit mache ich, was ich will!") Little Boy war ebenfalls ein Fantast wie unsere kleine Motte. Ich bemerkte das Fehlen der Euro und sprach Nesthäkchen hierauf an. Mon Petit Garçon erzählte mit voller Begeisterung von seinem Deal. Ich dachte: „Nein, jetzt fängt es an, ganz schlimm zu werden. Wenn die ausgekochten Kids in seiner Schule mitbekommen haben, wie naiv mein kleines Kerlchen ist, dann zocken sie ihn ständig mit solchen Versprechungen ab!" Es gibt genügend Vorfälle, in denen Kinder Geld an Mitschüler abdrücken. Gott sei Dank entpuppte sich die ganze Angelegenheit als vollkommen harmlos! Die Mutter des Kobra-Fans brachte mir das Geld zurück und ich unterhielt mich mit der netten Frau über die verrückten Ideen unserer Sohnemänner. Es stellte sich heraus, dass der Kleine ebenfalls vollkommen naiv und spontan reagierte und irreale Zusammenhänge, die er sich in den Kopf gesetzt hatte, nur langsam nach Erklärungen ergründete. Es ist sehr wichtig, diese Nachkommen aufzuklären, damit sie nicht irgendwelchen undurchsichtigen Geschäftemachern zum Opfer fallen. Die große Frage stellte sich immer wieder: „Wie bringe ich meinen Sohn dazu, die Fallen des harten Lebens zu erkennen? Wie vermittle ich ihm gesundes und überlebenswichtiges Misstrauen und Zweifel gegenüber gemachten Aussagen und Handlungen anderer Menschen? Dieser Zwischenfall bestätigte mir, dass Leon zu leichtgläubig ist und menschliche Bösartigkeiten nicht durchschaut. Er erkennt ebenfalls nicht, welche Worte schlecht und welche gut sind. Er benutzt aufgeschnappte Sprüche nach ihrer Wirkung auf seine Mitmenschen. Mein Knabe besitzt ein gesteigertes Bedürfnis, beachtet zu werden.

Im Kindergarten fand er seine Bestätigung bei den Erzieherinnen durch positive Verhaltensweisen. Leons Dummheiten ignorierten oder rügten sie. Hierdurch wurde er sehr schnell in diesen Bereichen sozialisiert. In der Schule lernte mein Sohn rasch, dass er Augenmerk nur durch penetrantes, negatives Gebaren erreichte. Als Klassenkasper fühlte er sich als King. Angedrohte Strafen führte niemand aus! Seinen Mitbewohnern am eigenen Herd brachte er durch diese Einsichten keinerlei Respekt mehr entgegen! Es bedarf eines langen Lernprozesses, um alle vergessenen Bestimmungen neu zu erlernen! Die Verhaltensgrenzen müssen neu gesteckt werden! Leon reagiert nicht wie ein normales Kind, er versteht den Zusammenhang zwischen Anweisung und Strafen nicht. Seine Denkweise richtet sich ausschließlich auf die Gegenwart. Den Wirrkopf zu erziehen, bedeutet für mich einen riesigen Kraftaufwand. Ich darf nur mit ihm kämpfen, wenn ich diesen Kampf auch gewinne. Kleine Leutchen verfügen häufig über ein Feeling für elterliches Unwohlsein. Dieses Gespür nutzt der kleine Strolch schamlos aus, um mir errungene Siege wieder zu entwenden. Außerdem spielt mein Sohn die Erwachsenen in unserem Haushalt hinterhältig und mit einer witzigen Logik gegeneinander aus. Dies ist ein Kasperletheater, welches für uns undurchschaubar bleibt. Ebenso versuchte er, mein Mitgefühl zu sensibilisieren. Er brachte mich dazu, Gewissensbisse zu empfinden, da ich ihn zwang, trotz großer Angst, Schmerzen usw. – Leons Einfallsreichtum sind keine Grenzen gesetzt – die Lehranstalt aufzusuchen.

Diesen Crashtest verinnerlichte mein Junge bis zum heutigen Tag. Ob er jemals bereit sein wird, darauf zu verzichten? Ich versuchte oft, die Lehrer zur Einsicht zu bewegen, dass man einem Kind nicht bei ausschließlich negativen Verhaltensweisen Beachtung schenken darf, sondern dass es für alle Lernenden besonders wichtig ist, oft und viel gelobt zu werden! „Lob ist unerlässlich! Selbst bei einem Erwachsenen!" Leider interessierte sich die Schule nicht für des kleinen Mannes Förderung! Die Pädagogen agierten extra anders als von mir erbeten! In der Pädagogik werden solche Erziehungsmethoden bestimmt nicht angeraten, oder? Hierdurch formten sie ihn zu dem Schüler, welcher für ihre Abschiebetaktiken von Nutzen war!? Manchmal glaubte ich, dass die Lehrer genau wussten, was sie taten, da ihre Ablehnung offensichtlich zu erkennen war. Vorschläge meinerseits und von Frau Noll vom Jugendamt, um Leons Lage zu verbessern, wurden stets abgelehnt.

Vielleicht irre ich mich und die Mentoren wussten nicht, was sie hier anrichteten. Fest stand jedenfalls, dass sämtliche Erfolge des kleinen Mannes, die er im Kindergarten und seinen Freizeitveranstaltungen errungen hatte, allesamt ruiniert wurden. Nun benötigte ich dringend Unterstützung, um all diese Fehler, die lt. meiner Meinung die Schule zu verantworten hatte, wieder auszubügeln. Die Behörden drückten sich vehement vor ihrer Verantwortung, sie hinterließen mir einen Scherbenhaufen und weigerten sich, beim Aufkehren behilflich zu sein. Meine Versuche, diesen Menschen nahezubringen, was sie einem seelisch kranken Kind angetan hatten, scheiterten an der Uneinsichtigkeit und dem Beharren dieser Leute, immer im Recht zu sein. Ich verfolgte eigentlich einmal einen Plan. Für meinen Sohn zu erreichen, dass er Unabhängigkeit und Selbständigkeit erreicht, um später ein normales Leben führen zu können. Ich nahm mir ebenfalls fest vor, keine Abstriche in Leons fachmännischer Betreuung zuzulassen und schon gar nicht, weil der Staat die Gelder ständig kürzt. Auch wenn die zuständigen Behörden mir die Hilfen verweigerten, worauf mein behinderter Junge ein Anrecht besitzt, beabsichtigte ich nicht, mich unterkriegen zu lassen. Um all das zu erreichen, nahm ich meinen Kampf wieder auf. Also setzte ich mich an meinen Schreibtisch und fing an, meine Forderungen an das Schulamt zu schreiben:

Staatliches Schulamt für den Landkreis und die Stadt ...,
19.08.2008,
Beschulung meines Sohnes Leon Schulz, geb. 15.03.1999 (dieser Fall ist dem SA bekannt). Besucht zurzeit die Jean-Paul-Schule, 4. Klasse, Frau Prell. Beantragung eines Schulassistenten.
Sehr geehrte Damen und Herren,
aus dem Internet habe ich erfahren, dass bei einem Besuch einer Förderschule der Schulassistent dem Kompetenzbereich des Staatlichen Schulamtes zugeordnet ist.
Mit diesem Schreiben möchte ich einen offiziellen Antrag auf die Zuweisung einer Schulassistenz für meinen Sohn Leon Schulz stellen.
Leon hat Asperger-Autismus und ADHS, was von der Kinder-und Jugendpsychiatrie in ... diagnostiziert wurde. Aufgrund seines Asperger-Syndroms benötigt mein Sohn dringend eine Bezugsperson, an die er sich

anlehnen kann, da die Neuerungen in seinem Leben für ihn kaum zu verkraften sind. Weiterhin benötigt Leon diese Schulassistenz, um soziale Interaktionen besser verstehen zu lernen ebenso wie den sozialen Umgang mit anderen Kindern. Leon ist sehr strukturlos und bewältigt die selbstständigen Arbeitsvorlagen in der Schule nicht. Er kann alleine keine Ordnung im Schulranzen, Federmäppchen und seinen Heften und Ordnern halten, auch hierfür benötigt Leon eine adäquate Hilfe. Laut Kinder- und Jugendpsychiatrie benötigt Leon eine Schulassistenz als Eingliederungshilfe für behinderte Kinder und damit er nicht wieder aus dem Rahmen der schulischen Anforderungen herausfällt.

Bei Asperger-Autismus ist vom Gesetzgeber eine Schulassistenz angesagt. Es kann sich hierbei ruhig um einen Zivildienstleistenden handeln, der bereit ist, sich über die soziale Integration und den Umgang von Asperger-Autisten zu informieren und eine dementsprechende Schulung bekommt.

Für schnellstmögliche Genehmigung meines Antrags wäre ich Ihnen sehr dankbar, da mein Junge immer noch sehr unter den schulischen Anforderungen leidet. Nachdem mein Sohn von der hiesigen Grundschule vollkommen falsch behandelt, diskriminiert und abgelehnt wurde (mit Wissen des Staatlichen Schulamtes. Ich habe das Staatliche Schulamt oft genug darüber informiert), braucht er dringend Hilfe, damit die Eingliederung in der Jean-Paul-Schule für Leon gelingen kann. Für Ihre Bemühungen danke ich Ihnen und würde mich über eine baldige Antwort sehr freuen. Falls Sie Unterlagen benötigen, bin ich gerne bereit, diese nachzureichen!

Zwischenzeitlich probierte ich immer wieder, Verlage von Zeitungen und Zeitschriften anzuschreiben, um Leons Geschichte öffentlich zu machen, damit ich nicht tatenlos herumsaß. Sich gegen Ungerechtigkeiten zu wehren, ist ein gutes Mittel, Ärger und Stress abzubauen. Dies ist eins meiner Schreiben an Zeitungen und Zeitschriften:

Ich habe eine Geschichte über meinen Sohn, Leon geb. 15.03.1999, geschrieben. Er war als Kindergartenkind sehr fröhlich und glücklich. Zur damaligen Zeit hatte mein Sohn einen getesteten IQ-Wert von 145. Als er in die hiesige Grundschule kam, wurde mein Sohn zu einem kaputten Kind, er kann nun weder richtig lesen noch schreiben, auch das Rechnen fällt ihm sehr schwer. In anderen Freizeitbereichen ist er nach wie vor ein „gutes Kind".

Wie sich später herausstellte, leidet mein Kind unter dem Asperger-Syndrom, einer Form von Autismus, und am ADHS-Syndrom. Die Geschichte handelt von meinem Kampf mit allen zuständigen Behörden und der Grundschule. Es ist alles bis heute noch nicht durchgestanden. Es wäre mir ein dringendes Bedürfnis, diese Geschichte zu veröffentlichen, um den Menschen in unserem Land aufzuzeigen, wie unser Schulsystem und die dazugehörende Bürokratie mit auffälligen Kindern verfahren. Außerdem möchte ich damit alle Eltern motivieren, die zur Verfügung stehenden Hilfen und Möglichkeiten für einen richtigen Bildungsweg ihrer Kinder zu nutzen. Es ist ein sehr nervenaufreibender und langer Kampf, und trotzdem: Für unsere Kinder ist es die einzige Chance, mit ihren Problemen ernst genommen zu werden. In Fachbuchverlagen wird dargestellt, wie Ärzte und Lehrer sich um verhaltensauffällige Kinder bemühen, leider sieht die Wirklichkeit anders aus. In den Grundschulen werden alle Kinder, die nicht ins schulische Raster passen, auf Sonderschulen aussortiert, dadurch wird ihnen die Integration in die Gesellschaft verwehrt. Die WHO hat schon vor Jahren eine Richtlinie erlassen, wonach jedes Kind ein Recht auf gesellschaftliche Integration besitzt. Bei uns in Deutschland ist diese Richtlinie nicht in der KMK angekommen. Vielleicht sollten Sie einmal über die Wirklichkeit in Schulen und medizinische Versorgung von seelisch bzw. psychisch kranken Kindern berichten und einmal solche Geschichten verlegen. Ich hoffe sehr auf Ihre Unterstützung und würde mich über eine Antwort von Ihnen freuen. Für Ihre Bemühungen danke ich Ihnen im Voraus und verbleibe …

Es meldete sich keine Zeitung oder Zeitschrift bei mir! Die Medien sind nicht an solchen Geschichten interessiert. Auch bei dem Artikel in der HNA war es anfänglich sehr schwierig, den zuständigen Reporter für unsere Schulproblematik zu interessieren. Erst als eine neue Praktikantin, Frau Senska, eine

Zeitlang dort zu arbeiten begann, erklärte sich diese bereit, hierüber einen Artikel zu schreiben.

Die junge Reporterin interessierte sich wirklich für die Thematik und veröffentlichte mit ihren Hintergrundinformationen eine sehr gute Reportage. Die Resonanz bei den Leuten in unserem Dorf empfand ich als ausgesprochen positiv. Plötzlich offenbarten mir einige Mütter, dass bei ihnen ähnliche Probleme mit der Grundschule vorlagen. Nach dem Erscheinen des Artikels meldete sich nach Anfrage bei der HNA das Fernsehen bei mir. Ich telefonierte hier ebenfalls mit einer jungen Reporterin. Diese fragte mich, ob sie mit ihrem Team bei uns zu Hause einen Tag mit Leon verbringen dürfte. Die junge Dame drehte gerade eine Dokumentation über autistische Kinder. Sie sagte:

„Ich bin auf Leon durch den Artikel in der HNA gestoßen. Wir filmten bereits einen Jungen mit frühkindlichem Autismus und jetzt würden wir gerne einen kurzen Bericht über ein Kind mit Asperger-Autismus drehen."

Ich erklärte mich sofort dazu bereit. Ich stehe zu der Behinderung meines Kindes, auch in der Öffentlichkeit. Wir vereinbarten einen Termin für Anfang September und meine Freude hierüber baute mich echt auf. Außerdem lockte die Neugierde, einmal selbst an einer Produktion beteiligt zu sein. Einen Drehtag stellte ich mir unheimlich spannend vor. Mein Schätzchen war total begeistert und freute sich wie ein Schneekönig: „Ich komme ins Fernsehen, das wird ganz toll."

Er erzählte seinen Mitschülern davon, aber diese glaubten ihm kein Wort. Mein Sohn hatte jetzt endlich wieder etwas gefunden, was sein Interesse weckte und worüber er sich wirklich freute. Dies kam in letzter Zeit sehr selten vor. Der Kleine verbrachte seine Tage nach der KJP damit, wegen des Fernsehers und dem Computer mit mir zu streiten. Er verzog sich, so oft er konnte, in eine andere Welt mithilfe dieser beiden Geräte. Er wollte von der Realität nichts mehr mitbekommen. Er sagte mir manchmal spontan: „Das Leben ist echt Scheiße!"

Und so verspürte der kleine Junge den dringenden Wunsch, in eine fremde Welt zu flüchten. Meine Sorgen um mein Kind wuchsen immer mehr, erst die Sehnsucht in den Himmel zu fliehen und jetzt der Ausstieg durch Computer und Fernsehen. Sein Interesse an Gesellschaftsspielen verschwand total, außerdem ging der frühere Zocker auch nicht mehr zur Oma, um mit ihr „Mensch ärgere dich nicht" zu spielen, sondern drückte sich nur in unserer Wohnung herum und wusste nichts mit sich anzufangen. Ich suchte wieder einmal einen Schuldigen für Leons Zustand. Dieser war nicht schwer auszumachen. Bei der Direktorin der hiesigen Grundschule dachte ich, die Richtige gefunden zu haben. Mit der Zeit war ich der festen Überzeugung: Diese Frau hat mein Kind auf dem Gewissen, sie versuchte alles nur Erdenkliche, ihre Rache an meinem Kind auszulassen. Das Schulamt trägt ebenfalls eine Mitschuld daran, die Herrschaften ignorierten all meine Schreiben und Anrufe und ließen den Dingen ihren Lauf. Dabei, vermutete man, war Frau Wagner, aus welchen Gründen auch immer, strafversetzt (ein unbeweisbares Gerücht. Tratscherei!)

Im Dorf piepsen die Vögelchen viele Geheimnisse durch die Fenster der Bewohner! Eigentlich hätten die Vorgesetzten ein Auge auf diese Frau werfen müssen. Wie konnten die Schulbehörden es wagen, diese Frau zum zweiten Mal als Direktorin auf unsere kleinen Kinder loszulassen? Ich werde solch unvernünftige Entscheidungen nie verstehen! Die Verurteilung der Direktorin kam bei mir genauso zustande, wie die Befangenheit der Schule über meinen Sohn und uns als Eltern. Hat man erst einmal einen Sündenbock gefunden, lässt man ihn nicht mehr los. Wie schlimm es doch für einen Menschen ist, ohne sich verteidigen zu können, verunglimpft zu werden!!!

Da sich beim Magistrat auch diesmal niemand auf mein Schreiben meldete, versuchte ich den an der Spitze thronenden Herrn Hiller, den Chef vom Staatlichen Schulamt, zu sprechen. Solche wichtigen Herrschaften sind eigentlich für kleine Hausfrauen unerreichbar, außer man besitzt unverschämtes

Glück. Wie immer bekam ich nur seine Sekretärin an die Strippe. Mit dieser Frau sprach ich schon öfters, sie schirmte ihren Chef sehr gut ab. Ein netter Mensch unter dem distinguierten Volk. Die Gute verstand meine Motivation, für Leon eine optimale Förderung zu erreichen. In vorherigen Gesprächen hatte ich ihr einige Vorfälle geschildert, die der Grund für meine Kontaktaufnahme zu Herrn Hiller waren:

„Niemand in diesem Amt hört mir richtig zu und nimmt mich ernst!". Sie begriff meinen Wunsch, eine Klärung aller Probleme herbeizuführen und die Kostenübernahmen für mein Kind von den zuständigen Stellen, nämlich Staatliches Schulamt und Landkreis, zu fordern, damit Leon eine reelle Chance auf Selbstständigkeit bekam. Die Sekretärin bedauerte sehr, dass Herr Hiller nicht zu sprechen sei und versprach mir, sich darum zu bemühen, dass einer der anderen Beamten sich um meine Belange kümmerte. Sie nannte mir einen Namen und eine Telefonnummer:

„Herr Berg ist einer der zuständigen Herren, der über Ihren Fall Bescheid wissen müsste. Er wird Sie in Kürze zurückrufen!" Eins muss man der Sekretärin lassen, sie verstand es wunderbar, mit Menschen umzugehen. Tatsächlich hielt sie ihr Versprechen, was mich sehr verwunderte!

Einige Stunden später meldete sich der angekündigte Ratgeber. Er wirkte am Telefon sehr sympathisch und ließ sich von mir einige Ereignisse aus der Vergangenheit schildern. Ich redete mich mal wieder in Rage! Immer wenn ich über die Vorkommnisse in der Grundschule berichtete, kam bei mir die Galle hoch und ich geriet vollkommen aus der Fassung. Herr Berg bekam den ganzen aufgestauten Ärger ab, als ich ihn anblaffte:

„Die Gleichgültigkeit des Staatlichen Schulamtes ist wirklich nicht zu ertragen. Gibt es denn dort niemanden, der seine Verpflichtungen gegenüber den Schülern und deren Eltern ernst nimmt?"

„Ich nehme Sie ernst und das sind nicht meine Machenschaften! Ich werde versuchen, Ihnen zu helfen, soweit ich dazu die Möglichkeiten besitze." Der Beamte blieb trotz meines Ausbruches immer noch freundlich. Ich entschuldigte mich bei dem geduldigen Mann:

„Sie können ja nichts dafür, aber das Verhalten einiger Beamten von Ihrer Behörde lässt sehr zu wünschen übrig." Herr Berg erwiderte:

„Ich kann Sie gut verstehen, jede andere Mutter wäre genauso wütend. Leider bin ich hierfür der falsche Ansprechpartner! Ich bin für die Jean-Paul-Schule, sprich Sonderschulen im Landkreis, zuständig. Elementarschulen fallen in einen anderen Sektor. Ich versuche, jemanden zu finden, der Einfluss auf die Entscheidungen der Grundschuldirektorin ausüben kann."

Ich sprach dem Herren wirklich nicht ab, dass ihn die Behandlung meines Kleinen durch die Lehrer tatsächlich berührte und er beabsichtigte, vielleicht wirklich zu helfen, deshalb blieb ich ruhig und trug ihm mein eigentliches Anliegen vor:

„Also gut, wenn Sie dann jemanden finden, in dessen Zuständigkeitsbereich mein Sohn fällt, dann richten Sie bitte demjenigen aus, dass ich für den neuen Sonderschüler dringend eine Betreuung für den Nachmittag vom Schulamt benötige. Da Ihr Amt einen erheblichen Anteil an Leons jetzigem Zustand trägt, stelle ich die Forderung, dass diese Staatsbehörde für mein Kind die Unkosten für eine adäquate Betreuungsmaßnahme zur Verfügung stellt! Die Direktorin der hiesigen Grundschule, die dem Schulamt untersteht, ist nicht dazu bereit, Leon in ihrem Hort aufzunehmen. Das Angebot der Regelschule in unserem Ort kann ich selbst finanzieren und dies Obhut wird dringendst benötigt, um eine soziale Integration meines Sohnes in seinem Heimatdorf zu ermöglichen. Die zweite Alternative wäre eine nachmittägliche Betreuung hier in der Stadt, wo Therapeuten und andere Fachkräfte agieren, die ihre Schützlinge bei deren Problemen fachgerecht unterstützen. Dies ist eine unerlässliche Maßnahme, die Leon unbedingt benötigt, um irgendwann alleine zurechtzukommen!"

Ich holte tief Luft und erwartete eigentlich eine Reaktion von Herrn Berg. Der hörte aber weiterhin zu und so fuhr ich fort:

„Das Jugendamt berichtete mir, der Betreuungsplatz in der Stadt kostet 3.000,00 Euro pro Monat. Im Vergleich zur Unterbringung in dem Nachmittagshort in unserem Dorf, welche ca. 150,00 Euro mit Mittagessen kostet, würde einem Privathaushalt die Wahl bestimmt nicht schwerfallen! Kein Wunder, wenn ihr ständig über Geldnot klagt! Die Dame vom Landkreis/Jugendamt informierte mich darüber, dass diese Behörde schon die Kosten für das Autistische Zentrum trägt. Sie zahlt nie mehr als zwei Hilfeleistungen gleichzeitig! Also bleibt dem Schulamt nichts anderes übrig, als eine der beiden im Raum stehenden therapeutischen Angebote zu übernehmen. Ein riesengroßer Witz folgt:

Ein Kollege von Ihnen ließ verlauten, wenn Frau Wagner ein Auge zudrückte, wäre Leon im Betreuungsplatz schon längst untergebracht, zumal die eigentlich Verantwortliche, Frau Oger vom Landkreis, bereits ihre Zustimmung erteilte! Leider waren die zuständigen Beamten nicht in der Lage, ihre Schuldirektorin zu einem fairen Verhalten zu veranlassen!"

Die Logik dieser Behörde brachte mich echt zum Platzen:

„Die staatlichen Ämter reden doch ständig vom Haushalten! Mit dem Sparplan kann es euch nicht so wichtig sein, wie ihr immer den Bürgern zu vermitteln versucht, wenn preiswerte Angebote aufgrund von Animositäten abgelehnt werden! Auf der einen Seite wird geklagt, es sei kein Geld da, und auf der anderen darf eine Direktorin mit nicht durchschaubarer Begründung bewirken, dass teure Anwendungen finanziert werden!"

Ich kam immer wieder auf das Thema Grundschule zurück, ich konnte hiermit einfach nicht abschließen. Es war wie verhext. Ich sah mein Kind an: Leon war auffällig blass, arg mager, traurig und entmutigt. Dabei übermannte mich der Gedanke: Diese Schule hat mein Kind kaputt gemacht! Überall im Kindergarten, bei den Veranstaltungen in unserer Kirchengemeinde, bei Ferienspielen, beim Reiten und Keyboard spielen, überall wurde mein Kind gut angenommen und fühlte sich dort wohl. Leon war immer ein fröhlicher Junge, welcher im Dorf Kinder besuchte, den Spielplatz aufsuchte und dort mit den Kids spielte. Schüchternheit kannte er nicht und auch keine Angst vor Menschen. Ein offenherziger kleiner Mensch, welcher Fröhlichkeit und Zufriedenheit ausstrahlte und sich mit jedermann unterhielt. Leons Veränderung ging mir ständig bei solchen Gesprächen im Kopf herum. Da das Schulamt keine Veranlassung sah, etwas gegen die Diskriminierungen und ungerechten Behandlungen und auch nichts gegen die unnötige Qual des letzten Jahres zu unternehmen, sondern die Fehlentscheidungen der Direktorin noch unterstützte, wäre es nur recht und billig, wenn es sich an den jetzt entstehenden Kosten beteiligte.

„Oder aber Sie bezahlen mir den Schulassistenten. Im Internet stand geschrieben, dass das Schulamt sich dazu verpflichtet, einen Schulassistenten zu stellen, wenn das Kind eine Sonderschule besucht."

Herr Berg versprach mir, sich zu erkundigen, welche Möglichkeiten zur Übernahme der Unkosten bestanden, er versicherte mir zu erfragen, welcher zuständige Beamte vom Staatlichen Schulamt die Grundschulen betreute und evtl. Einfluss auf Frau Wagner ausüben konnte. Er versprach, sich sobald als möglich wieder zu melden!? Ich bedankte mich und so endete das Gespräch! Einen Tag später, oh Wunder!, rief Herr Berg bei mir zu Hause an und teilte mir mit, dass der Neue im Amt Herr Schaub hieße und für die Grundschule in unserem Ort zuständig sei. Herr Schaub, ein ehemaliger Rektor, war also der Nachfolger des ausgeschiedenen Dr. Paul. Zur Sicherheit schickte ich Herrn Berg einige Unterlagen zur Bekräftigung meiner Forderungen und zur Information:

An das Staatliche Schulamt für den Landkreis und die Stadt ...
zu Hd. Herrn Berg, 29.08.2008,
Leon Schulz, geb. 15.03. 1999, unser Telefongespräch vom
26.08.2008

*Sehr geehrter Herr Berg, anbei übersende ich Ihnen einige von mir zusammengestellte Unterlagen zu dem Thema, welches wir in unserem o. g.
Telefongespräch besprochen haben. Es ist mir ein Bedürfnis, Ihnen alles
noch einmal schriftlich mitzuteilen, damit Sie bei einer Besprechung mit
Herrn Schaub diesem ebenfalls die an Sie gesandten Unterlagen weiterreichen können. Wie vereinbart, werde ich mich ab dem 08.09.2008 bei
Herrn Schaub telefonisch melden, um die ganze Angelegenheit mit ihm
zu besprechen. Ich habe Ihnen ein paar Auszüge aus meinem Buch mitgeschickt, in dem die wichtigsten Gespräche mit Frau Wagner dargestellt
worden sind. Alle Namen in diesem Buch sind frei erfunden, die Handlungen sind es nicht. Eine Anlage beinhaltet den vor kurzem von der
Hessischen Allgemeinen Zeitung verfassten Artikel. Wichtig daran ist
das Interview mit Frau W. vom Autistischen Zentrum. Weitere Unterlagen liegen dem hessischen Schulamt vor, u. a. die drei erstellten sonderpädagogischen Gutachten. Interessant wäre auch die Schulakte, in der
mein Sohn als Dieb, gewalttätiges Kind usw. dargestellt wurde, wie auch
das sonderpädagogische Gutachten von Frau Heinemann (2. Gutachten)
beschreibt. Falls Sie von mir noch irgendwelche Angaben oder Unterlagen
benötigen, bitte ich Sie, mich davon in Kenntnis zu setzen. Für Ihre Bemühungen bin ich Ihnen sehr dankbar und verbleibe ...*

Herr Schaub meldete sich gleich eine Woche später, er fing in
dieser Woche neu beim Staatlichen Schulamt an und übernahm den Posten von Herrn Dr. Paul, dem für die Regelschulen im Landkreis Verantwortlichen. Der Doktor war bisher
mein Ansprechpartner, leider schickte er meist seine beiden für
ihn agierenden Damen vor. Der Schuldirektor a.D., der Neue
im Amt, schlidderte vollkommen unbedarft in eine Angelegenheit, die er nicht gleich überblickte.

Dieser Herr versuchte sofort, die altbewährte Taktik dieser

Leute anzuwenden und sprach mit mir wie mit einem unwissenden kleinen Kind! Die Zeiten des Geplänkels waren endgültig vorüber, welches ich dem Pädagogen unmissverständlich vermittelte! Herr Schaub reagierte etwas perplex, bekam sich aber ganz schnell wieder in den Griff und versprach mir, sich sogleich um die Angelegenheiten im Zusammenhang mit meinem Sohn zu kümmern. Versprechungen offerierten die Beamten sehr großzügig! Wie dieser Schmalspurkonsens aussah, konnte ich mir an allen fünf Fingern abzählen. Die Damen und Herren verfügten gar nicht mehr über einen Änderungsspielraum, denn Leons Akte existierte, darin befanden sich Unterlagen, mit Handlungsvorgaben. Alles, was irgendwo niedergeschrieben war, darf man nicht revidieren. Als ich hierüber meine Informationen erhielt, fing ich tierisch an zu lachen:

„Ein Witz! Ein echt toller Spaß! Nein? Unmöglich!!!" Geschriebene Anweisungen werden selbst dann ausgeführt, wenn die Entscheidung sich hinterher als Irrtum erweist. Verbesserungsvorschläge an die Lehrämter scheitern an vorher gemachten schriftlichen Anordnungen. Das ist wirklich so, ich habe mir das nicht aus den Fingern gesogen. Es gab hierfür etliche Beispiele (Ich beschränke mich diesbezüglich, auf meine Erfahrung): Frau Wagner teilte mir klar und deutlich mit, dass man geschriebene Entscheidungen niemals zurücknehmen darf – zum Wohle des Kindes!. Dies geschah im Zusammenhang mit Leons Rückversetzung von der Dritten in die Zweite Klasse. Laut Lehrerkonferenz wurde der Antrag der Eltern abgelehnt. Einspruch beim Schulamt und der Direktorin brachten herzlich wenig, obwohl diese Entscheidung aus pädagogischer Sicht sich gegen das Kindeswohl richtete! Ein anderer Lehrer bestätigte mir ebenfalls, dass es für mich keine Möglichkeit gab, diese Regel zu durchbrechen!

(Wenn eine Umschulung zur Lern- bzw. Erziehungshilfe beschlossen ist, gibt es kein Zurück! Doch wenn es der falsche Weg ist? Was dann? Lehrer begehen nach eigenen Worten keine Irrtümer! Ich versuchte, mich schlauzumachen und entdeckte vielleicht einen Ausweg? Dies waren keine eigenen Versuchsballons, denn durch EU-Recht, das über dem deutschen steht, wäre ein Strohhalm erkennbar. In der europäischen Gesetzgebung liegen andere Edikte vor. Leider besitze ich noch nicht genügend Kenntnisse, um genaue Angaben zu machen.)

Die Weltgesundheitsorganisation gab bereits vor etlichen Jahren eine Richtlinie für Gesetzesänderungen im Schulwesen heraus. Etliche wissenschaftliche Untersuchungen und Empfehlungen besagen, dass in einer integrierten Schule viel bessere Fördermöglichkeiten vorhanden sind. Diese Organisation schildert, wie behinderte und gesunde Kinder gemeinsam unterrichtet werden und Aussortierungen für alle Schüler als Nachteil bewertet wird. In anderen europäischen Ländern, beispielsweise Norwegen, existieren nur noch integrative Schulen und diese Länder stehen laut der PISA-Studie weit über Deutschland! Wissenschaftler bemängeln das Bildungssystem in Deutschland schon seit vielen Jahren. Die Weltgesundheitsorganisation beobachtet nur und schreibt Berichte, so die Antwort zum Eingreif-Spielraum dieser internationalen Einrichtung.

Besonders in den Bundesländern Bayern, Baden-Württemberg und Hessen wird die Situation für Schulkinder sehr schlecht beurteilt. Diese Bundesländer sehen keinerlei Handlungsbedarf. Ich sprach mit etlichen Menschen hierüber, die viel mit Kindern zu tun haben, und alle vertreten dieselbe Meinung, dass unser Bildungssystem, statt Kinder im richtigen Rahmen zu fördern, diese überfordert und aussortiert. So landen zu Unterrichtende auf Sonderschulen, wo sie überhaupt nicht hingehören (Leon sollte erst auf die staatliche Lernhilfeschule, und als dies nicht funktionierte, da das SPZ (Sozial-Pädiatrisches Zentrum) dem widersprach, wollte die Schulleitung meinen Sohn auf die staatliche Erziehungshilfe-Schule abschieben).

Niemand, der sich halbwegs mit Asperger-Autismus auskennt, würde je ein Kind mit diesen Symptomen auf eine derartige Schule schicken. Die Kommentare der Lehrer an unserer Grundschule: „Wir kennen uns mit Asperger-Autismus aus, wir würden diese Erkrankung bei einem Kind sofort bemerken. Leon hat so etwas nicht!"

Es gibt an unseren Schulen eine ganze Menge zu bemängeln. Wissenschaftliche-Richtlinien werden ignoriert und Eigeninitiativen vonseiten der Schulbehörden sind nicht zu erwarten. Kritik vertragen die Damen und Herren überhaupt nicht.

Daher sollten solche fatalen Fehler wie bei meinem Sohn sich nicht wiederholen!

Um irrwitzige Fehlwürfe zu verhindern, ist es unerlässlich, die aktuelle Schulpolitik in der Öffentlichkeit bekannt zu machen. Eltern müssen dringendst auf die Barrikaden gehen, um im Interesse ihrer Kinder gegen gravierende Fehlentscheidungen anzukämpfen. In unserem Land wird den Jugendlichen in den Schulen wenig Allgemeinbildung vermittelt. Die heutigen und kommenden Abgänger der Lehranstalten sind für das Berufsleben oft ungeeignet und viele schaffen es bei Bewerbungsgesprächen noch nicht einmal, die einfachsten Fragen zu beantworten.

Meine beiden älteren Töchter, beide 28 Jahre alt, konnten bei Bewerbungsfragen noch gut mithalten. Diese Mädchen verfügen über ein gutes Allgemeinwissen. Sie gehen wählen und informieren sich über die politische Lage in unserem Land. Ihr Wissensstand über verschiedene Religionsformen wie auch wichtige geschichtliche Ereignisse ist positiv zu bewerten. Beide besuchten während ihrer Ausbildung einen Bildungskurs über Rechtsradikalismus. Dies erwähne ich, um aufzuzeigen, dass eine schulische Grundlage besonders wichtig ist, um gesellschaftliches Interesse und politisches Verantwortungsgefühl unserer zukünftigen Bürger zu wecken. Mangel an Allgemeinbildung schafft in der Zukunft unmündige Erwachsene. Wenn unsere Kinder nicht mehr lernen, verbale Auseinandersetzungen mit sprachlichem Inhalt zu führen, wird diese Hilflosigkeit zu gewalttätigen Ausschreitungen ausarten. Wir brauchen doch bloß einen Blick in deutsche Schulen zu werfen! Das Ergebnis jahrelanger Versäumnisse ist klar zu erkennen!

Im öffentlichen Leben sind die Bildungsfehler ebenfalls offensichtlich. Die Politiker und Pädagogen müssen sich die Augen zuhalten, damit sie die Ergebnisse ihrer Schulpolitik nicht sehen. Hinzu kommt, dass unsere Regierung in Hessen die Gelder für soziales Engagement kürzte. So ist eben kein Geld mehr für Jugendliche vorhanden, die eigentlich nach der Schulzeit aufgefangen werden müssten, damit sie nicht auf der Straße herumlungern. Bei meinen jüngeren Töchtern erkennt man bereits schulische Versäumnisse. Die Mittlere von vier Mädchen, 26 Jahre jung, zeigt gravierende Lücken in ihrer allgemeinen Bildung. Mit dieser Tochter musste ich für Vorstellungsgespräche viele Dinge büffeln, die eigentlich im Schulunterricht nicht hätten fehlen dürfen. Meine Jüngste, 22 Jahre, bei ihr begann der Markenklamottenzwang. Wer nicht über diese Art Kleidung verfügte, den behandelten die Mitschüler als Aussätzigen. Das war der Beginn einer Zeit, in der die Kids sich gegenseitig die Schuhe von den Füßen klauten! Die Sorgen dieser jungen Menschen drehten sich hauptsächlich um ihr Aussehen und darum, „in" zu sein.

Ich musste mit ihr regelrecht einen Schnellkursus in Politik, Geschichte usw. absolvieren. Bei Einstellungstests besaß sie nicht die geringste Chance, diese zu bestehen. Selbst den simplen Dreisatz übten wir, diese Rechenart wird oft bei solchen Anlässen überprüft! Als unsere Jüngste vor einigen Jahren in eine Berufsschule wechselte, erklärte der Lehrer, dass die heutigen Jugendlichen in den allgemeinbildenden Schulen nicht annähernd so gut ausgebildet werden wie vor etwa 20 Jahren.

Die Schwierigkeiten im Lernprozess bekommen die Berufsschulen sehr stark zu spüren. Viele Jugendliche brechen ihre Ausbildung ab, weil sie den Anforderungen nicht mehr gewachsen sind. Viele Kinder besitzen heute kaum noch eine Einstellung zur Schule und zum Lernen. In Fachkreisen kritisiert man häufig die Ausbildung der zukünftigen Lehrer. Viele der Lehramtsstudenten wählen dieses Studienfach, weil andere durch den großen Andrang an den Universitäten und den Numerus Clausus sehr schwer zu ergattern sind. Einige Kinder, mit denen ich sprach, beurteilten ihre Pauker sehr kritisch:

„Meine Lehrerin kann keine Kinder leiden, wieso nicht?" Ältere Kids erkundigten sich konkreter:

„Wieso wird jemand Lehrer, wenn er uns nicht mag?" Diese Frage stellen sich mittlerweile auch die Profis in dieser Berufsbranche. Von einigen dieser Betreuer für verhaltensauffällige kleine Leute, vernahm ich zur Problematik, dass mindestens 80% der Lehrer an Deutschlands Schulen ihren Beruf verfehlten. (Eine wirklich krasse Beurteilung, meine Einschätzung ist nicht annähernd so extrem!) Meine doch entlastende Meinung: „Viele der Pädagogen sind einfach mit all den schwierigen Kindern überfordert!" Im Vergleich zu weiterführenden Schulen leben die Unterrichtenden an den Grundschulen, speziell in den kleineren Dörfern, noch im Paradies. Die Zeiten der einfach zu handhabenden Sprösslinge sind Vergangenheit. Bei Kinderärzten und auch in kinderpsychiatrischen Bereichen weiß man bereits seit etlichen Jahren, dass in unserer Gesellschaft die Zahl der psychischen Erkrankungen stetig zunimmt. Immer mehr Syndrome haben im Laufe der Jahre an Bekanntheit gewonnen. ADHS tritt immer häufiger in Erscheinung.

Warum ausgerechnet die Schulen mit all ihren Institutionen hiervor die Augen verschließen? Hierauf erhielt ich nie eine ehrliche Antwort! Natürlich sind nicht ausschließlich die Kindergärten und Schulen an der Erziehung der Kleinen beteiligt. Mir warf man des Öfteren vor, dass ich diesen Aspekt außer Acht ließe. Um hier etwas Klarheit zu schaffen, möchte ich dieses Thema kurz ansprechen.

In der Grundschule sagten die Pädagogen mir oft nach, ich vernachlässigte mein Kind und wäre nicht in der Lage, meinen

Sohn richtig zu erziehen. Mein Standpunkt zu Erziehungsfragen ist eindeutig:

1967 durch die Studentenunruhen ausgelöst, fand ein Umdenken in der Gesellschaft statt, welches neue Ideen in der Pädagogik hervorbrachte. Das Resultat: die antiautoritäre Erziehung. Als meine Mädels noch klein waren, versuchten sich immer noch etliche Eltern sowie Psychologen und Therapeuten an dieser Erziehungsmethode. Durch die Bekanntschaft einer Kinderpsychologin bekam ich einen Einblick, welche Auswirkungen die antiautoritäre Erziehung auf das soziale Verhalten bei Kleinkindern erzielte. Ines nahm als 3-Jährige an einer Kindergruppe teil, in der die Therapeutin diese Methode anwandte. Ich empfand es als sehr erschreckend, wie die kleinen Mäuse aufeinander losgingen! Chaos und Schrecken herrschte unter den Kindern. Große Unsicherheit entstand, die Kleinen flippten total aus! Anleitungen zum normalen Regelverhalten fehlten gänzlich. Als die Gewalt untereinander überhand nahm, erklärte die Psychologin:

„Mit der Zeit werden die Kinder durch gemachte Erfahrungen ihren eigenen Weg finden, um lieb miteinander zu spielen." Für mich eine Erfahrung, die mir bestätigte, dass die kleinen Wesen dringendst Grenzen benötigen, um ihr Bestehen zu meistern. Die antiautoritäre Erziehungsmethode wurde schnell verworfen, da sich hieraus sehr schwierige Jugendliche entwickelten. Ich konfrontierte meine Kinder mit Regeln und Strukturen. In ihrer Kleinkindphase führte ich viele sich immer wiederholende Rituale ein. Ein Beispiel:

Alle Familienmitglieder teilten beim Verlassen des Hauses ihre Ziele mit. Selbst als Volljährige informierten sie mich über ihren Verbleib. Unsere Anne, die mit ihren 23 Jahre noch zu Hause wohnt, hält weiterhin an diesem Ritual fest. Zuverlässigkeit gilt natürlich auch für Eltern. Gegenseitiges Vertrauen und Respekt eignet sich als beste Erziehungsgrundlage! Mein schlimmster Alptraum in diesem Zusammenhang: Dass einmal die Polizei vor der Tür steht und ich keine Auskunft über den

Verbleib meines jeweiligen Kindes geben könnte!. In Krimis wird diese Szene oft gezeigt und ich empfinde so etwas als furchtbar schlimm.

Meine Töchter verinnerlichten die immer wiederkehrende Übereinkunft. So gehören gelebte Rituale später zur Normalität! Natürlich ist es für Eltern unerlässlich, sich ebenfalls an Abmachungen zu halten. Was man bei einem Kind versäumt, ist bei einem Jugendlichen oder auch Erwachsenen kaum noch auszubügeln. Ich vergleiche Kindererziehung mit der Erziehung von Hunden. Wenn diese als Welpen nicht konsequent ihren Platz im Rudel zugewiesen bekommen, werden sie später ihr Herrchen oder Frauchen beißen. Kinderärzte, Lehrer, Erzieher und auch Psychologen bemängeln in der heutigen Kindererziehung die fehlende Konsequenz. Viele Eltern sind der Überzeugung, Kleinkinder durch Diskussionen zu überzeugen. Ob das den richtigen Weg darstellt, bezweifele ich sehr!

Respekt erhält ein Erwachsener nur, wenn er Stärke und Konsequenz zeigt! In manchen Familien beherrschen die Kleinen ihre Eltern richtig gut, welches bei einem Halbwüchsigen zu fatalen Folgen führt. Auch der Gebrauch von Fernsehen und Computern im Übermaß wirkt sich negativ auf das soziale Verhalten der Kids aus. Hierdurch werden Unruhe und Hyperaktivität gefördert. Natürlich gibt es noch viele andere Begründungen, warum man diese Freizeitbeschäftigungen kontrollieren sollte! Außerdem möchte ich hier einmal die Gelegenheit nutzen, etwas über den übertriebenen Konsum in unserer Gesellschaft verlauten zu lassen:

Das Wissen über Markenklamotten, welcher Fernsehstar zur Zeit „in" ist und welche Automarke besonders beeindruckt, kann als Hobby vielleicht ganz interessant sein. Wenn aber das Allgemeinwissen sich aus solchen Nichtigkeiten zusammensetzt und Kids in den Schulen ausschließlich nach solchen Aspekten beurteilt werden, sollte man darüber nachdenken, was hier schiefläuft! Wer seine Kinder wirklich liebt, bereitet ihnen eine sorglose Kindheit mit viel Liebe und Verständnis. Nur sollten Eltern nicht vergessen, wie hart das Leben sein kann. Sie dürfen, gerade weil sie ihre Kleinen lieben, nicht versäumen, diese auf das Leben da draußen vorzubereiten.

Prinzen und Prinzessinnen können im Dschungel nicht überleben!

Durch meine Suche nach der passenden Schule für meinen Sohn Leon fiel mir auf, dass an sämtlichen guten Sonderschulen (staatlich anerkannte Privatschulen) die Aufnahmekapazität weit überschritten war. Für einen einfachen Bürger besteht kaum die Möglichkeit, sein Kind ohne Zustimmung des Schulamtes in einer dieser Lehranstalten unterzubringen:

Die Zuweisung des Schulamtes benötigt man dringend, damit die private Finanzierung wegfällt! Wer kann sich jeden Monat zwischen 300 und 500 Euro und mehr für die Beschulung seines Kindes über Jahre hinweg leisten?

Hinzu kommen das Fahrgeld und Lehrmaterial. Wieder einmal sind die Armen diejenigen, deren Kinder ins Abseits geschoben werden. Wobei in diesem Fall der Mittelstand ebenfalls bei solchen Summen zu den hiervon Betroffenen zählt! Jemand, der mit seiner Hände Arbeit seine Familie ernährt, kann sich Unkosten in diesem Ausmaß bestimmt nicht leisten! In ganz vielen Fällen scheitern Hoffende an der Amtsbürokratie und den Drohgebärden der zuständigen Behörden. Durch Einschüchterung setzen die Beamten oft ihre kosteneinsparenden Verordnungen durch. Ich erlebte diese Handlungsweise am eigenen Leib. Eltern sollten sich die angeratenen Schulen ganz genau anschauen und unbedingt bei schon Betroffenen darüber informieren, welches pädagogische Konzept dort angewandt wird. Auch die Weiter- und Fortbildung nach Besuch dieser Lehranstalten darf man nicht versäumen, in Augenschein zu nehmen. Bei staatlichen Lernhilfeschulen wird kein Englisch angeboten. Diese Sprache brauchen die Kids aber für alle anderen weiterführenden Pennen. Informationen über Berufsmöglichkeiten nach einem Abschluss sind unerlässlich!

Hauptschüler erhalten in der heutigen Zeit kaum einen Ausbildungsplatz, wie steht es dann mit Sonderschülern? Zu denken: Erst einmal das Kind durch die Lehrer unterbringen zu lassen, damit endlich Ruhe einkehrt, kann fatale Folgen haben! „Aufgeschoben ist nicht aufgehoben!" Lehrer interessiert nicht zwingend, wie die Zukunft der einzelnen Kinder aussieht. Durch Gespräche mit Sonderschülern und deren Eltern erfuhr ich: „Aus der Lernhilfeschule wieder herauszukommen, erweist sich als fast unmöglich!" Ein Beispiel:

Der Bekannte einer meiner Töchter besuchte die Lernhilfeschule in unserer Nähe. Ein Superschüler! Dieser Junge wurde nicht in die Hauptschule zurückgeschickt! Nach Abschluss der Sonderpenne holte er den Hauptschulabschluss nach und bestand mit „sehr gut". Weiterführende Schulen konnte er aufgrund der fehlenden Englischkenntnisse nicht besuchen! Man sollte nicht dem Irrtum verfallen, dass der beschrittene Weg, sich weiterzubilden, für diesen jungen Mann leicht zu bewältigen war! Ein sehr schwieriges Unterfangen für alle Sonderschulabgänger. In den angebotenen Privatschulen stellt sich die Situation anders dar. Hier werden meist alle Bildungswege bis zum Abitur angeboten.

Außerdem ist zu bedenken, dass die Jahre bis zum Schulabschluss sehr schnell vergehen. Plötzlich stehen Kinder und Eltern da und wissen nicht, wie es zukünftig weitergeht. Im Fall meines Sohnes gab keiner der Damen und Herren zu, das die Wirklichkeit nicht in ihren Büchern, Akten und Unterlagen zu finden ist!

Mein Kampf um die Rechte Leons ging in eine neue Runde! Dieses Mal waren meine Waffen schärfer und ich betrat das Schlachtfeld mit ganz anderen Voraussetzungen, um einen bleibenden Eindruck in der Auseinandersetzung zu hinterlassen. Ich ahnte, was mir blühte, und krempelte meine Ärmel hoch. Niemand schaffte es mehr, mir Schuldgefühle einzureden. Leons Diagnose lag nun vor und ein Erziehungsdefekt konnte nicht mehr als Hauptursache vorgeschoben werden.

Alle Eltern machen Fehler, da kein Patentrezept für Kinderhandhabung vorliegt. Auf dieser Schiene konnte mich niemand mehr erreichen und verletzen. Meine zunehmende, kultivierte Selbstsicherheit im Umgang mit Behörden und dieser Thematik wirkte sich auf die Gespräche mit den entsprechenden Organen positiv aus. Herr Schaub vom Staatlichen Schulamt fehlte anfänglich der Durchblick für den augenblicklichen Sachverhalt. Seine Versuche, eine Zufriedenstellung seines Gesprächspartners durch Floskeln zu erreichen, scheiterten kläglich. Eine Chancengleichheit bei Behörden zu erringen erweist sich als unerreichbares Unterfangen! Ich beabsichtigte aber nicht, es diesem Amt zu leicht zu machen!

Die Erfahrungen aus der Vergangenheit zeigten eindeutig, dass ich als Mutter keinerlei Handhabe besitze, bei staatlichen Institutionen etwas zu erreichen. „Ein Versuch kostete nichts!" Durch meine vielen E-Mails an verschiedene Hilfsorganisationen im Bereich der Behindertenhilfe, an Presse und staatliche Behörden erreichten mich Rückmeldungen von Menschen, die Mitgefühl zeigten und viel Durchhaltevermögen wünschten. Einige dieser netten Leute versicherten mir, welch wundersames Ereignis mir zuteil wurde, da das Hessische Kultusministerium auf meinen Hilferuf reagierte. „Die in einem Bundesland an oberster Spitze regierenden Beamten ignorieren, genau wie die staatlichen Schulämter in Hessen, in den meisten Fällen Beschwerden, Anfragen oder Hilferufe von Eltern!" So lauteten einige Aussagen. Als mein Rechtsanwalt eine Rückversetzung von Leon in die 2. Klasse beantragte, entschied die Behörde, erst zu antworten, als Leon sich bereits in der KJP (Kinder-und Jugendpsychiatrie) befand. Somit erübrigte sich eine Stellungnahme. Eigentlich wollten Volker, mein Advokat, und ich mit dieser Rückversetzung erreichen, dass Leon bis zur Einweisung in die Psychiatrie etwas Entlastung vor der zu dieser Zeit bestehenden Überforderung fand. Die zuständigen Behörden drückten sich souverän vor der Verantwortung und unterstützten die sinnlose Entscheidung, gegen das Kindeswohl, der Grundschule.

Im Herzen dieser Leute schien der Sachverhalt, wie ein Kind unter solch einer paradoxen Entscheidung litt, nur Froschblut zu verursachen!? Meinem Rechtsanwalt und mir gelang es nicht, nur das geringste Entgegenkommen oder etwas Kompromissbereitschaft zu erreichen! Die hieraus resultierende Schlussfolgerung: „Beamte in solch einer Position überschauen das wahre Leben in den Schulen nicht, denn zu einer ganzen Wahrheit gehören immer zwei Seiten und da das Schulamt an den Standpunkten der Eltern kein Interesse zeigt, gelingen keine adäquaten Beurteilungen. (Beobachtungen aus der Vogelperspektive entpuppen sich als recht ungenau!) Die Vorgänge erinnern mich an eine Maschinenfabrik: Was nicht funktioniert, wird aussortiert, ob etwas bei guter Behandlung wieder funktionstüchtig wird oder nicht, das interessiert keinen. Nur der schnelle Ablauf der Herstellung, um die Rekordzeit einzuhalten, gilt als rentabel! Mehraufwand investiert man nicht! Außerdem kostet Zeit Geld und das passt nicht ins Sparprogramm!

Der 31. August zog vorbei und Frau Nolls Erziehungsbeistand endete. Sie rief mich an und wir berieten: „Wie sagen wir es dem Kind?" Nach all den krassen Veränderungen in der jüngsten Vergangenheit bestand ein erhebliches Risiko, Leons totalen Zusammenbruch zu provozieren. Die Dame vom Jugendamt war eine der wenigen, bei der ich mich richtig ausheulen konnte:

„Wenn wir Leon jetzt noch mit Ihrem Abschied konfrontieren, garantiere ich für nichts. Der Junge fühlt sich schon von seiner geliebten Frau Graf verraten und verkauft! Selbst die Trennung von seiner Ex-Klassenlehrerin, Frau Seidel, bricht meinem Kind das Herz. Jetzt noch Sie! Leon fühlt sich echt mies, er weint oft, leidet unter imaginären und echten Ängsten und weigert sich strikt, das Haus zu verlassen. Er besucht vor lauter Furcht den Kindergottesdienst nicht mehr. Obwohl ich ihn begleiten möchte, nichts zu machen! Ich kann ihn doch nicht ständig zu irgendwelchen Veranstaltungen zwingen. Hier handelt es sich um Freizeit, die soll Spaß bringen. Wenn Sie jetzt auch noch weggehen, weiß ich nicht, wie es weitergeht?!"

Frau Noll fand die ganze Situation ebenfalls schwierig: „Ich dachte nicht im Traum daran, dass es für den Jungen noch schlimmer kommen könnte. Tut mir wirklich leid, aber die Leon zustehende Betreuungszeit ist abgelaufen! Normalerweise übergebe ich dem Kind, welches ich betreut habe, ein Abschiedsgeschenk und verbringe mit ihm noch ein paar schöne Stunden. Sie haben recht, ich rede mit Leon und erzähle ihm, dass ich im Moment sehr viel zu tun habe und deswegen wenig Zeit mit ihm verbringen kann. Noch einen Verlust kann der kleine Kerl im Moment nicht verkraften."

Somit einigten wir uns, den verzweifelten Jungen nicht mit noch einem Abschied zu quälen. Von nun an fehlte dem Kleinen der Mut, am Reiten teilzunehmen:

„Lasst mich einfach in Ruhe, ich gehe nirgends mehr hin, ohne Noll schon gar nicht. Ich will nicht mehr!" Gott sei Dank redete Leon, trotz seiner Niedergeschlagenheit und seinen Ängsten, nicht mehr von seiner Sehnsucht, in den Himmel zu verschwinden! Vielleicht hatte er diesen Wunsch vergessen. Wie die Wolken schmecken, fragte er nicht mehr!

Mittlerweile wusste mein Schatz, dass die Wolken aus Wasserdampf bestehen und daher keinen Geschmack besitzen. Über die Verstorbenen aus unserer Familie stellte mein Sohn nach wie vor sehr viele Fragen. Sein Verhältnis zur Schule besserte sich nach dem Zelten. Ich telefonierte mit der Klassenlehrerin und informierte mich, wie Leon dort zu recht kam:

„Er macht sich ganz prima. Sein Kontakt zu den Kindern ist gut und seine Konzentration im Unterricht ebenfalls. Der Junge erweckt nicht den Eindruck, dass er Angst vor der Schule hat!" Ich sprach mit der Lehrerin über eine Schulassistenz und sie befürwortete eine Beantragung desselben:

„Von Frau Kraft, der zuständigen Sachbearbeiterin des

Landkreises, erfuhr ich, dass wir eine Stellungnahme von Ihnen benötigen, warum Leon in der Schule Hilfestellung erhalten sollte!" Ich bat Frau Prell weiterhin um einen Termin, damit wir den entsprechenden Antrag gemeinsam erarbeiten konnten! Argumente für einen Schulbegleiter waren genug vorhanden: Leon besaß immer noch keinerlei Ordnung in seinem Ranzen. Er verbrachte die Pausen oft allein, da der Lärm und das Durcheinander ihn sehr irritierten. Mein Schätzchen benötigte dringend, bei einer Klassenstärke von 17 verhaltensauffälligen Kindern, eine Bezugsperson, an die er sich anlehnen konnte und die ihm dabei half, soziale Interaktionen und Aktionen zu begreifen. Außerdem brauchte er jemanden, der ihn anspornte und motivierte, seine begonnenen Arbeiten zu beenden und ihn anhielt, selbstständig seine Aufgaben zu bewältigen. Frau Prell, Leons Klassenlehrerin, schaffte es nicht bei so vielen Schülern, die alle eine besondere Fürsorge beanspruchen, diese zusätzlichen Förderungen bei meinem Sohn zu übernehmen! Es bestand zunehmend die Gefahr, dass der kleine Mann wieder eine Verweigerungshaltung einnahm. In seinem jetzigen Zustand war niemand in der Lage, ihm den Schulhass auszutreiben! Wenn Leon in dieser Schule ebenfalls ins soziale Abseits geriet, was dann? Der kleine Junge besaß zwar jetzt einen Anspruch auf Behindertenhilfe, aber dieser Status bedeutet in unserem schönen Sozialstaat, gar nichts!

Im Gegenteil, sämtliche Behörden und Hilfsorganisationen begannen, bestärkt durch diese Tatsache, bei Recherchen meinerseits eine Behinderten-Differenzierung vorzunehmen. Sie verschoben mich mit meinen Anliegen von einem zum anderen. Nicht ein Mensch fühlte sich zuständig, nicht ein einziger Rettungsversuch! In dieser Welt ist sich jeder selbst der Nächste! Für Hilfesuchende und Schwache bleibt nur der Weg ins gesellschaftliche Abseits! „Alte Menschen verbringt man ins Pflegeheim, wenn sie nicht mehr leistungsfähig sind! Behinderte und Kranke schiebt man in Sonderschulen und Heime ab! Meine Hoffnungen auf Unterstützung und Beratungen nach einer entsprechenden Diagnose zerfielen zu Bürokraten-Staub! Die angestrebten Kostenersparnisse vom Landkreis und vom Schulamt erweckten den Eindruck, geeignete fachgerechte Hilfen wären unerreichbar. Da in der Vergangenheit das Jugendamt (Landkreis) eine Beistandschaft finanzierte, fiel die individuelle Beratung weg. Nach zwei Jahren Hilfe in diesem Bereich erlosch der Anspruch auf weitere Betreuung.

Eine Finanzierung der Nachmittagsbetreuung vom Landkreis stand mir nicht zu, da dieser die Kosten des Autistischen Therapie-Institutes trug, wenn wir endlich einmal die Warteliste bezwangen! Obwohl einem Autistischen Kind rechtlich der Schulassistent zur adäquaten Beschulung zusteht, drehte sich auch hier ein Glücksrad. Der Landkreis versuchte genau wie das staatliche Schulamt bei entstehenden Kosten, die Eltern zu zermürben. Beide Ämter tun alles, um die Antragstellenden dermaßen zu verwirren und einzuschüchtern, damit diese ihre Anwartschaft aufgaben! Das Schulamt verweigerte Leon sogar einen Integrationsplatz! Obwohl die sonderpädagogischen Gutachten nach dieser Form der Unterstützung förmlich brüllten! Diese für unsere kleinen Kinder verantwortliche Behörde lehnte grundsätzlich alle Anträge auf Beschulungsunterstützungen ab.

Trotz all dieser üblen Erfahrungen versuchte ich weiterhin, bei dieser Behörde Kosten geltend zu machen. Asperger-Autisten können durchaus in Regelschulen mit ihnen zustehenden Hilfen unterrichtet werden. Dies belegen Versuche integrativer Schulen. Mit entsprechender Hilfestellung für das Kind, eine wunderbare Lösung! Dazu muss aber die Schulleitung auch Bereitschaft zeigen, Behinderte zu integrieren.

Es wäre wirklich zu schön, wenn einer der Politiker es wagen würde, in diese Wespennester zu stechen, um sich einen tatsächlichen Überblick der Kinderbetreuung in unseren Schulen zu verschaffen!? Die dringende Notwendigkeit, Erziehungshilfeschulen endlich verschwinden zu lassen, wäre eine echte Herausforderung und ein sozialer Fortschritt!

Ich sah mein Kind in seiner Verzweiflung und empfand

echten Zorn auf das fragwürdige Schulsystem in Deutschland und die Verweigerung der Behörden, Unterstützungen zu gewährleisten. Ich begriff immer noch nicht wirklich, was Asperger-Autismus bedeutete. Wir kauften uns ein Buch, in dem ein Mädchen ohne Diagnose ihr Leben bis ins junge Erwachsenenalter schilderte. Viele Erfahrungen, Ängste und Lebensweisen der jungen Frau trafen auf meinen Sohn zu, viele aber auch nicht. Jede autistische Erkrankung verläuft unterschiedlich, genau wie jede andere Behinderung. Kein Mensch gleicht dem anderen! Ich versuchte, wenigstens zu verstehen, was sich in meinem kleinen Mann abspielte und wie weit er sich in seinem Denken und Handeln von anderen Kindern unterschied.

Mein Sohn ist auf den ersten Blick ein ganz normaler Junge! Bei näherem Hinsehen erkennt man, dass dieses Kind in seinem Verhalten, seinem Denken und den Reaktionen dem normalen Maßstab nicht gerecht wird. Eine unbeantwortete Frage, die ich mir immer wieder stellte: Was spielt sich in der Seele und im Kopf meines Kindes ab? Meine Angehörigen wissen um die Behinderung unseres Jüngsten, begreifen sie aber noch weniger als ich. Was man nicht sieht, ist nicht vorhanden! Was man nicht versteht, ist nicht da! Es verunsichert, macht Angst oder wird ignoriert. Menschen gehen so mit dem um, was sie nicht sehen und was sie nicht verstehen! Würden diese Themen über körperliche, seelische und andere Behinderungen mehr Öffentlichkeit erlangen, würden die Menschen im Alltag viel mehr gegenseitiges Verständnis aufbringen und der Umgang miteinander sich viel einfacher gestalten. Leider werden Behinderungen jeglicher Art in der Gesellschaft immer noch totgeschwiegen und somit zu Tabu-Themen. Betroffene schämen sich und ziehen sich zurück, degradieren sich teilweise selbst zu Außenseitern. Fehlende Aufklärung führt unweigerlich zu Missverständnissen! Spießruten laufende Mütter mit ihren behinderten Kindern gibt es tatsächlich im 21. Jahrhundert immer noch! Beispiel:

Meine beiden Töchter samt ihren Kindern, Leon, Oma und

ich verlebten einen tollen Tag in einem Freizeitpark. Als wir dort im Restaurant saßen, passierte eine Mutter mit ihrer schon älteren Tochter unseren Tisch. Dieses Mädchen litt offensichtlich an einer geistigen Behinderung und kam freudestrahlend auf uns zugelaufen. Die Frau versuchte, ihr Kind festzuhalten, bekam es aber nicht mehr rechtzeitig zu fassen. Die Mama der jungen Frau erweckte den Eindruck, als verspürte sie echte Panik. So ließ sie den Dingen freien Lauf, was manchmal deprimierend enden kann. Danny (meine älteste Tochter) grüßte freundlich mit „Hallo" und stellte einige Fragen über die kleinen Kinder an unserem Tisch. Die Kleine wandte sich an Oma und mich, alles war paletti. Als die Mutter bemerkte, dass alles normal und gut war, fiel die große Anspannung von ihr ab. Ich konnte den Stein, der ihr vom Herzen fiel, förmlich aufschlagen hören.

Die Panik der Dame war für mich verständlich, denn wenn von Leon angesprochene Leute bemerken, dass mein kleiner Mann nicht adäquat reagiert und keine themenbezogene, verständliche Antwort erteilt, lassen sie ihn einfach im Regen stehen und tun so, als wenn er nicht existieren würde. Dies wirkt auf den Jungen oft sehr verletzend. Mein Sohn ist sehr groß gewachsen und viele setzen andere Verhaltensweisen bei ihm voraus, da er älter als neun Jahre wirkt. Dieser Punkt ist ebenfalls für manche Leute ein Grund, sich zurückzuziehen. Gespräche mit Eltern von Stammhaltern mit Handicap über die Reaktionen einiger unserer Mitmenschen machten mich fassungslos. Wie herzlos und gemein manche Zweibeiner durch Unwissenheit oder Dummheit handeln, ist wirklich krass! Viele Erdenbürger schaffen es nicht, sich im Umgang mit dem nicht Bekannten unbefangen und normal zu benehmen!

Eine Eingliederung aller Kinder in deutschen Kindergärten und Schulen würde diesen Vorurteile ein Ende setzen!? Wir müssen uns alle endlich einmal vor Augen halten, dass dieses Schicksal jeden an jedem Ort zu jeder Zeit treffen kann! Niemand ist immun dagegen! Jeder kann plötzlich zu einem behinderten Menschen werden!

Aufklärung überbrückt künstliche Grenzen und hilft zu verstehen! Totschweigen bereitet Unverständnis auf der einen Seite, Angst und Hilflosigkeit auf der anderen!

Viele Hilfs- und Fördermaßnahmen werden verweigert, obwohl diese den behinderten Kindern rechtmäßig zustehen. Einen Antrag nach dem anderen stellen müssen! Ein jahrelanger Kampf bringt vielleicht mal einen Erfolg, ein Hilfsprogramm für die Alleingelassenen! Wie soll man das als Eltern ertragen? Fachgerechte Fördermaßnahmen sind vorhanden, aber diese werden aus Kostengründen nicht genehmigt oder zeitlich unrentabel eingeschränkt! Zu wenige Plätze für Hilfsbedürftige führen dazu, dass man Eltern eine bestimmte Hilfsmaßnahme genehmigt, aber oft die ganze Angelegenheit dann an einer ellenlangen Warteliste scheitert!

Im Bildungssystem versucht das Schulamt, sämtliche Kosten auf den Landkreis zu verschieben und umgekehrt. Eltern dürfen nicht aufgeben, sie benötigen ganz viel Energie, Ideenreichtum und Durchhaltevermögen. All diese Eigenschaften kombiniert und ausdauernd, nervtötend und penetrant eingesetzt, erhöhen die Chancen auf eine adäquate Beschulung! Ein Tipp: Vor schlechter Publicity fürchten sich sämtliche staatliche Einrichtungen!

Bei meinem letzten Telefonat mit Herrn Schaub von ebendiesem Staatlichen Schulamt sprach ich meine Forderungen nur oberflächlich an. Die Kostenübernahme für den Schulassistenten hatte Herr Berg bereits abgelehnt:

„Da Sie sich für den Schulassistenten nicht zuständig fühlen, werde ich diesen genau, wie die Therapie im Autistischen Zentrum, beim Landkreis beantragen. Ich benötige aber noch eine adäquate Nachmittagsbetreuung für meinen Sohn. Leon leidet sehr unter dem abrupten Schulwechsel. Leider lehnte Frau Wagner von der Grundschule in unserem Ort jegliche Hilfe für mein Kind ab und nahm ihn aus fadenscheinigen Gründen in dem Hort nicht auf. Das Schulamt wurde laufend über die seltsamen Entscheidungen in dieser Penne unterrichtet! Leider hielt es bisher niemand für nötig, in irgendeiner Form einzugreifen! Im Gegenteil, die Herren und Damen trugen alle Beurteilungen in dieser Lehranstalt mit!"

Der Beamte meldete sich zu Wort, aber jetzt war ich dran und es kochte in mir. Meine Stimme wurde immer lauter, was nicht besonders nett von mir war:

„Drei lange Jahre ging ich mit meinem Sohn durch die Bildungshölle. Anfragen meinerseits, Gespräche zwischen beiden Parteien zwecks besserer Verständigung zu vereinbaren, wimmelten die Pauker stets ab. Wenn ich wider Erwarten doch zu einer Aussprache gebeten wurde, bekam ich immer nur dasselbe zu hören: ‚Ihr Sohn ist für diese Schule nicht mehr tragbar, ab in die Lernhilfeschule oder in die Erziehungshilfeschule!' Etwas anderes fiel den Herrschaften nicht ein! Die Sonderschulen pries man meinem kleinen Kind auf eine Art und Weise an, das spottet jeder Beschreibung! ‚Du kannst mit dem Bus dorthin fahren' oder ‚Dort bist du nicht mehr böse' usw. Wie kann man als vernünftiger Mensch so etwas unterstützen? Die Rückversetzung Leons von der 3. in die 2. Klasse wurde von der Lehrerversammlung der Regelschule abgelehnt, obwohl diese Negation sich als vollkommen unpädagogisch herausstellte! Nein, das Staatliche Schulamt revidierte diesen Unsinn natürlich nicht! Eine Entscheidung hierüber, trotz logischem Einspruch meines Rechtsanwaltes, fällten die Beamten dieser Institution erst, als mein Kind bereits in der KJP-Klinik verschwand! Dass Frau Wagner nicht einlenken würde, vermutete ich sowieso, da La Grande Madame unter gekränkter Eitelkeit litt. Dass aber angeblich vernünftige Menschen, hochbezahlte Beamten, solch einen Beschluss mittrugen, war für mich unvorstellbar. Nicht nur, dass alle Versuche meinerseits, die Situation für meinen Sohn erträglicher zu machen, an der Engstirnigkeit einiger Verantwortungsträger scheiterten: Nein, falls ich nicht endlich Einsicht bekunde und alles akzeptiere, was ihr von mir verlangt, drohte mir eine Dame aus eurem

Verein auch noch mit Polizeigewalt!?"

Ich legte eine Pause ein, um erst einmal Luft zu schnappen.

Herr Schaub antwortete ruhig:

„Das kann ja alles so gewesen sein, aber die Schulassistenz übernimmt nun einmal der Landkreis, hierfür sind wir nicht zuständig. Über all die anderen angeblichen Vorfälle ziehe ich erst einmal Erkundigungen ein. Leider bin ich noch nicht dazu gekommen, mich über Ihren Fall zu informieren."

„Es ist mir schon klar, dass Sie über die geschehenen Ungerechtigkeiten noch keine Ahnung haben können. Da Sie aber für die Grundschulen zuständig sind, sind Sie mein Ansprechpartner in dieser Angelegenheit. Ich will mich wirklich nicht mit Ihnen streiten, aber in mir kocht die Wut über, wenn ich die letzten Schuljahre meines Sohnes rekapituliere.

OK, jetzt bleiben Ihnen zwei Möglichkeiten: Entweder Sie finanzieren mir den Johanneshof, eine teure Einrichtung zur Nachmittagsbetreuung. Dieser Hof kostet laut Landkreis 3.000,00 Euro im Monat, oder Sie besorgen Leon die für das Amt kostenfreie Variante!"

Herr Schaub versprach mir, sich um Aufklärung sämtlicher Ungereimtheiten zu bemühen! Das Wohlergehen meines Kindes läge dem Schulamt sehr am Herzen!? So beendeten wir unser Gespräch. Meine Intuition ahnte nichts Gutes. Bei früheren Kontakten waren die Aussagen der zuständigen Sachbearbeiter ziemlich identisch gewesen; erst vertröstete man mich und es folgte eine freundliche Zusage: „Natürlich bemühen wir uns, Ihrem Jungen sämtliche Möglichkeiten zu erschließen!"

Im Endeffekt war alles Schall und Rauch! Die Heuchelei der Schulbehörden nervt total. Mein Rezept, den Leuten so richtig schön auf den Senkel zu gehen, bewirkt Wut und mehr Arbeitsaufwand. Ein kluger Mensch riet mir:

„Ärger und Mehrarbeit mögen die Beamten der Schulbehörden überhaupt nicht! Bleib immer am Ball, nur so kommst du irgendwann an diese Herrschaften heran! Menschen, die

Missfallen verursachen, bleiben länger im Gedächtnis!"

Mir war vollkommen bewusst, dass die Staatsgewalten mich immer noch nicht ernst nahmen. Kein Abitur, nicht studiert, noch nicht einmal berufstätig, in deren Augen war ich eine dumme kleine Hausfrau, die sich wichtig machen wollte und die von nichts eine Ahnung hatte. „Diese Frau nervt total und gibt einfach keine Ruhe!"

Mittlerweile spielte es überhaupt keine Rolle mehr, welchen Eindruck ich bei diesen Administrationen hinterließ. Ich bin zwar nur eine Ahnungslose, aber zwischen Recht und Unrecht weiß ich zu unterscheiden. Es handelte sich um großes Unrecht, wie sie mein Kind ausgrenzten.

In der hiesigen Schule versuchte ich oft, der Klassenlehrerin und auch der Direktorin zu vermitteln, dass mein Junge unter einem Syndrom litt. Diese Gespräche verliefen ständig in dieselbe Richtung: „Sonderschule! Lernhilfeschule!" Die Hochbegabung sprachen sie Leon ebenfalls ab. Alle fielen, den kleinen Mann betreffend, einem riesigen Irrtum zum Opfer, nur die Pauker durchschauten alle Kernprobleme. Die Schuldige an Leons Verhaltensauffälligkeit, war natürlich die Mutter!

Mir wurde unterstellt, mein Kind zu vernachlässigen. Eine gesunde Ernährung meines Sohnes sei nicht gewährleistet! Tag und Nacht erlaubte ich angeblich dem armen, blassen, dünnen Kind, mit Fernsehen und Computer zu verbringen. „Leon ist ungekämmt!" Selbst dies wurde mir im zweiten sonderpädagogischen Gutachten vorgeworfen. Unhaltbare Beschuldigungen!

Bis heute entschuldigte sich noch niemand für diese Vorwürfe! Selbst die kompetente Dame vom Bildungsförderungs-Zentrum (BFZ) hegte nie einen Zweifel an ihrer Beurteilung!

Nachdem das Autistische-Zentrum eine Vorabdiagnose erstellt hatte, dass Leon nun doch unter Asperger-Autismus leidet, versuchte keiner der Pädagogen einzulenken. Im Gegenteil. Als die Direktorin über Leons vorläufige Diagnose informiert wurde, ging sie weiterhin vehement gegen meinen Sohn vor. Nachdem „eine Behinderung" im Raum stand, begann die

Schule damit, den Druck auf mein seelisch krankes Kind zu erhöhen! Das Staatliche Schulamt unterstützte sie voll und ganz bei ihren Spielchen. Die Staatsdiener ignorierten die Hilferufe eines kleinen Jungen! Man beabsichtigte höchstwahrscheinlich, mich in die Knie zu zwingen!

Hilflosigkeit übermannte mich total! Kapitulieren war nie eine Option! Aufgeben wäre einem Verrat an meinem Sohn gleichgekommen. Die angeratenen Lehrdisziplinen bedeuteten für mich, dem Untergang meines kleinen Schatzes tatenlos zuzusehen! Also versuchte ich, mein Kind zu beschützen und kämpfte dabei gegen Windmühlen. Nur durch das Intervenieren von Frau Neumeier vom Hessischen Kultusministerium, die ich in einem schriftlichen Gesuch um Hilfe anflehte, bewilligte die Schulbehörde wenigstens eine gute Schule für den kleinen Jungen. Bis zu den Sommerferien 2008 schaffte ich es, nach einem langen, beschwerlichen Weg, Leon die bestmögliche Bildungschance zu verschaffen!

Leider war es mit dem Schulplatz allein nicht getan. Zurzeit war Leon ein nervliches Wrack. Man riss ihn Knall auf Fall aus seiner gewohnten Umgebung heraus. Ich bemühte mich, ihm wenigstens seine geliebte Frau Graf von der hiesigen Nachmittagsbetreuung noch eine Weile zu erhalten. Wie immer musste mein Kleiner unter der Sturheit der Schulbehörde leiden. Ich bettelte Frau Oger vom Landkreis (Schul- und Bauwesen; diese Institution finanziert den Kinderhort) an, dem Leiden meines Kindes ein Ende zu bereiten und ihm einen anständigen Abschied von drei Jahren Schule zu ermöglichen. Aber auch diese Dame und ihre Vorgesetzten, an die ich mich ebenfalls wandte, wollten oder konnten die Sachlage nicht verstehen.

Nachdem die Verantwortliche vom Kinderhort mir ihr Einverständnis gegeben hatte und sich plötzlich nach einem Gespräch mit Frau Wagner wie ein Fähnchen im Wind drehte, erklärte sie in einem Telefongespräch:

„Ich werde Frau Wagner auf keinen Fall in den Rücken fallen! Die Entscheidung der Schulleiterin ist unmissverständlich gefallen und so lautet mein letztes Wort: Nein! Keine Unterbringung Ihres Sohnes im Hort!" Frau Oger beabsichtigte nicht weiter mit mir zu diskutieren! Im Laufe der Verhandlungen grub Madame vom Landkreis Tausende von Begründungen aus, um ihre Ablehnung plausibel zu verteidigen. Nach reiflicher Überlegung entschloss ich mich, ein Gespräch mit Frau Neumeier vom Hessischen Kultusministerium zu führen.

Unser letzter Kontakt lag schon einige Zeit zurück und ich dachte bei mir: „Du kannst sie ja mal über den neusten Stand informieren." Gesagt, getan. Die Dame vom HKM wirkte sehr überrascht, dass wegen der Grundschulbetreuung immer noch Unklarheit herrschte. Ebenfalls empfand sie Empörung darüber, dass Herr Hiller, der Ober-Boss des Staatlichen Schulamtes, noch immer keine Verbindung mit mir aufgenommen hatte, um Ungereimtheiten zu besprechen, über die er einen Brief von mir erhalten hatte, den ich Frau Neumeier per E-Mail schickte.

Die Beamtin vom HKM (Hessisches Kultusministerium) hatte den Kollegen veranlassen wollen, sich mit mir in Verbindung zu setzen. Welches dieser bis dato nicht als erforderlich empfand. Frau Neumeier erbat eine schriftliche Stellungnahme von mir:

„Um eingreifen zu können, fassen Sie mir bitte alle Ereignisse der letzten Zeit in einem Brief zusammen." Ich empfand nur noch Traurigkeit und erwiderte resigniert.

„Herr Hiller wird sich garantiert nicht bei mir melden und auch die anderen Dinge werden sich nicht ändern. Die Leute vom Schulamt werden niemals nachgeben!" Frau Neumeier war der Übererzeugung, dass ein Anruf von ihr genügen würde, um eine Klärung der Problematik herbeizuführen:

„Wenn ich vom Kultusministerium mit dem Schulamt rede, wird sich auch ein Herr Hiller mit Ihnen in Verbindung setzen!" Die nette Frau mit der sympathischen Stimme schaffte es nicht mehr, mich zu überzeugen:

„Dieser Mann schickt bestimmt wieder einen seiner Untergebenen vor. Er wird sich nicht persönlich mit mir abgeben!" Die optimistische KM-Beamtin ließ sich nicht beirren und erwiderte:

„Es klärt sich bestimmt alles auf! Schreiben Sie mir alles formlos auf, dann sehen wir weiter!" Ich brachte alles aufs Papier, aber nicht formlos:

Hessisches Kultusministerium, 65185 Wiesbaden, 04.09.2008
Unser Telefonat am 04.09.2008, meine schriftliche Bestätigung.
Leon Schulz, geb. 15.03.1999, zurzeit besucht er die 4. Klasse der Jean-Paul-Schule, bis Mai 2008 besuchte er die Grundschule, hier war er auch seit Juli 2007 in der Nachmittagsbetreuung untergebracht. Lt. der Erzieherin, Frau Graf, war er dort sehr gut integriert.

Sehr geehrte Frau Neumeier,
über die Schwierigkeiten um den Hortbesuch in der Grundschule habe ich Ihnen bereits einige Briefe zukommen lassen und habe Ihnen auch meinen Beschwerdebrief vom 18.06.2008 mit den dazugehörenden Unterlagen zugesandt. Ich möchte Ihnen in diesem Brief die neuesten Ereignisse schildern.
Nachdem ich den Beschwerdebrief an den Landkreis gesandt habe, hat mich einer der höheren Mitarbeiter dieser Institution angerufen und mir mitgeteilt, er könne nicht verstehen, dass Leons Aufnahme in der hiesigen Nachmittagsbetreuung abgelehnt worden ist. Er teilte mir weiterhin mit, dass die Nachmittagsbetreuung kurz vor dem Aus stehen würde, da die Kosten wegen mangelnder Inanspruchnahme dieser Betreuung in die Höhe steigen würden und diese dadurch nicht mehr rentabel wäre. Er würde sich bemühen, die Situation zu klären und eine Betreuung meines Sohnes in diesem Hort befürworten.
Nach der Urlaubszeit erhielt ich eine Absage wegen versicherungstechnischen Problemen. Hierauf hatte ich ein ausgiebiges Gespräch mit dem Jugendamt, der Sozialarbeiterin, Frau Kröger, und der Kinder- und Jugendpsychiatrie. Aus diesem Gespräch ging hervor, dass mein Sohn immer weiter ins soziale Abseits geraten würde, wenn er nicht die Möglich-

keit einer adäquaten Nachmittagsbetreuung bekäme. Wir waren der Ansicht, Leon müsse dringend mit „normalen" Kindern in Kontakt kommen, da er von diesen mehr sozialen Umgang erlernen kann als zu Hause. Da in der Jean-Paul-Schule ebenfalls nur verhaltensauffällige Kinder unterrichtet werden, ist es nicht angeraten, ihn hier noch zusätzlich zu betreuen. Die Erfahrungen mit Leon bezüglich verhaltensauffälligen Kindern belegen durch den Klinikaufenthalt in der KJP, dass mein Sohn sehr viele Dinge von den dort behandelten strukturlosen Kindern übernommen hat. Seine Schimpfwortpalette ist enorm angestiegen und Leon ist nicht in der Lage, mit diesen umzugehen. Ebenfalls hat mein Sohn sehr viele Aggressionen von den Kindern übernommen.

Zuerst war er über Kinder, die mit ihren Wutanfällen sogar Erwachsene angreifen, sehr erschrocken. Mittlerweile ist er davon überzeugt, dass diese Kinder unheimlich cool sind, und geht ebenfalls auf Erwachsene los, wenn er einen Zornesanfall bekommt. Mein Kind war immer ein sehr aufgewecktes, liebes Kind, das mit engen Grenzen und festgesetzten Zeitabläufen gut zu handhaben war (der Kindergarten und die Jugendamtsmitarbeiterin, Frau Noll, können dies bestätigen, diese können auch bestätigen, dass mein Kind einmal als sehr begabt bewertet wurde. Die schlechten Erfahrungen in der Grundschule (Ablehnung durch die Lehrer und Diskriminierung, keine adäquate Förderung, kein Kontakt und Gespräche mit den Eltern und dieses ewige „alles, was du machst, ist falsch") haben mein Kind sehr geprägt und ihn alle schulischen Dinge ablehnen lassen. Nun kommen noch durch den Umgang mit verhaltensauffälligen Kindern viele andere Schwierigkeiten hinzu, die ich mir nicht habe vorstellen können. Frau Kröger vom Jugendamt hat mir nun berichtet, dass der Landkreis nur einen Teil finanzieren wird, entweder den Schulassistenten oder aber die Nachmittagsbetreuung (angedacht war der Johanneshof in Baunatal, 3.000,00 Euro pro Monat): Ich habe nun Kontakt zu verschiedenen Menschen mit Asperger-autistischer Erfahrung aufgenommen und noch viel mehr im Internet gelesen. Hier habe ich eine Mitteilung gelesen, dass in Thüringen die Schulassistenz für die Betreuung in Sonderschulen vom Schulamt finanziert werden muss. Ich habe daraufhin unserem Schulamt einen Antrag auf Übernahme der Kosten für einen Schulassistenten zukommen lassen. Dieser wurde mit der Be-

gründung abgelehnt, dass dieser Erlass nur für Thüringen gelten würde (keine schriftliche Stellungnahme erfolgt).

Mein Telefonat mit Herrn Berg, Staatliches Schulamt, zuständig für die Jean-Paul-Schule, verlief dann so: Herr Berg war sehr entsetzt über die Behandlung im Fall Leon und seiner Mutter und erklärte mir, er sei zwar der falsche Ansprechpartner, er würde sich aber bei dem neu eingesetzten Herrn Schaub, Zuständigkeitsbereich Grundschulen (er ist für Herrn Dr. Paul, der das Amt verlassen hat, eingesetzt worden), für mich verwenden. Herr Schaub rief mich gestern Nachmittag an und teilte mir mit, dass aus rechtlichen Gründen keine Betreuung in Ehlen stattfinden könne und auch die Schulassistenz nicht übernommen werde (keine schriftliche Stellungnahme.)

Hierauf habe ich sehr wütend reagiert und Herrn Schaub erklärt, dass ich mich hiermit nicht zufrieden geben werde. Die Schule und auch das Schulamt haben mit ihrem Verhalten sehr viel Anteil an den jetzigen Problemen meines Sohnes. Ich habe Herrn Schaub erklärt, dass durch die Nachlässigkeit des Schulamtes, welches ich rechtzeitig über die Problematik in der Grundschule in Kenntnis gesetzt habe, mein Sohn anfängt, in das soziale Abseits zu geraten. Dieser Zustand ist vom Schulamt bewusst in Kauf genommen worden. Ich habe mehrfach erklärt, dass es keine Schulen für Asperger-Autisten gibt und diese rechtlich einen Anspruch auf Beschulung in Regelschulen haben. Ich habe ebenfalls immer darauf aufmerksam gemacht, dass Asperger-Kinder zum Erlernen sozialer Interaktionen, sozialen Verhaltens anderen gegenüber und für das Begreifen von Strukturen dringend einen Schulassistenten und ganz viel Umgang mit „normalen" Kindern benötigen.

Mir wurde trotz der Problematik meines Sohnes sogar der „Gemeinsame Unterricht" (Integrationsplatz) vom Schulamt verweigert (lt. zweitem pädagogischen Gutachten von Frau Heinemann, BFZ, brauchte das dort dargestellte Kind keinerlei Hilfen?). Meine Fragen und Kritik wurden vom Schulamt mit Schweigen oder Drohungen mit gesetzlicher Gewalt beantwortet.

Nun kann das Staatliche Schulamt sich nicht mehr vor der Verantwortung drücken. Ich habe viel hinzugelernt und durch die Kontaktaufnahme mit Menschen, die sich hier sehr gut auskennen, Unterstützung be-

kommen, um die Rechte meines Sohnes vehement zu erkämpfen. Da das Staatliche Schulamt wieder den Betreuungsplatz in der Grundschule wegen fadenscheiniger Gründe abgelehnt hat, bestehe ich auf der Bezahlung des Johanneshofes oder eines Schulassistenten. Ich bin nicht gewillt, in der Förderung meines Kindes ständig Abstriche zu machen, nur um Kosten einzusparen. Mein Sohn Leon braucht dringend einen Schulassistenten und eine adäquate Nachmittagsbetreuung. Das Jugendamt übernimmt bereits die Kosten für die Therapie im Autistischen Zentrum, wobei ich hier ebenfalls wieder auf einer Warteliste gelandet bin und ein halbes bis ein Jahr auf diese Therapie warten muss.

Leon ist jetzt fast zehn Jahre alt, mit zunehmendem Alter wird alles noch schwieriger. Ein Asperger-autistisches Kind ist in der Lage, bei der richtigen Förderung voll in die Gesellschaft integriert zu werden. Mein Sohn kann dies mit Leichtigkeit schaffen, wenn er entsprechende Hilfen gewährt bekommt. Wenn die Weigerungen der entsprechenden Stellen sich fortsetzen, wird mein Kind irgendwann zum Pflegefall. Wenn das von den Schulbehörden bewusst hingenommen wird, zweifele ich in jeder Beziehung an unserem Rechtssystem. Wie schon erwähnt, haben Asperger-Autisten ein Recht auf Beschulung in Regelschulen mit besonderen Förderungen, sprich Schulassistenz und Ausgleichshilfen für Behinderte.

Weiterhin sollten Asperger-Autisten jegliche Unterstützung bei der Erlernung von sozialen Regeln durch eine gute Nachmittagsbetreuung erhalten. Die Eltern haben ein Recht darauf, Aufklärung von Schulämtern zu bekommen, und von diesem Recht möchte ich jetzt endlich Gebrauch machen. Ich benötige vom Schulamt eine schriftliche Stellungnahme über die Nachmittagsbetreuung von Kindern in hessischen Schulen und die versicherungstechnischen Gesetzgebungen. Außerdem benötige ich dringend die gesetzlichen Vorlagen über Lehrerkonferenzen und die Möglichkeit eines Einspruches bei erwiesenen pädagogischen Fehlentscheidungen. Ich möchte auch eine schriftliche Stellungnahme vom Staatlichen Schulamt über dessen Entscheidung zu meinem Beschwerdebrief an Herrn Hiller vom 19.06.2008. Außerdem wünsche ich eine schriftliche Stellungnahme über die Ablehnung des Schulassistenten, mein Schreiben vom 19.08.2008 an Herrn Berg, weitergeleitet an Herrn Schaub. Ich brauche dringend Gesetzgebungen vom Hessischen Kultusministerium über

Beschulung und Förderung von Asperger-Autisten (um die Richtigkeit meiner Informationen zu prüfen, da jedes Bundesland andere Gesetze hat). Ich möchte nicht mehr alles mit den Herren und Damen telefonisch klären, da ich so keine Rechtsansprüche geltend machen kann.

Die Schulamtsleitung hat es bisher nicht für nötig gehalten, mich schriftlich zu kontaktieren oder überhaupt auf meine Schreiben, Telefonate usw. zu antworten. Ich möchte mit meinem Brief zu bedenken geben, dass die Schulprobleme durch Nichtbeantwortung sich nicht in Luft auflösen. Ich möchte nach all diesen Jahren (es sind jetzt bereits drei Jahre, in denen das Schulamt mit mir spielt), endlich einmal ernst genommen werden. Ich habe ein Recht auf Antworten und Reaktionen des Schulamtes auf meine Anfragen.

Liebe Frau Neumeier, ich möchte Ihnen nochmals dafür danken, dass wenigstens Sie mich ernst nehmen. Außerdem möchte ich mich noch einmal recht herzlich bei Ihnen bedanken, dass mein Sohn jetzt eine adäquate Beschulung bekommt, was ohne Ihre Hilfe nicht möglich gewesen wäre.

Mit freundlichen Grüßen …

Das Grausen vor der neuen Schule und den Kindern

Leon wurde auf einen Geburtstag seines neuen Klassenkameraden eingeladen. Ich fand die Einladung durch Zufall in seinem Ranzen. Nachdem ich ihn hierauf ansprach, erzählte mein Sohn:

„Ja, ja, der Jacob hat mich auf seinen Geburtstag eingeladen. Ich gehe dort aber nicht hin und damit basta!" Ich ließ mich auf keine Diskussion mit ihm ein und rief einfach Jacobs Mutter an. Ich fragte sie, ob das mit der Einladung richtig sei, und erkundigte mich nach ihrem Wohnort. Wir vereinbarten, dass ich Leon zu dem Geburtstag vorbeibringen würde, und sie freute sich darauf, den neuen Klassenkameraden kennenzulernen. Meinen kleinen Mann hiermit zu konfrontieren hatte noch Zeit. Es reichte aus, kurz vor der Party mit ihm zu streiten! Ich wusste, er würde toben, wenn ich über seinen Kopf hinweg eine Verabredung für ihn traf. So geschah es dann auch:

„Ich gehe da bestimmt nicht hin, Mama, ich habe große Angst, ich kann das alles nicht mehr aushalten. Immer schickst du mich wohin, obwohl ich das gar nicht will!" In letzter Zeit blieb ich bei Diskussionen ganz gelassen und bemühte mich, die Probleme mit meinem Kind friedlich zu lösen. Schimpfen, Androhungen, Schreien usw. half uns im Moment nicht weiter, dadurch wurde das Schätzchen noch viel bockiger und fing an, sich schreiend und tobend auf dem Fußboden zu wälzen, um dann unkontrolliert um sich zu treten.

Leon ging früher sehr gerne zu anderen Kindern auf Besuch. Manchmal saß er vor der Telefonliste seiner alten Klassenkameraden und rief alle Kinder der Reihe nach an, um eine Verabredung zu treffen. Jetzt war alles ganz anders geworden. Ich sprach mit Peters Mutter, der Junge war ein früherer Kumpel meines Sohnes. Die beiden fuhren oft zusammen Fahrrad und strolchten häufig auf den Spielplätzen in unserem Ort umher. Mein Schatz spielte auch sehr gerne mit Peters kleiner

Schwester, er verabredete sich manchmal mit der Kleinen und besuchte sie zu Hause. Diese Mama würde sich über ein Treffen der Kinder sehr freuen! Leider wollte mein Sohn nicht mehr mit Peter spielen! Mein armes Mäuschen behauptete, er sei gegen Kinder-allergisch! Er vergrub sich lieber nur noch zu Hause. Als der Tag des Geburtstages anbrach, fing mein kleiner Mann morgens schon an zu weinen:

„Mama, ich kann nicht auf Jacobs Fest gehen, ich habe Angst davor!"

„Wovor hast du eigentlich Angst? Die Mama deines Schulfreundes ist eine sehr nette Frau und Jacob kann dich bestimmt gut leiden, sonst hätte er dich ja nicht auf seinen Geburtstag eingeladen!" Leons Verhalten schockte mich immer aufs Neue; dass er sich nicht auf eine Geburtstagsfeier freute, war noch nie vorgekommen, und seine Panik vor allem und jedem empfand ich als sehr beängstigend. Mein Sohn ließ nicht locker, er hatte sich in den Kopf gesetzt, zu Hause zu bleiben. Da ich nicht auf sein Lamentieren einging, begann mein Sohn, laut zu schreien:

„Du kannst mich nicht zwingen, das ist furchtbar gemein von dir, immer zwingst du mich zu etwas, wovor ich solche Angst habe. Außerdem will ich nicht zu einem Kind in meiner neuen Klasse! Ich will wieder in meine alte Schule. Mama, ich will diese neuen Leute nicht! Nein, nein, nein!"

Bevor mein Junge jetzt total abdrehte, versuchte ich, die Situation zu entschärfen und sagte beschwichtigend:

„Ich denke darüber nach, vielleicht schaffen wir es auch ohne Toben, eine Lösung zu finden!" Leon gab sich hiermit nicht zufrieden, er suchte das Telefon und blätterte im Telefonbuch herum. Dann wählte er einige Nummern und fragte, ob denn Jacob zu sprechen sei. Ich nahm ihm den Apparat weg und der kleine Mann fing wieder an zu schreien und weinte bitterlich:

„Lass das, ich muss Jacob anrufen und ihm sagen, dass ich heute nicht auf seinen Geburtstag kommen kann!"

„Du hast doch gar nicht die richtige Nummer und einfach wild herumtelefonieren bringt dir gar nichts. So erreichst du nie Jacobs Mutter!"

„Dann musst du eben dort anrufen, Mama bitte, ich will nicht dahin gehen!" Leon verzweifelte wirklich und ich wusste genau, dass mein Sohn sehr viele Ängste entwickelt hatte. Le Petit Garçon war nicht mehr derselbe Junge wie früher.

Nach den drei Jahren Grundschule Ort besaß mein Kind keinerlei Selbstvertrauen mehr. Die abrupte Veränderung in seinem Leben, KJP, neue Schule und kein Abschied von seinem alten Leben bewirkten bei meinem Kind den gänzlichen Verlust an Zutrauen seinen Zeitgenossen gegenüber. Wenn Autisten derart seelischen Überforderungen ausgesetzt werden, ziehen sie sich erfahrungsgemäß total in sich zurück! Von anderen Eltern wusste ich, dass dieser Zustand sehr lange anhalten konnte, manchmal über Jahre hinweg! Meine Kompetenz reichte beim besten Willen nicht aus, um hier adäquat zu agieren, also folgte ich meiner Intuition und versuchte, mein Kind aus seinem Tief herauszuziehen! Vielleicht genehmigte der Landkreis doch noch einen Schulassistenten, damit der kleine Mann wenigstens in der neuen Schule nicht wieder so abrutschte! Irgendwann erhielten wir auch vielleicht eine Therapie im Autistischen Zentrum? Hier bekäme er eine Stunde die Woche eine Therapiesitzung, was auch nicht die Welt ist.

Ich stand dem Ganzen sehr skeptisch gegenüber; wie konnte eine Stunde die Woche all die Jahre der Verzweiflung beheben? Meinen Kampf um eine adäquate Nachmittagsbetreuung würde ich wohl verlieren. Bei meinen momentanen Aktionen handelte es sich eher um Trotzreaktionen auf all die Ungerechtigkeiten. Ein verzweifelter Versuch, wenigstens irgendetwas zu tun, in der Hoffnung, meinem Kind doch noch helfen zu können.

Am Nachmittag ging der Streit um die Geburtstagsfeier wieder los. Ich zwang Leon, sich anzuziehen. Jacob feierte seinen Ehrentag an einem Samstag. Am Wochenende gammelte mein Kleiner so in den Tag hinein und war immer noch im Schlafanzug. Er weigerte sich demonstrativ, seine Sachen zu wechseln. Damit wollte er mir verdeutlichen, dass er seine Meinung bezüglich des Geburtstages nicht ändern würde. Ich predigte mir den Mund fusselig, um ihn zum Umziehen zu bewegen. Als alles nichts half, verpasste ich Leon Computerverbot; das funktionierte immer und tatsächlich begann der Kleine, sich mit meiner Hilfe anzukleiden. Das ins-Bad-Gehen wurde schon schwieriger, ich schob meinen Sohn in unser Badezimmer und wollte ihm gerade den nassen Waschlappen ins Gesicht drücken, als Leon nachgab und anfing, sich selbst zu waschen.

„Geh raus, ich will das alleine machen!" Mein Kind kam nach einer längeren Wartezeit wieder aus dem Zimmer und war gewaschen und gekämmt. Ich schlug vor meinem inneren Auge drei Kreuze. Als er sich die Schuhe anziehen sollte, halfen keine Strafandrohungen und auch keine Überredungskunst mehr; es gab nichts, womit ich den Sturkopf dazu brachte, die Schuhe überzustreifen. So nahm ich die Treter in die Hand und schleifte mein Kind hinter mir her zur Haustür. Meine Mutter ließ sich nicht blicken, ihr hatte ich im Vorfeld geraten:

„Bleib einfach in deiner Küche, für dich ist das Getobe nichts!" Mit Mutti hatte ich bereits Diskussionen über meine Zwangsmaßnahmen geführt, Leon zu seinem Glück zu verhelfen:

„Regina, du kannst doch den Jungen nicht auf einen Geburtstag zwingen. Es ist schon schlimm genug, dass er morgens gegen seinen Willen zur Schule muss. Zum Reiten und Keyboard schleifst du ihn ebenfalls. Jetzt das noch, ich kann das alles einfach nicht mehr ertragen!"

„Mutti, mir geht es genauso wie dir; nur wenn ich Leon nicht zwinge, kapselt er sich total ab und geht überhaupt nicht mehr vor die Tür. Außerdem gefielen ihm die Veranstaltungen im Nachhinein dann doch." Mein Sohn weinte die ganze Fahrt über im Auto und beschwor mich, wieder umzukehren. Als wir bei Jacob ankamen, weigerte er sich, aus dem Fahrzeug zu steigen. Er verkroch sich in die äußerste Ecke des Wagens und fing an, um sich zu schlagen und zu treten. Irgendwie bekam ich dann doch seine Hand zu fassen, zog ihn aus dem Auto und plötzlich gab Leon Ruhe.

Diese Reaktion konnte ich bei Leon schon oft beobachten, irgendwann begriff mein Sohn, dass es keinen Sinn machte, sich weiterhin zur Wehr zu setzen. Er nahm sein Schicksal demütig an. Der Kleine weinte nicht mehr und wurde plötzlich ganz friedlich. Er zog ohne Murren seine Schuhe freiwillig an und ich brachte ihn zum Haus von Jacob. Ich ging noch ca. zwei bis drei Minuten mit hinein und dann konnte ich ohne Schwierigkeiten gehen! Als ich meinen kleinen Mann abends abholte, erzählte er voller Begeisterung:

„Es war ganz toll, ich wäre gerne noch etwas dort geblieben, vielleicht kann ich Jacob ja noch einmal besuchen!" Ich lobte Leon und versicherte ihm:

„Ich bin ganz stolz auf dich, du warst ungeheuer tapfer!"

„Mama, ich habe dich ganz toll lieb!" Leon konnte so süß sein und ich bestätigte meinem Sohn, dass ich ihn auch ganz toll liebe. Das war für mein Kind sehr wichtig, ich musste ihm oft sagen, dass ich ihn sehr liebe. Mein Schatz litt unter großen Verlustängsten und brauchte ständig die Bestätigung, dass sich zwischen uns nichts veränderte und die Liebe immer bestehen bleibt, egal was auch passiert! Mein Kind benötigte massenhaft Schmuseeinheiten und wir kuschelten ganz viel miteinander. Bei einem neunjährigen Jungen ist so etwas recht ungewöhnlich, aber Leon ist auch ein außergewöhnliches Kind.

Das Staatliche Schulamt meldete sich wieder bei mir. Frau Neumeier vom Hessischen Kultusministerium hatte es tatsächlich geschafft, dass einer der Herren mich anrief. Herr Schaub war derjenige, den sie auserkoren hatte, mit mir zu telefonieren. Dieser Herr erzählte mir in einem sehr kurzen Gespräch, dass er die Angelegenheit wegen des Betreuungsplatzes mit dem Landkreis, und zwar mit der Sachbearbeiterin Frau Oger, klären konnte:

„Ich habe mit Frau Oger vom Landkreis, Schulen- und Bauwesen, gesprochen und diese Dame sagte mir, dass Leon in der Grundschule beim Hortbesuch nicht versichert sei. Das ist der einzige Hinderungsgrund. Sie können Frau Oger selbst noch einmal anrufen und die Angelegenheit mit ihr klären. Ansonsten haben Sie die Möglichkeit, beim Landkreis noch zwei weitere Herrschaften zu befragen, die Ihnen mit der Schulassistenz weiterhelfen!"

„Wegen der Schulassistenz erhielt ich bereits einen Ansprechpartner beim Jugendamt; die werden wir demnächst beantragen. Wenn ich selbst für den Versicherungsschutz meines Sohnes sorge, kann er dann hier im Ort den Hort besuchen?"

Herr Schaub war fest davon überzeugt, dass dies der einzige Grund für die Verweigerung des Landkreises sei. Er bestätigte mir nochmals, dass bei Klärung des Versicherungsschutzes Leon in die Nachmittagsgruppe übernommen würde. Ich bat den früheren Direktor, mir noch eine schriftliche Stellungnahme hierüber zukommen zu lassen.

„Und wie sieht es mit meiner offiziellen Beschwerde aus, die ich an Herrn Hiller schickte? Hierüber hätte ich ebenfalls gerne eine schriftliche Auskunft!" Der Beamte tat sehr unwissend:

„Über eine Beschwerde ist mir nichts bekannt, ich muss mich erst einmal erkundigen, worum es in Ihrem Schreiben geht. Dann melde ich mich wieder bei Ihnen!" Wir verabschiedeten uns voneinander und ich telefonierte gleich darauf mit meinem Versicherungsvertreter. Dieser erklärte mir kurz und bündig:

„Leon ist rundum und überall auf der Welt versichert. Sie können im Landkreis und auch in der Schule sagen, dass es versicherungstechnisch überhaupt keine Probleme gibt!" Ich fragte sicherheitshalber noch mal nach: „Haftpflicht- und Unfallversicherung?"

„Ja, Haftpflicht- und Unfallversicherung!", erwiderte der

Fachmann für Versicherungen. Kurz entschlossen rief ich bei Frau Oger an und berichtete ihr, vollkommen erleichtert, dass ihrer Zustimmung, Leon nun doch an der Nachmittagsgruppe teilnehmen zu lassen, nichts mehr im Wege stand. Diese Frau fing gleich an, mir das Gegenteil einreden zu wollen:

„Das geht trotzdem nicht, Ihr Sohn kann nicht in seinem Heimatdorf an der Betreuung teilnehmen, es liegt nicht an der Versicherung, sondern Leon wäre eine zu große Belastung für die Erzieherinnen. Die waren mit Ihrem Sohn total überfordert!" Ich fing an zu kochen und mein alter Kampfgeist erwachte aufs Neue:

„Das kann doch nicht Ihr Ernst sein, Herr Schaub vom Staatlichen Schulamt erklärte mir, der einzige Hinderungsgrund sei die Versicherung!" Frau Oger reagierte patzig:

„Das sagte er mit Sicherheit nicht, ich telefonierte eben noch mit ihm!" Jetzt unterstellte mir die doofe Ziege, ich würde lügen:

„Das hat er ganz bestimmt gesagt, aber Sie zaubern ständig neue Begründungen aus dem Ärmel; ich lasse mir das nicht mehr gefallen. Dann werde ich eben zu anderen Mitteln greifen!" Madame wurde auf einmal zuckersüß:

„Frau Schulz, Sie müssen doch ein Einsehen haben, warum muss es denn unbedingt hier im Ort sein?" Ich legte auf, ich hatte keine Lust mehr auf den ganzen Scheiß. Am selben Tag rief ich bei Volker, meinem Rechtsanwalt an und vereinbarte einen Termin mit ihm.

„Volker, die verarschen mich hier alle; jetzt will ich mein Recht mit Hilfe des Gerichtes, alles andere scheint sinnlos!"

„Das kann ich gut verstehen, komm vorbei und wir werden gemeinsam überlegen, was zu tun ist."

Am nächsten Tag fuhr ich mit dem Auto, in die Kanzlei und bat ihn, eine Strafanzeige zu stellen. Natürlich ließ sich das Ganze nicht so formulieren, wie ich dachte, aber Volker wollte versuchen, eine Strafanzeige bei Gericht zu erwirken. Am liebsten hätte ich allesamt wachgerüttelt.

Durch meine Rachegedanken, die mich in letzter Zeit plagten, erinnerte ich mich an meine Kindheit; früher dachte ich mir Strafen für Leute aus, die ich für ganz gemein fand. Jetzt war ich fast 50 Jahre und entwickelte dieselbe Strategie! Hilflosigkeit empfand ich schon immer als besonders belastend!

Der Advokat verstand meine Reaktion, er beriet mich in all den Jahren und wusste, wie diese Leute mich behandelten! Deutsche Bürokratie war hundsgemein und diese Typen hielten selbst bei total unlogischen Entscheidungen zusammen! Volker ließ mich toben! Wenn man einen Menschen so viele Jahre für dumm verkaufte und seine Machenschaften bis auf die höchste Spitze trieb, war es wirklich kein Wunder, dass man die Kontrolle plötzlich verlor. Dabei hatten diese Leute mit meiner Person echt Glück, ich kläre sämtliche Ungereimtheiten verbal und wirklich human! Manchmal passiert Problembewältigung in anderer Form! Hinterher stellt man sich die dumme Frage: „Wie konnte es nur so weit kommen?"

Ab diesem Zeitpunkt nahm ich mir fest vor, nichts mehr zu unternehmen! Ich verordnete mir: „Viel entspannen und abreagieren durch Bewegung, um zurück auf den Boden der Tatsachen zu gelangen. Also abwarten!" Abwarten ist bei mir so eine Sache, ich bin kein geduldiger Mensch und es kribbelte mich überall. Ich musste ein Ventil finden, um meinen Zorn abzureagieren. Inneren Frieden zu finden, war momentan einfach nicht möglich! Ich arbeitete schwer und hart im Garten, aber nach getaner Arbeit kamen diese Gedanken zurück.

Die Panik, das Haus zu verlassen

Ich sah mein Kind an, das nicht mehr vor die Tür wollte und dem es im Moment sehr schlecht ging. Er aß nicht mehr viel und entwickelte vermehrt imaginäre Ängste. Mein Sohn malte sich rote Flecken mit Filzstift auf den Körper und erzählte mir:

„Ich bin schwer krank, ich kann nicht zur Schule gehen!"

„Rote Flecken gelten nicht, du musst unbedingt zur Schule!" Leon ließ sich am nächsten Morgen etwas Neues einfallen, er steckte seinen Finger in den Hals und übergab sich:

„Mama, ich kann nicht zur Schule, mir ist schlecht und ich habe gebrochen!" Ich schob ihn aus der Haustür, in den Kleinbus seines Fahrdienstes. Ich setzte mich zu meinen Hühnern, um ihnen beim Fressen und Streiten zuzusehen. Ich wollte einfach nichts mehr hören oder sehen und meine innere Ruhe wiederfinden. Aber mein Zorn auf diese Menschen wuchs immer mehr an.

Also rief ich mal wieder bei Frau Neumeier vom Hessischen Kultusministerium an und erzählte ihr von den Gesprächen mit Herrn Schaub vom Schulamt und Frau Oger vom Landkreis. Die Dame vom HKM reagierte ungehalten und beabsichtigte, etwas gegen die Ignoranz des Schulamtes zu unternehmen. Meine Niedergeschlagenheit ließ es nicht zu, bei den Worten der Beamtin vom HKM eine Nuance Optimismus zu empfinden:

„Das hat doch sowieso keinen Sinn, ich stelle demnächst Strafanzeige. Mit dem Rechtsanwalt wurde bereits alles geklärt. Vielleicht bekommen wir dadurch endlich einmal ehrliche Aussagen. Bisher drehten die Damen und Herren sich immer nur wie Fähnchen im Wind, um ja keine Fehler einzugestehen! Sie versuchen um jeden Preis, der Grundschuldirektorin die Stange zu halten!"

Die Beamtin erwiderte überraschenderweise, denn mich überkam plötzlich die Idee, dass im Hessischen Kultusministerium ebenfalls Lehrer agierten, und der Spruch heißt nicht umsonst: *„Eine Krähe hackt der anderen kein Auge aus!"*:

„Die Strafanzeige bleibt natürlich Ihnen überlassen, ich probiere weiterhin, von hier aus etwas zu veranlassen!" Ob diese Frau ehrlich zu mir war, konnte ich nicht beurteilen. Meine Hoffnung, doch noch einmal auf jemanden in diesen Kreisen zu treffen, der mich nicht mit Floskeln abspeiste und mir ehrliche Angaben machte, begrub ich unter einem Berg Enttäuschungen. Sehr oft führte ich Selbstgespräche:

„Lass es gut sein, du machst dir hierdurch nur deine Nerven kaputt. Leon wird noch viele dieser Lebensfäden beanspruchen. Diese Leute sind es nicht wert! Verändern wirst du sowieso nichts!" Ich entschloss mich wirklich, nichts mehr gegen die Arrivierten zu unternehmen und ich forschte nach, um irgendwo andere Hilfen zu ergattern. Leider liefen sämtliche Maßnahmen über den Landkreis und dieser übernahm keine weiteren Kosten. Ich konnte aber meinen Sohn nicht ständig zwingen, an Aktivitäten außer Haus teilzunehmen. Wie lange würden Leon und ich diesen Stress noch durchhalten? Ich hoffte so sehr, dass uns doch noch jemand einen Tipp geben würde, wie für den Kleinen eine Nachmittagsbetreuung zu finden war. Wenn er wieder regelmäßig an außerschulischen Aktivitäten teilnahm, beendete er seine Isolation vielleicht von sich aus.

In Sachen Betreuung tat sich aber gar nichts und Leons seelische Verfassung war nach wie vor sehr besorgniserregend. Wir besuchten zwar noch ab und an Frau Schönberg in der KJP für Beratungsgespräche, aber sie zauberte ebenfalls keine Betreuungshilfen aus dem Ärmel. Diese Frau schrieb Empfehlungen und Befürwortungen, leider scherte sich niemand darum. Das Schulamt interessierte sich auch nicht für Leons Diagnose. Sie strengten sich bei der Beschulung an, das war schon zu viel verlangt, denn eigentlich passte ihnen meine Gegenwehr überhaupt nicht! Der Gedanke an unsere Zukunft jagte mir große Angst ein! Nicht mehr lange und mein Kind würde mir über den Kopf wachsen, wie sollte ich es schaffen, ihn gegen seinen Willen hinter mir herzuziehen? Leon ereilte die Vorpubertät.

Das Verhalten von Jungs wandelt sich oft durch hormonelle Veränderungen. Die erste Hormonausschüttung beginnt bereits mit vier bis fünf Jahren, je nach Entwicklung des Betroffenen. Wenn die richtige Pubertät bei meinem Knaben anbricht, wird dessen Verhalten bestimmt noch extremer, oder?! Eltern, die ihre Teenager mit 13 bzw. 14 Jahren nicht im Griff haben, egal ob Junge oder Mädchen — für deren Erziehungskampf ist es in der Regel zu spät.

So weit wollte ich es auf keinen Fall kommen lassen. Ich versuchte im Moment erst einmal verzweifelt zu begreifen, welchen Einfluss das Syndrom Asperger-Autismus auf meinen Sohn ausübt. Es handelt sich um eine sehr schwer zu verstehende seelische Störung, zumal Leon wirklich einen ganz normalen Eindruck vermittelt. Die Erfahrung mit meiner psychosomatischen Erkrankung sagte mir: Was die Leute nicht sehen, verstehen sie nicht!

Zu dieser Zeit fand ich einen Verleger für mein erstes Buch: „*Er ist doch nur ein kleiner Junge!*" Ein weiterer Schritt, um mit der Schulproblematik an die Öffentlichkeit zu treten! Mein Schätzchen begann damit, dieses Buch zu lesen, und er fand es ausgesprochen lustig. Es gab einmal eine Zeit, in der Leon ganz viele Bücher verschlang! Leider vergaß er vieles wieder.

Faszinierend war sein angeeignetes Wissen über die griechische Mythologie (z.B. die Götterwelt und der Trojanische Krieg). Ein ungewöhnliches Interesse zeigte mein Kind für klassische Musik, Mozart, Bach und viele andere. Leonardo da Vinci war ebenfalls eins seiner Themen. Außerdem bekundete er große Begeisterung für Geografie und lernte in Windeseile sämtliche europäischen Länder mit passenden Hauptstädten auswendig. Sein Wissensdrang bezüglich der Entstehung von Unwettern, besonders Wirbelstürme usw. sind bis heute noch konstant, genau wie Energieentstehung, Elektrizität und natürlich Kabel und Lampen. Als 8-Jähriger schaffte es der Kleine, einen Elektrobaukasten innerhalb eines Tages zu durchschauen und zusammenzusetzen. Leitungen legen, Widerstände einbauen, alles kein Problem. Meine Töchter stellten viele Fragen, die ich gut beantworten konnte, die Fragen meines Sohnes zu bescheiden empfand ich oftmals als recht schwierig.

Leon reagierte sehr ungehalten, wenn ich nicht sofort die richtige Antwort präsentierte! Ich bemühte mich redlich, die richtigen Erwiderungen zu recherchieren, denn in Bezug auf die Themen des kleinen Mannes fühlte ich mich manchmal wirklich dumm! All seine Sonderinteressen und das Erinnerungsvermögen an die gelernten Dinge sind seit der 2. Klasse der Grundschule immer weniger geworden. Selbst das Reiten verlernte mein Kind! Übrig blieb nur noch der Hang zur klassischen Musik und zu seinem Keyboard!

Unser Papa nahm sich nach zwei Jahren Dauerarbeit eine Woche Urlaub und so fuhren wir kurz entschlossen in den Herbstferien nach Baden-Württemberg. Hier wohnte mein Verleger, der uns für einen Tag zu sich einlud.

„Es wäre schön, wenn wir uns mal kennenlernen würden. Dann haben wir Zeit, in Ruhe alles Nötige zu besprechen!", erklärte mir der Herausgeber meines ersten Werkes am Telefon. Also verbanden wir unseren Ferientrip mit diesem Besuch. Unsere kleine Laura war mit von der Partie. Leon und seine Nichte erleben sich wie Geschwister, beide lieben und streiten sich! Meine Tochter Ines und ich empfinden diesen engen Kontakt als ausgesprochen positiv, da Einzelkindern viele soziale Freuden verloren gehen. Verwöhnt sind beide Racker, aber sie lernen durch ihr Zusammensein zu teilen. Ich glaube, dass das Ab- und Zugeben für alle Kinder sich nicht ganz einfach gestaltet, „meins" ist bereits für die ganz Kleinen ein beliebtes und oft gebrauchtes Wort. Dieses kleine Wörtchen verwandelt kleine Lämmer in Wildkatzen! Mein Sohn jubelte über unseren gemeinsamen Urlaub, da der Papa endlich einmal Zeit erübrigen konnte! Am allergrößten war natürlich die Freude über „endlich Ferien!"

Am 11.09.2008 erhielt ich tatsächlich ein Antwortschreiben vom Bundesministerium für Familie, Senioren, Frauen und Jugend aus Berlin. Ich rechnete nie und nimmer damit, von diesen Behörden eine Antwort zu erhalten! Leider entpuppte sich dieses Schreiben als ausgesprochen enttäuschend:

Frau Bundesministerin Dr. Ursula von der Leyen hat mich gebeten, Ihnen für Ihr Schreiben vom 11. August 2008 zu danken.

Sie findet leider aufgrund der immensen Aufgabenfülle nicht die Zeit, selbst zu antworten. Kritik sowie Anregungen der Bürgerinnen und Bürger sind für die politische Arbeit wichtig und hilfreich und können dazu beitragen, zukünftige Überlegungen und anstehende politische Veränderungen immer wieder mit zu beeinflussen. So sind unserem Hause auch Beschwerden willkommener Anlass, die tägliche Routinearbeit, jedoch auch Reformvorhaben ständig zu hinterfragen. Allerdings ist der Handlungsspielraum auf die vom Gesetzgeber übertragenen Zuständigkeitsbereiche beschränkt.

In dem Ihrerseits geschilderten Fall kann das Bundesministerium für Familie, Senioren, Frauen und Jugend weder direkten noch mittelbaren Einfluss nehmen. Im Rahmen des föderativen Aufbaues der Bundesrepublik sind die jeweiligen Kultusminister der Bundesländer als oberste Schulaufsichtsbehörde für jegliche Fragen, die Schulen betreffen, allein zuständig. Sie können Aufgaben an nachgeordnete Institutionen (hier Schulamt) delegieren. Ihren Ausführungen entnehme ich, dass Sie sich bereits an die relevanten Stellen gewandt haben. Ich hoffe, dass Ihnen hier kompetent weitergeholfen wird.

Die Überraschung, eine Rückmeldung vom Bundesministerium zu erhalten, war riesengroß. Leider konnte ich mir mit diesem Papier die Nase putzen; dann erfüllte dieses Antwortschreiben tatsächlich noch einen Zweck! Dieser Gedanke schoss mir durch den Kopf, während ich das Schreiben durchlas. In unserem Rechtssystem stellt es sich leider so dar, dass vom Bundesministerium niemand eingreift: Die Leute aus Berlin verdonnerten sich selbst, das Bildungssystem betreffend, zur Handlungsunfähigkeit! (Wie bescheuert?!) Genauso unlogisch ist unser bundesweites Schulsystem aufgebaut. Wenn jemand der Idee verfällt, mit den Kindern innerhalb Deutschlands umzuziehen, ereilt ihn eine Überraschung nach der anderen! Jedes Bundesland unterhält andere Schulformen. Von Hamburg nach Bayern, ein sehr gewagter Schritt! Da sollte man als Eltern besser ins benachbarte Ausland übersiedeln, um adäquate Bildungsmöglichkeiten für die Kleinen zu erhalten!!! Eine Regelschuldirektorin erklärte einer mir bekannten Mutter:

„Wenn Ihnen die vorgegebene Beschulung Ihres Kindes missfällt, brechen Sie am besten Ihre Zelte in unserem schönen Land ab und ziehen ins Ausland!!!" Eine ärgerliche Reaktion der Schulleiterin auf den Einspruch von Erziehungsberechtigten, die ihr Kind nicht in eine Staatliche Sonderschule abschieben lassen wollten! Der Regierungsapparat und dessen Zuständigkeitsbereiche sind so komplex und die Entscheidungen der Beamten ähneln einem Gottesurteil! Das Aufmucken einer kleinen Hausfrau bewirkt im Vergleich zu einem Mückenstich noch nicht einmal einen Juckreiz! Viel schlimmer empfand ich die schriftliche Stellungnahme des Staatlichen Schulamtes zu meinen vielen Anfragen und Beschwerden, hierüber empörte ich mich heftig! Beide Schreiben trafen zeitgleich ein:

Schriftliche Stellungnahme des Staatlichen Schulamtes ebenfalls vom 11.09. 2008.
Ihr Antrag auf Zuweisung eines Schulassistenten für Ihren Sohn Leon Schulz ist fälschlicherweise in unserem Haus eingegangen. Ihren Antrag richten Sie bitte an Frau Kröger (Allgemeine Soziale Dienste) in ... Die Telefonnummer von Frau Kröger lautet ...
In unserem Telefonat am 05.09.2008 stellten Sie mir ferner die Frage, ob eine Betreuung an der Grundschule in Ihrem Heimatort möglich sei. Ihr Kind besucht zurzeit die Jean-Paul-Schule. Nach Aussage von Frau

Oger (Landkreis, Schul- und Bauwesen) ist das Betreuungsangebot nur für Schulkinder der ortsansässigen Grundschule. Folglich kann Ihr Sohn aus rechtlichen und versicherungstechnischen Gründen das Betreuungsangebot nicht nutzen. Für Rückfragen steht Ihnen Frau Oger vom Landkreis, Telefon … gern zur Verfügung. Ich hoffe, dass Ihnen die genannten Ansprechpartner helfen können.

Na toll, jetzt zauberte der gute Ex-Direktor wieder einen rechtlichen Grund aus dem Ärmel. Ich erfuhr ständig neue Ablehnungsgründe und war wirklich gewillt, diesen ganzen Schwachsinn zu beenden. Erst plapperte mir der liebe Herr Schaub etwas von versicherungstechnischen Problemen ins Ohr, dann beseitigte ich diesen *Conditio sine qua non*, plötzlich brachte Frau Oger die Überforderung der Erzieherinnen aufs Tablett. Jetzt schob man wieder rechtliche Gründe vor! Überraschung!

Ich staune, welch fantasiereiche Geschichtenerzähler bei den Behörden beschäftigt sind, richtige Konkurrenten der Gebrüder Grimm! Wieso bewilligte diese Frau vom Landkreis anfänglich freudestrahlend und spontan eine Unterbringung Leons in diesem Hort???

Gegen so viel „Bäumchen wechsel dich" kommt niemand auf die Dauer an. Vielleicht sollte ich wirklich einen dicken Schlussstrich setzen. Leider nagte der Ärger an mir und veranlasste mich dann doch noch, die Stellungnahme vom Schulamt beim Hessischen Kultusministerium zu kommentieren. Also schrieb ich einen Brief an Frau Neumeier. Ich nahm mir fest vor, mich danach anderweitig um eine Unterstützung für meinen Sohn umzusehen. Auf die Dauer machte es keinen Sinn, sich ständig mit diesen Behörden rumzuschlagen! Diesen Kampf hatte ich verloren! Ab jetzt benötigte meine Wenigkeit konstruktive Zielsetzungen, um die Lebenssituation meines Sohnes zu verbessern. Diesen Brief an meine „Verbündete" (so stellte sich die Dame vom HKM mir gegenüber dar!) musste ich einfach noch schreiben, um Enttäuschungen zu kompensieren:

Hessisches Kultusministerium, Luisenplatz 65185 Wiesbaden,
12.09.2008.
Leon Schulz, geb. 15.03.1999, ist Ihnen durch unseren Briefwechsel
und Telefonate bekannt.

Sehr geehrte Frau Neumeier,
es ist mir ein dringendes Bedürfnis, Ihnen die Antwort des Staatlichen
Schulamtes auf all meine Fragen, Forderungen und Beschwerden zuzu-
senden. Dies sind die Methoden des Schulamtes, sich um bedürftige Kin-
der an unseren hessischen Schulen zu kümmern. Die Beamten spielen
diese Spielchen nunmehr seit ca. zweieinhalb Jahren mit mir. Da ändert
auch das Eingreifen des Hessischen Kultusministeriums nichts. Da unse-
re Schulen nach dem Benehmen vom Schulamt von den Direktoren/in-
nen selbst und von jeder vorgesetzten Institution unabhängig verwaltet
werden, drängt sich mir hier die Frage auf, wozu wir Steuerzahler diese
teuren Beamten bezahlen müssen?
Es tut mir leid, ausgerechnet Ihnen diese Zeilen zu schreiben, da Sie im-
mer wieder versucht haben, in diesem Falle zu intervenieren. Leider
scheint auch Ihr Eingreifen den zuständigen Damen und Herren nicht
die Einsicht vermitteln zu können, hier Handlungsbedarf zu sehen. Auf
all meine Fragen und die vielen Bitten um Beratung und Hilfen vom
Staatlichen Schulamt sowie die Bitten um schriftliche Stellungnahmen er-
hielt ich keinerlei Antworten. Mir ist in all den Jahren klar geworden,
dass ich keine Hilfen und nötiges Eingreifen von dieser Behörde erwarten
kann. Herr Hiller, dem ich auf Ihr Anraten eine meiner Beschwerden
schriftlich zugesandt habe, hat sich nicht dazu herabgelassen, mit mir in
Verbindung zu treten. Anrufe meinerseits verliefen alle erfolglos. Die bei-
gefügten Unterlagen habe ich Ihnen bereits zugesandt, ich schicke Ihnen
diese Briefe aber trotzdem noch mal, um aufzuzeigen, wie viel Mühe ich
mir gegeben habe, Auskünfte und Stellungnahmen zum Fall „Leon
Schulz" vom Staatlichen Schulamt zu erhalten.
Ich bitte um Kenntnisnahme und verbleibe ...

Obwohl ich die Absicht hegte, diesen ungleichen Kampf zu
beenden, wartete ich ungeduldig auf das Resultat der Eingabe
meines Advokaten und auf die Reaktion der Dame des HKM.

Meine derzeitigen Äußerungen in den Briefen fielen ständig rigoroser aus und ich wusste, dass ich so nicht weitermachen durfte, ohne in Teufels Küche zu geraten. Die früheren Eingaben hatten sich dagegen noch ausgesprochen freundlich gestaltet. Überdeutlich erkannte man meinen veränderten Gemütszustand! Ich reagierte zunehmend ungeduldiger und ärgerlicher. Mein Bewusstsein signalisierte mir unmissverständlich, dass ich mit Stampeden nichts zu erreichen vermochte! Leider packte mich mein innerer Zorn auf die Schulbehörden und hielt mich in seinem Klauengriff gefangen! Obwohl ich echt beabsichtigte, einen Schlussstrich unter die Aktionen mit diesen kurzsichtigen Institutionen zu ziehen, tauchten die Bilder der um ihre Zukunft beraubten kleinen Mäuse immer und immer wieder in meinem Kopf auf!

Ich sah mein Kind an und erkannte seine ungeheure Veränderung; die Machenschaften der Schulbehörden liefen wie ein Film vor meinem inneren Auge ab und der Gedanke an „Gerechtigkeit!" ließ mich nicht mehr los:

„Die dürfen nicht so einfach davonkommen, warum müssen diese Herrschaften eigentlich nicht die Verantwortung für ihr Handeln übernehmen? Unsereins wird bei der kleinsten Verfehlung zur Rechenschaft gezogen! Das sehe ich einfach nicht ein!"

Meine Nichte Verena und ihr neuer Freund Jörg wollten Leon eine Freude bereiten und luden den kleinen Mann ein, eine Nacht bei ihnen in Renis Wohnung zu verbringen. Am nächsten Morgen beabsichtigten wir, gemeinsam eine Exkursion im Safaripark, mit zusätzlichem Erlebnispark, zu unternehmen. Unser Nesthäkchen mag Jörg gut leiden, sein Zitat bezüglich des Neuen:

„Ich habe den Jörg ganz gern, ich kann ihn gut leiden, er ist sehr nett zu mir!" Wir dachten alle, Leon würde sich über die Einladung freuen. Es war geplant, dass Reni mit ihrem Cousin den Jörg vom ICE-Bahnhof abholten, da sich dessen Heimatort noch hinter Frankfurt befindet. Er reiste meist per Bahn in unsere nahe gelegene Stadt an, wo er von seiner Freundin mit dem Auto abgeholt wurde. Meine Nichte und Little Boy planten, den angereisten jungen Mann am Bahnhof aufzulesen und danach beabsichtigten sie, etwas Schönes zu essen. Später war ein Spielabend mit anschließender Übernachtung angesagt.

Mein Sohn war Feuer und Flamme, als es aber anfing, Abend zu werden, weigerte er sich vehement, außer Haus zu nächtigen:

„Mama, ich gehe nicht von hier fort, ich muss nachts bei dir bleiben. Außerdem habe ich Oma versprochen, bei ihr zu schlafen!" Ich dachte: „Das darf echt nicht wahr sein, er liebte es sehr, bei einer seiner Schwestern zu übernachten. Früher hätte mein Kind sich so eine Möglichkeit, niemals entgehen lassen! Ich begreife überhaupt nichts mehr! Was ist nur mit dem Jungen los?" Zu Leon sagte ich etwas vollkommen anderes:

„Schätzchen, bei Oma kannst du doch jedes Wochenende schlafen. Du wolltest doch so gerne mal wieder etwas Zeit mit Reni verbringen. Jörg und deine Godel wollten schön mit dir essen gehen und heute Abend noch viele Gesellschaftsspiele mit dir spielen. Warum willst du dir diesen Spaß entgehen lassen?"

„Für mich ist das kein Spaß ohne dich. Ich kann nicht ohne dich über Nacht sein. Ich habe fürchterliche Angst und du bist dann nicht da. Ich bleibe hier!" Dieses Mal zwang ich meinen Jungen nicht (zu seinem Glück?), also rief ich meine älteste Nichte an und sagte die Übernachtung ab. Verena setzte ihre gesamten Überredungskünste bei ihrem Patenkind ein:

„Du weißt doch, dass ich dich sofort nach Hause bringe, wenn du Angst bekommst!" Doch der kleine Mann ließ sich nicht überreden:

„Ich bleibe lieber bei Mama zu Hause!" Damit beendete er das Thema, „woanders zu schlafen". Es war für uns alle unverständlich, dass Leon sogar Angst empfand, die Nacht bei seinen Schwestern zu verbringen. Verena (Reni) und Anne sind zwar Leons Cousinen, aber er ist wie ein Bruder mit ihnen groß geworden und so sagt Leon immer: „Ich habe vier Schwestern."

Wir verlebten wieder mal einen unserer Familientage im Safari- und Erlebnispark. Alle meine Kinder und Enkelkinder brachen zusammen mit Ralf und mir am Sonntagmorgen ganz früh auf, um einen Abenteuertag zu erleben. Es war ein regenfreier Tag, zwar nicht sehr warm, da ständig Wolken am Himmel auftauchten, die die Sonne verbargen. Die Tiere bewegten sich sehr agil. Löwen und Tiger, die ich als besonders eindrucksvoll empfand, überquerten die Fahrbahn. Leon war wieder ganz der Alte. Er fand das alles toll. Er fuhr mindestens acht Mal mit der kleinen Achterbahn und zwei oder drei Mal mit der großen. Er drehte sich mit Laura im Kinderkarussell und auf einem selbst zu lenkenden Motorrad nahm mein Kleiner seine Nichte mit. Die Mäuse ritten auf einem Elefanten, ihre Begeisterung war riesengroß! Leons kleiner Neffe Cedric war noch zu klein, um diesen ganzen Rummel zu begreifen. Er fuhr zwar ebenfalls in verschiedenen Kinderattraktionen, aber die lauten Geräusche veranlassten ihn, lauthals zu schreien. Wir aßen alle zusammen zu Mittag und siehe da: Leon verputzte sogar, nach mehrmaligen Bitten meinerseits, ein Drittel seines Essens. Softeis und Zuckerwatte und andere schöne Dinge wurden geschlemmt! Alle Familienmitglieder begeisterten sich für unseren Ausflug: „Ein sehr gelungener Tag. Im nächsten Jahr, wenn wir noch alle gesund und zusammen sind, wiederholen wir so einen Abenteuertag!"

Renis Freundin arbeitete in einer Pflegestation für Senioren und behinderte Kinder. Diese Freundin und meine Nichte unterhielten sich über Leon und unsere mittlerweile 87-jährige Oma. Die Kameradin gab meiner Nichte ein paar Telefonnummern, damit ich mich über eine Betreuung für Leon und eine Haushaltshilfe für meine Mutter informieren konnte. Sie war genau wie meine Kinder der Meinung, dass mir die Verantwortung für beide Hilfebedürftigen langsam über den Kopf wuchs: „Regina sollte langsam ihre Kräfte etwas einteilen und auch mal an sich denken!" Also kontaktierte ich eine Pflegestation in unserem Ort, diese boten nur Altenpflege und keine Behindertenbetreuung an. Außerdem gab es keine Möglichkeit, die genannten Kosten selbst zu tragen.

Ich versuchte, für Mutti schon einmal Pflegegeld zu beantragen. Sie leidet unter einer erwiesenen Angststörung, was bei den Schicksalsschlägen, die die arme Frau im Laufe ihres Lebens akzeptieren musste, wirklich nicht verwundert. Ich darf unsere Oma tagsüber nur stundenweise alleine lassen; wenn es dämmert, erträgt sie das Alleinsein überhaupt nicht. Ihre Angst steigert sich zu starken Panikattacken, die wiederum zu hohem Blutdruck führen können, sodass Lebensgefahr für sie besteht. Außerdem kann Mutti nicht mehr ausdauernd laufen, sie erhielt bereits einen Bypass im rechten Bein, jetzt verspürt sie bei Belastung in beiden Beinen starke Schmerzen. Meine Mutter verlor durch ihr hohes Alter viel an Kraft und Selbstständigkeit; außerdem fällt ihr das Atmen oft sehr schwer.

Jetzt versuchte ich, für meine Mutter eine Haushaltshilfe und für Leon eine zusätzliche Betreuung zu ergattern. Bei der zweiten ambulanten Pflegestation hatte ich Glück. Die Frau am Telefon versprach mir, mich zu besuchen, um gemeinsam eine Lösung für dieses Problem zu finden. Im Moment fühlte ich mich wirklich mit all den auf mich einstürzenden Aufgaben überfordert. Ich beantragte vor ein paar Monaten für Leon einen Behindertenausweis beim Versorgungsamt und hoffte, dass ich auf diesen nicht ewig warten musste. Bei Asperger-Autisten ist eine Behinderung von 50% bis 80% gegeben und auf dieser Basis beabsichtigte ich, einen Kostenträger für evtl. Betreuungsmaßnahmen aufzutun. Ich benötigte, wie bereits erwähnt, Hilfen, um Leon feste Strukturen zu vermitteln und ihm soziale Regeln beizubringen. Falls Elterngespräche im Autistischen Zentrum irgendwann stattfänden, um einen adäquaten Umgang mit Asperger-Autisten zu erlernen, benötigte ich dringend Hilfen, diese Regeln im täglichen Leben umzusetzen.

Unsere Oma tobte wie Rumpelstilzchen, als ich ihr von meinen Plänen erzählte.

„Ich brauche so etwas nicht, wie kommst du nur darauf, für mich eine Haushaltshilfe zu beantragen? Und was Leon betrifft, andere Leute haben auch Kinder, wozu benötigst du denn jemanden, der dich bei Leons Erziehung unterstützt? Was werden bloß die Leute sagen?"

„Liebe Mutter, was die Leute sagen, ist mir ziemlich gleichgültig. Du liegst mir schon seit zwei Jahren in den Ohren, dass du zu alt für all die Arbeit geworden bist, und erzählst mir ständig, du brauchst eine Putzfrau. Anne ist für das Putzen in deiner Wohnung eingeteilt, aber du willst ja schon alles samstagvormittags fertig haben. Das schafft Anne nicht, sie muss schließlich freitags arbeiten. Da dir das alles zu spät wird, quälst du dich mit dem Saubermachen! So geht das nicht weiter!" Meine Mutter haute auf den Tisch und schrie richtig laut:

„Ich habe ja auch noch dich, dann musst du eben bei mir saubermachen!" Ich verkniff mir eine zusätzliche Bemerkung und erwiderte ruhig:

„Lass uns erst einmal abwarten, wie sich alles entwickelt. Wir können wirklich Hilfe gebrauchen, und ich nehme, was man mir anbietet!" Meine Mutter blieb stur:

„Ich brauche keine Hilfe, meinen Haushalt schaffe ich auch alleine! Und du wirst doch mit deinem Kind fertig werden!" Unsere Oma begriff die Notlage genauso wenig wie mein Mann. Beide wollten nicht verstehen, dass Leon ein Problemkind ist und kein „normales" wie seine Schwestern und Cousinen. In ihren Augen übertrieb ich ständig! Außerdem handelte es sich bei meiner Person um Herkules mit 6 Armen, der in der Lage war, an drei Orten gleichzeitig zu schuften!

Ich hatte mich daran gewöhnt, dass mein Mann und meine Mutter die Probleme um und mit Leon herunterspielten. Die größte Last trug natürlich ich, wie es bei vielen Müttern der Fall ist, die anderen Angehörigen machen es sich oft sehr einfach und sehen die Realität nicht.

„Wir sprechen über dieses Thema ein anderes Mal, wenn sich die Leute der Pflegestation melden und ich einen Termin zur Besprechung einiger Fragen erhalte. Dann informiere ich dich rechtzeitig, Okay?" Mutti war beleidigt und blitzte mich böse an:

„Ich gehe jetzt hoch und fange an zu bügeln. Bis dann!"

Marie, die Oma, reagiert ab und an sehr unwirsch, wenn es nicht so läuft, wie sie es sich vorgestellt. Sie beruhigt sich erfahrungsgemäß ganz schnell wieder. Wenn ich später nach ihr schaue, ist alles in Ordnung und dieses Thema wird nicht mehr angesprochen.

Wir wurden von Leons neuer Schule zu einer Schulhofeinweihung eingeladen. Man veranstaltete ein Fest für Schüler und Eltern. Jeder leistete seinen Beitrag am Verkauf von Kuchen, Bratwürsten, Kaffee und anderen Getränken. Da es sich bei der Jean-Paul-Schule um eine private Lehranstalt handelt, ist die Schule auf private Spenden angewiesen. Alle Eltern werden angewiesen, dem Förderverein beizutreten und monatliche Beiträge zu entrichten. Solche Veranstaltungen eignen sich hervorragend dazu, Geld für verschiedene Anschaffungen einzunehmen. In staatlichen Schulen richtet man solche Feste ebenfalls aus. Die öffentlichen Fördergelder schrumpfen stetig und so versuchen die Lehranstalten, viele Anschaffungen über Spenden und Eigeninitiative zu realisieren.

Ich empfinde eine große Abneigung gegen Sonderschulen! Schon als Kind machte ich bereits die Erfahrung, dass die Sonderschule für Lernhilfe in unserer nahe gelegenen Kleinstadt für die dort unterrichteten Kinder diskriminierende Auswirkungen hatte. Die Sonderschüler wurden von den anderen Kindern oft gehänselt. Diese beschimpften die als Außenseiter Geltenden u.a. als arme Schlucker und als Dreckwänste (Wanst ist umgangssprachlich in unserer Region ein anderes Wort für nervendes Kind). Auch zur Zeit meiner Töchter bemerkte man diesbezüglich keine Veränderung; Sonderschulkinder wurden von den „Normalos" vom Rest der Dorfkinder ausgegrenzt. In diese Bildungszentren gingen früher in der Regel Kinder aus sozial schwachen Familien.

Ich regte mich zu dieser Zeit schon immer sehr darüber auf, dass etliche Lehrer in unserem Ort hauptsächlich die Kinder unterstützten und förderten, die durch den sozialen Status der Eltern sowieso die besten Voraussetzungen besaßen. Die Kleinen aus Familien mit gesellschaftlichen Konflikten sowie Kinder mit schwierigem Verhalten wurden schon immer auf Sonderschulen abgeschoben und fielen somit automatisch einer Ausgrenzung zum Opfer. Behinderte Kinder nahm die Schulbehörde erst gar nicht oder nur in ganz seltenen Fällen in den Grundschulen auf. Einige Lehrer erzählten mir oft, um die ausgewählten Bildungsanstalten, auf die sie mein Kind verbringen wollten, schmackhaft zu machen:

„Heute ist das alles ganz anders, heute sind die Sonderschulen dazu da, allen verhaltensauffälligen bzw. lernschwachen Kindern in einem besseren und erfolgversprechenden Rahmen adäquate Förderungen zu ermöglichen!" Meine Erfahrungen lassen mich erheblich an dieser Aussage zweifeln. Hierüber sinniert mein Denkapparat viel differenzierter: Die Tatsache, dass in Deutschland die Regelschulen für etliche Behinderungen nicht ausgerüstet sind, ist unanfechtbar. Der Staat kürzt ständig die Gelder für soziale Verbesserungen, so ist es zurzeit unerlässlich, Sondereinrichtungen in Anspruch zu nehmen. Aber kleine Wesen, die nicht einfach zu handhaben sind auszusortieren, damit benötigte Fachkräfte eingespart werden (z.B. Schulassistenten, Integrationslehrer usw.) und etlichen Lehrern zusätzlichen Arbeitsaufwand zu ersparen, halte ich für ausgesprochen verantwortungslos. Verhaltensauffällige auszugrenzen und in einer Herde von schwarzen Schafen (hierzu gehören vernachlässigte und gewaltgeschädigte Kinder sowie seelisch und psychisch Kranke, außerdem findet man Lernbehinderte, z.B. Kinder mit Lese-Rechtschreibschwäche und sogar unerkannte Hochbegabte in dieser Kategorie sowie Kinder, die der deutschen Sprache nicht mächtig sind usw.!) zu verwahren, endet für die Betroffenen meist mit dem sozialen „AUS!"

Die Ausbildung der Grundschullehrer, so erfuhr ich von vielen, die mit dieser Problematik tagtäglich konfrontiert werden, scheint angesichts der heutigen (fiktionalen) Realität einer konsumorientierten Gesellschaft mit schwindenden Wertvorstellungen nicht mehr zeitgemäß!? Im Studium bemängelt man den Anteil an Pädagogik als zu gering. Zumal viele Verhaltensstörungen derzeit auf Syndrome wie Lese-Rechtschreibschwäche und ADHS (wird nicht als Behinderung anerkannt), plus viele andere zurückzuführen sind. Die Regelschullehrer sind häufig in der Erkennung und im Umgang mit der Vielfalt dieser Störungsbilder überfordert. Es werden zwar viele Weiterbildungskurse angeboten, um die Mitwelt dieser Kinder besser zu verstehen, aber Abschieben scheint viel einfacher (In der anthroposophischen Jean-Paul-Schule konnte ich beobachten, dass die Pädagogen regelmäßig Fortbildungskurse besuchten!). Eine soziale Integration von Sonderschülern in unserem Ort offenbart sich als sehr schwieriges Unterfangen, da etliche Konstellationen hierfür keineswegs gegeben zu sein scheinen. Der gute Wille der Direktion beispielsweise!

Wenn die Kinder, im Normalfall nach der 4. Klasse, die Schule wechseln, zerfällt der Kontakt der ehemaligen Grundschüler. Nachkommen wie Leon erhalten bei diesem Schulwechsel keinerlei Chancen auf gesellschaftliche Anerkennung. Mein Sohn rutscht nun in eine Kategorie: Bemitleidet und unerwünscht! Ein wichtiger Grund mehr, den kleinen Mann in der hiesigen Nachmittagsbetreuung unterzubringen. Es fällt mir sehr schwer, mich mit den Gegebenheiten abzufinden. Meine Angst, dass man den Kleinen wegen seines Andersseins zum Außenseiter macht, veranlasste mich, den ungleichen Kampf gegen Goliath trotz der vielen Niederlagen nicht aufzugeben. Sich einzugestehen, dass sämtliche Schlachten sinnlos waren und man meinem Jungen nun doch den Stempel „*Nicht gesellschaftsfähig!*" aufdrückte, ließ meine Angst zur Panik mutieren. Die Wut auf Schulbehörden und Landkreis vermischte sich mit Enttäuschung und einer verzweifelten Resignation! Nun war ich gezwungen, diese Entwicklung zu akzeptieren! Die große Sorge vor der Zukunft versteckte ich in meinem Inneren und trug diese ganz alleine! Die Vorbehalte gegenüber der neuen Sonderschule erschreckten mich selbst.

Die Jean-Paul-Schule handelte man als besonders hervorragende Lehranstalt. Hier einen Platz für sein Kind zu ergattern, stellte sich als besonders schwierig dar. Leon war einer der Kandidaten, welchem das Glück zuteil wurde, in anthroposophischer Qualität unterrichtet zu werden. Ich dachte eigentlich, vorurteilsfrei an mir nicht bekannte Dinge heranzugehen. Das war ein Schuss in den Ofen! Ich bin ein Abkömmling dieser Gesellschaft, diese Tatsache lässt sich trotz aller Bemühungen nicht leugnen!

Durch meine Unsicherheit fixierte ich die Menschen auf dem Fest und wirkte wahrscheinlich sehr verbissen. Ich bemühte mich wirklich, der ganzen Situation etwas Positives abzugewinnen, aber die Skepsis gewann immer wieder die Oberhand:

„Ausgerechnet mein Kind!? Regina, reiß dich zusammen! Es ist eben alles erst einmal gewöhnungsbedürftig, OK, alles wird gut!" Leon hing an mir wie eine Klette. Alle Mitschüler aus seiner Klasse glänzten durch Anwesenheit, doch mein Sohn beachtete sie kaum. Ich versuchte, ab und an mit einigen Eltern Kontakt aufzunehmen, was jedes Mal fehlschlug. Die Einzige, die sich eine kleine Weile mit mir unterhielt, war Leons Sportlehrerin. Ralf saß die ganze Zeit auf einer Mauer, die den Schulhof abgrenzte, und langweilte sich. Auch bei meinem Mann fanden keine Kontaktaufnahmen statt. Die Spiele für die Kinder gestalteten sich sehr nett und mein Stammhalter fand die Veranstaltung ganz toll! Wir tranken Kaffee, aßen Kuchen und jeder zum Abschluss eine Bratwurst. Leon beendete seine Spielrunde und wir fuhren wieder nach Hause. Ich musste mich jetzt endgültig damit abfinden, dass man meinen kleinen

Mann von nun an als Sonderschüler titulierte. Wenn ich so zurückdachte, hatte Leon nie eine reelle Chance auf eine Integration in der Grundschule erhalten. Von Anfang an lehnte die Schulleitung den Kleinen aufgrund herbeigezauberter Lern- bzw. Sprachbehinderungen ab. Durch den Kontakt mit anderen Eltern von Asperger-Autisten erfuhr ich, dass durchaus Möglichkeiten vorhanden sind, im Verhalten auffällige Kids in der Regelschule zu unterrichten. Die Bedingungen hierfür liegen in der Bereitschaft der Schulleitung und der Lehrer, diese Kinder zu akzeptieren!? Außerdem müssen adäquate Hilfen mit einbezogen werden, z.B. Integrationslehrer, Schulassistenz und ein Nachteils-Ausgleich für Behinderte. Einige Versuchsprojekte dieser sogenannten Integrationsschulen sind bereits vorhanden! Diese arbeiten mit sehr guten Erfolgen! Die Lehranstalten, die eine derartige Form des Unterrichts praktizieren, sind wie Tropfen auf den heißen Stein! Laut der 2. Überarbeiteten Auflage vom Mai 2007 vom Hessischen Kultusministerium herausgegebenen „Einstiegshilfen für den Unterricht von Kindern und Jugendlichen mit autistischem Verhalten!" sollte dieses Modell überall zu finden sein!

In unserem Land werden wunderschöne Verordnungen aufs Papier gebracht, leider findet sich niemand, der in der Lage ist, besonders Verbesserungen für die Schwachen umzusetzen! Ich telefonierte ein paar Tage später mit der Klassenlehrerin der neuen Schule. Diese versicherte mir, dass unser Schätzchen in der Klassengemeinschaft gut aufgenommen wurde und das Kerlchen einen guten Start vorlegte.

„Er macht im Unterricht gut mit und nimmt sich seiner Behinderung entsprechende Auszeiten, um die innere Unruhe besser zu kompensieren. Es befindet sich alles im grünen Bereich!" Ich erkundigte mich nach Leons Hausaufgaben und schilderte meine diesbezüglichen Beobachtungen:

„Der Junge erledigt nach wie vor keine Hausaufgaben. Bis auf einmal, wo ihn der Ehrgeiz packte und er alle Zettel in seinem Ranzen ausgefüllte! Ansonsten beteuert mein Trabant vehement: Frau Prell hat nichts aufgegeben!"

„Ja, den einen Tag holte Leon alles nach! Natürlich erhalten die Kinder Aufgaben für zu Hause! Bei dem kleinen Mann werden wir erst einmal abwarten und versuchen, ihn zu motivieren, damit er das Schulleben wieder als interessant erachtet. Den Anforderungen im Unterricht ist er gewachsen, so werde ich wegen den Hausaufgaben noch nichts unternehmen. Leon muss sich im Gedächtnis einprägen, dass die Schule durchaus Spaß bringen kann und er sollte erst wieder gerne zum Unterricht spazieren!", erwiderte Frau Prell. Ich fragte die Lehrerin noch wegen Leons Schimpfworten:

„Wenn ich meinem Sohn die Frage stelle, wo er denn all diese schrecklichen Worte aufgeschnappt hat, antwortet er mir: ‚Mama, ich gehe jetzt in die Jean-Paul-Schule, dort reden die Kinder alle so!'" Frau Prell widersprach Leons Aussage energisch:

„Das stimmt nun wirklich nicht, bei meinen Kollegen und mir verwendet man derartige Worte im Unterricht auf gar keinen Fall. Ich werde diese Angelegenheit mit den Schülern besprechen!" Das war bereits das vierte Telefonat, das ich mit Leons neuer Klassenlehrerin führte. Meist besprachen wir die wichtigsten Dinge am Abend. Die Sekretärin der Schule gestattete mir, die Privatnummer von Frau Prell zu benutzen, damit diese in dringenden Fällen immer erreichbar war.

In der hiesigen Grundschule wäre eine derartige Vereinbarung undenkbar gewesen, hier gab es keine Kontakte außerhalb der Schulzeit. Die Telefonnummer der dortigen Klassenlehrerin erhielt ausschließlich die Dame des Elternbeirates. Frau Seidel, Leons frühere Klassenlehrerin an der hiesigen Grundschule, rief mich in drei Jahren höchstens drei bis vier Mal an. Gespräche in der Regelschule fanden ausschließlich nur dann statt, wenn die Situation mal wieder eskalierte. Meist beehrten mich die Sonderschullehrerin vom BFZ oder die Direktorin mit ihrer Anwesenheit, wobei die Besprechungsthemen sich ausschließlich auf die Abschiebung des kleinen Wesens bezogen. Nachdem der kleine Mann in die 2. Klasse versetzt wurde, ging ich nie mehr ohne einen Zeugen zu diesen Meetings! Der Ablauf solcher Dates war echt unglaublich!

Hier besteht schon ein erheblicher Unterschied zu Leons neuer Schule, in der die Eltern wirklich ins Schulleben der Kinder mit einbezogen werden. In der Jean-Paul-Schule benötigte ich keine Zuhörer. Frau Prell und ich verfolgten ein gemeinsames Ziel und wir respektierten einander!

Meine Tochter Daniela war zu jener Zeit 28 Jahre jung. Sie wohnt ca. eine Stunde Autofahrt von uns entfernt. Am Montag, den 22.09.2008, besuchte sie uns, wie so oft und berichtete mir, wie gut bei ihr alles klappte. Sie wirkte sehr zufrieden und ich freute mich darüber! Mein Fleisch und Blut verstand sich super mit ihrer Schwiegermutter und diese unterstützte mein Kind ganz erheblich. Danni ist ein sehr liebes Mädchen und kümmerte sich rührend um die alte Dame. Am Dienstag des darauf folgenden Tages dachte ich morgens über meine Kinder und ihr jetziges Leben nach. Ich kam zu dem Schluss, dass momentan Ruhe und Frieden herrschte: „Alles im grünen Bereich!"

Dies hätte ich nicht denken dürfen; eine Stunde später rief meine Älteste von zu Hause aus an. Sie teilte mir unter Tränen mit, dass ihre Schwiegermutter eben tot umgefallen sei. Die Arme verstarb urplötzlich mit 74 Jahren an einem Gehirnschlag. Von einer Minute zur anderen war alles vorbei! Leon reagierte im ersten Moment sehr geschockt. Er erzählte mir unter Tränen, die Oma sei gar nicht gestorben, sie würde nur schlafen. Einen kurzen Moment verweilte mein Sohn mit seinen Gedanken bei einem anderen Menschen. Danach und auch heute noch fabriziert mein Kind genau wie bei dem plötzlichen Tod von Oma Siegrid, Ralfs Stiefmutter, die ebenfalls von einer Sekunde zur anderen ihr Leben verlor, Hirngespinste über hinterlassene, leerstehende Wohnungen:

„Was wird jetzt mit der Wohnung von der Oma?" Diese Frage beschäftigte ihn überwiegend. Als meine Mädels und ich zur Beerdigung von der Schwiegermutter gingen, legte mir der kleine Mann dringend ans Herz:

„Frag unbedingt nach, was die jetzt mit der Wohnung machen! Ich muss das wissen!" Eine seltsame Reaktion. Irgendwie war ich aber trotzdem froh darüber, dass mein Junge diesen Vorfall nicht mit seinem Standardspruch „Selber schuld!" kommentierte.

Kurz nach der Beerdigung besuchte uns tatsächlich das Fernsehen – ein Kameramann, eine Praktikantin zum Mikrofon-halten und die Reporterin. Eine enorme Aufregung überkam meinen Sohn und mich, als das Fernsehteam unsere Treppe hinaufstieg. Erst versteckte der Junge sich hinter dem Sofa, dann lief er ganz schnell und unauffällig in den Garten und verschanzte sich in unserem Gartenhäuschen. Ich unterhielt mich eine Weile mit der Reporterin und wir besprachen den Ablauf des Drehtages:

„Ich informierte Leon nicht über die Einzelheiten der Reportage. Er soll spontan und unvorbereitet darüber reden, was er denkt. Ich empfinde Absprachen sehr gekünstelt und möchte meinen Sohn in keiner Weise beeinflussen. Alles, was er zu berichten weiß, soll ehrlich sein!" Die Reporterin namens Alex war mit diesem Vorschlag einverstanden.

„Außerdem kann ich Leon sowieso nicht vorschreiben, was er sagen soll. Das Kind besitzt seinen eigenen Kopf!" Wir legten mit der Filmerei los. Das Dreh-Team benötigte absolute Stille. Jedes Geräusch störte die Tonqualität. Die Aufnahmen begannen mit Leons Hausaufgaben, die wir gemeinsam am Küchentisch verrichteten. Mein Kind spielte toll mit. Man filmte ihn beim Lesen auf dem Sofa, beim Spielen mit den Hunden und beim Computerspielen. Natürlich wurde er auch während des Keyboard-Spielens aufgenommen. Dann begannen die Interviews. Ich saß auf unserer Couch im Wohnzimmer und sprach über meine Erfahrungen mit meinem Asperger-autistischen Sohn. Das ADHS-Syndrom kam nicht zur Sprache. Das Einzige, welches ich über den ganzen Schulmist verlauten ließ, betraf die verkürzte Form des Kampfes, um die Diagnose und den Schulwechsel.

Leons Interview überraschte mich echt. Mein Kind hatte in der Vergangenheit nie so offen über seine Gedanken gesprochen, die ihn in dieser Angelegenheit beschäftigten. Er schilderte in seinen Worten, dass ihn in der Grundschule niemand mehr haben wollte:

„Sie haben mich einfach abgeschoben!" Es war schon beachtlich, wie deutlich mein Junge seine Empfindungen zum Ausdruck brachte und wie konzentriert er vor der Kamera war. Die Reporterin kommentierte ebenfalls bei der Ausstrahlung einige gemachte Sequenzen. Beim Spiel mit den Hunden erklärte sie, dass die Schule mir die Vernachlässigung meines Sohnes vorwarf, ohne die Verhaltensauffälligkeit des Jungen zu hinterfragen. Die dort agierenden Lehrer ersparten sich diesbezügliche Gedankengänge und wählten kurzerhand den leichten Weg der Vorurteile. Zum Schluss der Sendung zeigte man einige Einstellungen von Leon und Laura, meiner fast dreijährigen Enkeltochter. Diese Aufnahme war mein persönlicher Wunsch, da ich hiermit darstellen wollte, dass mein Kind durchaus in der Lage war, mit kleinen Kindern zu spielen, ohne dass diese sich in irgendwelcher Gefahr befinden.

Ein aufregender und auch anstrengender Tag ging für uns zu Ende. Wir genossen die für uns außergewöhnlichen Stunden und fielen abends todmüde ins Bett. Zwei Wochen später strahlte RTL Regional Hessen-Nachrichten, die Aufzeichnung im Fernsehen aus. Ich informierte alle Bekannten und Verwandten und es wurde ein voller Erfolg. Eigentlich sollte eine kurze Reportage über einen Asperger-Autisten gesendet werden. Im Endeffekt konnten aber die Presseleute die eigentliche Problematik, den Umgang von Schulbehörden und Lehrern mit einem Kind, das „anders" ist, doch nicht ignorieren. Als ich die Geschichte meines Sohnes und seinen Werdegang in der Schule und auch die Situation im psychomedizinischen Bereich schilderte, reagierten alle ungeheuer empört. Die Reporterin war der Ansicht, dass diese Geschichte unbedingt mit einer längerfristigen Sendezeit der Öffentlichkeit mitgeteilt werden müsste.

„Leider habe ich aber beim Sender diesbezüglich nichts zu entscheiden!" So ähnlich erging es auch Frau Senska von der Hessischen Allgemeinen. Sie hatte ebenfalls das Interesse, mehr aus dieser Story zu machen. Leider bekleidete sie zu dieser Zeit nur eine Praktikantinnen-Position. Alex vom RTL-Sender ging in ihrer Reprotage doch dazu über, mehr Informationen zu den schulischen Problemen und Leons schlechter Behandlung zu senden.

So wurde in der Sendung mitgeteilt, dass die Lehrer Leons Autismus nicht mal ansatzweise zu erkennen vermochten. Unsere Geschichte fesselte sämtliche Reporter, die sich mit diesen großen Schwierigkeiten von verhaltensauffälligen Kindern befassten. Mir schwirren immer wieder dieselben Gedanken im Kopf herum. Jedesmal, wenn ich die Geschehnisse der vergangenen Jahre berichte, entstehen immer wieder Fragen und Unverständnis: „Geben wir den Eltern die gesamte Schuld am Verhalten ihres Kindes, dann sind wir aus dem Schneider und brauchen uns nicht weiter mit dem Kind zu befassen!" Wie kann so etwas passieren? Wie können gebildete Menschen die Seele eines kleinen Wesens so malträtieren? Der Sonderschulpädagogin gelang es ebenfalls nicht, wenigstens das doch sehr offensichtliche Aufmerksamkeitsdefizit des Kindes zu deuten! Diese Dame rückte sich hierdurch selbst in ein sehr schlechtes Licht. Die Überprüfer, ebenfalls Sonderschulpädagogen, die sehr stolz auf ihre längere Studienzeit sind (diesen Tatbestand betonten sie bei Gesprächen sehr oft!) erkannten nicht einmal die unverkennbare Störung bei meinem Sohn. All diese besonders ausgebildeten Pädagogen arbeiten an der Lernhilfeschule, an die mein Sohn laut Grundschuldirektorin umgeschult werden sollte. Diese Tatsache, dass niemand von den Herrschaften in der Lage war, wenigstens das ADHS-Syndrom ansatzweise zu erfassen! Ein weiterer wichtiger Grund, der mich dazu veranlasste, mein Kind unter keinen Umständen Unwissenden anzuvertrauen! Das Gleiche gilt für die Erziehungshilfeschule in unserem Landkreis. Bei mehreren Gesprächen mit betroffenen Eltern, deren Nachwuchs diese Schule besuchte, berichteten diese, dass hier die pädagogische Betreuung sehr zu wünschen übrig lässt. Die Schüler werden dort verwahrt und nicht gefördert. Wenn man alle Mäuse, die so gut wie keine Strukturen aufweisen, in einem Klassenverband zusammenpfercht und sie bei den Klassen-Kollegen selben Alters ständig nur das gleiche Verhalten wie ihr eigenes vorgelebt bekommen: „Wie soll es eigentlich gelingen, solch eine Kinderschar zu strukturieren?"

Diese Fragen beschäftigen mich sehr oft. Am allerschlimmsten marterte mich die Vorstellung, dass mein kleiner Mann haarscharf am Untergang vorbeischlidderte! Es kann nicht möglich sein, dass Menschen, die lange studierten und einen sehr großen Bildungsvorsprung gegenüber den Eltern besitzen, sich nicht einmal diese Frage selbst stellen. Eins ist Fakt: Hält man ein Kind immer im gleichen Milieu fest und es erfährt keine positiven Beispiele von Gleichaltrigen, dann wird dieses kleine Wesen niemals andere Verhaltensweisen erlernen können! Im Gegenteil, fast alle Kids ohne erlerntes Regelverhalten – man nennt sie Kinder ohne Strukturen oder Schwererziehbare! – finden in diesen spezifischen Bildungsanstalten jemanden, der noch brutaler und gemeiner ist! Negativbeispiele ahmen die Kleinen besonders gern nach. „Wer cool ist, wird bewundert!" Außerdem erhalten „die bösen Buben?!" durch ihr provokantes Getue das Interesse ihrer Pädagogen. Dass sie sich durch Aufsässigkeit tiefer und tiefer in die Nesseln setzen, dafür fehlt Kindern das Feeling, sie erhalten hierdurch, was sie am allerdringendsten benötigen: Zuwendung! Wenn niemand diesen Teufelskreis rechtzeitig unterbricht, welche Zukunftsperspektive bleibt diesen aus der Gesellschaft ausgeschlossenen Kindern? Solch einen Werdegang versuche ich verzweifelt, meinem Sohn zu ersparen!!!

Deswegen führe ich den Krieg gegen Windmühlen, so lange, bis ich kraftlos am Boden liege! Leon soll und wird eine reale Chance auf ein normales Leben bekommen!

Wie sich im Endeffekt ein Kind in der Zukunft entwickelt, steht immer in den Sternen! Niemand kann vorhersagen, was das Schicksal für uns bereithält! Aber: Jedes kleine Wesen hat ein Anrecht auf die gleichen Startchancen! Durch die unterschiedlichen Elternhäuser verschiebt sich das Bild der gleichen Anfangsvoraussetzungen. Die Bildungszentren sollten in erster Linie darauf bedacht sein, diese Defizite auszugleichen! Gerade die von zu Hause aus benachteiligten Kinder bedürfen eines unumschränkten Anrechts auf Förderung und Unterstützung! Kleine Wesen sind auf uns Erwachsene angewiesen, sie können sich nicht selbst helfen!

Volker, mein Rechtsanwalt, richtete eine Dienstaufsichtsbeschwerde an das Staatliche Schulamt. Es wird keine Klage vor Gericht geben. Hierfür sind detaillierte Angaben notwendig, (z.B.: Frau Sowieso hat dies und jenes getan, mit Datum und Uhrzeit). Also versuchte der Advokat eine offizielle Überprüfung der Vorgänge, um die Hortunterbringung über das Schulamt zu erreichen.

Eine neue Odyssee durch tiefe, dunkle und undurchsichtige Bürokraten-Gewässer gewährte mir einen Einblick in eine Welt, in der man blauen Dunst aus der Luft zauberte und machtvoll zu Frischluft erklärte!

Als ich die Kopie des Anwaltsschreibens erhielt, verfasste ich sogleich einen langen Brief an Frau Neumeier vom Hessischen Kultusministerium. In der Vergangenheit beantwortete das Staatliche Schulamt die Briefe meines Rechtsanwaltes erst, nachdem sich alles von alleine erledigt hatte! Die Gegendarstellung zum zweiten sonderpädagogischen Gutachten, in dem die Dame vom BFZ ausschließlich ihre Vermutungen darlegte:

„Leon ist ungekämmt, er ist blass und mager, was auf eine

schlechte Ernährung hindeutet, seine Konzentrationsmängel ergeben einen Hinweis für zu viel Computer und Fernsehen, gepaart mit Sauerstoffmangel. Laura lebt in der Obhut der Großmutter und die Tochter Ines hat sich verdünnisiert! Die Regelschule entschließt sich, den Jungen momentan in der Grundschule zu belassen! Zurzeit sind keine Anzeichen zu erkennen, die einen sonderpädagogischen Förderbedarf für notwendig erachten. Bei geringsten Anzeichen des Kindes, die die Pädagogen als Auffälligkeiten interpretieren, wird der Junge auf eine der angeratenen Sonderschulen verbracht!", kommentierte das Schulamt erst, nachdem die Angelegenheit nicht mehr relevant war.

Diese Stellungnahme erschien noch kurioser als die Vermutungen der BFZ-Pädagogin! Auf die Bitte um Rückstufung meines kleinen Mannes von der 3. in die 2. Klasse, die der Anwalt beim Schulamt mit rechtlichen Ansprüchen „zum Wohle des Kindes" verdeutlichte, reagierte dieselbe Behörde erst, als mein Sohn sich bereits in der KJP (Kinder- und Jugendpsychiatrie) befand.

Die Dienstaufsichtsbeschwerde handhabt man in Behördenkreisen ähnlich wie der Staatsanwalt eine begründete Anzeige! Alle mit dieser Beschwerde verknüpften Vorgänge, alle Ungereimtheiten müssten eigentlich ohne Ressentiments aufgerollt und geklärt werden. Es wäre wirklich zu schön, um wahr zu sein, eine unvoreingenommene, ehrliche und faire Aussage der staatlichen Behörde zu erhalten. Glaubhafte und realistische Rechtfertigungen, die für alle gleichermaßen gelten, sind für mich durchaus akzeptabel.

Bei fadenscheinigen Ausreden läuten bereits die Alarmglocken und wenn ich in diesem Zusammenhang dann erfahre, dass gesellschaftliche Unterschiede gravierende Auswirkungen auf die Zuteilung von kostenpflichtigen Hilfsmaßnahmen haben, ist bei mir der Ofen aus! So erzählte mir eine Erzieherin, die vom Landkreis extra eingestellt wurde und einen Kurs im Umgang mit autistischen Besonderheiten in Frankfurt absolvierte, dass sie einen kleinen Jungen betreute, der mit 4 Jahren diagnostiziert wurde und bei seiner Einschulung, also mit 6 Jahren, diese Erzieherin zur Unterstützung erhielt. Nach einigen Jahren bemerkte der Landkreis urplötzlich, dass ihnen diese Fachkraft auf die Dauer zu kostspielig wurde. Hierauf kündigte man Frau Sammler den Arbeitsplatz! Diese klagte vorm Arbeitsgericht und erhoffte hiermit Öffentlichkeit zu schaffen.

Durch Kontaktaufnahme zu Autistischen-Interessen-Gemeinschaften und Betroffenen beabsichtigte sie, auf die schwierige Lage von Autisten in der Gesellschaft aufmerksam zu machen! Die Erzieherin verlor den Prozess in erster Distanz und gab resigniert auf. Weder die Interessenvertreter der Aspis noch die Eltern des Jungen, genau wie involvierte Personen, zeigten Anteilnahme für das Engagement dieser kuragierten Dame. Alleingänger finden keine Beachtung! Rückhalt von entsprechenden Organisationen kann man sich abschminken! Menschen mit Idealismus belächelt man, oder sie werden im schlimmsten Fall als „nicht ganz dicht" betitelt! Das waren die Erfahrungen von dieser Dame und mir! (Frau Sammler sowie meine Person spekulierten, dass die Gleichgültigkeit der Erziehungsberechtigten dieses kleinen Jungen, mit deren Vitamin „B!" erklärbar sein könnte! Wie gesagt, hier handelt es sich um reine Vermutungen!). Mir wurde des Öfteren besonders von meinem Ehemann die Frage gestellt:

„Warum hörst du nicht endlich damit auf? Was macht das alles für einen Sinn? Einmal muss doch Schluss sein! Du erreichst ja doch nichts. Das Einzige, was dabei herauskommt, ist ein Haufen Ärger! Mit Behörden legt man sich nicht an! Denk endlich wieder an uns! Du hast einen Haushalt und ich bekomme, seit du diesen Tick hast, nichts Gescheites mehr zu essen!" Irgendwie ärgerte ich mich über das zu-essen-Bekommen und den Haushalt, denn die gleichen Belehrungen erteilte mir meine Mutter. „Vielleicht möchte ich erreichen, dass sich der Werdegang meines Sohnes für andere Kinder nicht wiederholt!?" Den Haushaltssatz schluckte ich runter.

„Die Obrigkeit macht doch sowieso, was sie für richtig hält, da hat eine Regina überhaupt keinen Einfluss! Sollen doch die anderen Eltern selbst für ihre Kinder kämpfen! Von denen rührt sich sowieso keiner!"

„Ich habe noch Enkelkinder, die ebenfalls in die Schule kommen!" Meine Antworten überzeugten Ralf nicht.

„Die Kleinen haben eigene Eltern, du musst dich nicht überall einmischen, die anderen gehen dich überhaupt nichts an! Ich kann und will hiermit nichts mehr zu tun haben. Gib endlich Ruhe, ich kann das alles nicht mehr hören. Wenn du Leon nicht ständig so bemuttern würdest …! Mein Sohn ist ein ganz normaler Junge. Er hat nichts!" Ich wollte noch etwas sagen, aber mein Ehemann kam mir zuvor:

„Lass mich bloß mit dem ganzen Scheiß zufrieden. Komm mir nur nicht, wenn du deswegen Ärger bekommst!" Okay, dachte ich, diese Reaktion von meinem Göttergatten war ich gewöhnt, wenn ich eigene Wege ging, ohne ihn zu fragen, reagierte er sauer! Auch gut, ich mache trotzdem weiter!

Der Brief meines Rechtsanwaltes an das Staatliche Schulamt:
Sehr geehrte Damen und Herren,
wie Sie aus der vorangegangenen Korrespondenz wissen, vertrete ich die Eltern des Kindes Leon Schulz, die Eheleute Ralf und Regina Schulz. Namens und in Vollmacht meiner Mandanten erhebe ich hiermit gegen die Leiterin der Grundschule, Frau Wagner, Dienstaufsichtsbeschwerde. Die Beschwerde wird damit begründet, dass Frau Wagner als Direktorin der Grundschule es verhindert, dass der Sohn meiner Mandanten an der Nachmittagsbetreuung in der Grundschule teilnehmen kann.
Der Sohn Leon meiner Mandanten leidet an Asperger-Autismus. Er besucht seit Wiederbeginn der Schule nach den Sommerferien die Jean-Paul-Schule. Infolge seiner Behinderung ist es von großer Bedeutung für eine positive Entwicklung von Leon, dass er Kontakt zu nichtbehinderten Kindern erhält, was durch Teilnahme an der Nachmittagsbetreuung in der Grundschule in seinem Heimatort gewährleistet werden könnte. Frau Schulz hatte sich zunächst mit Frau Oger, Landkreis, Schulen-

und Bauwesen, in Verbindung gesetzt und gefragt, ob es eine Möglichkeit gebe, Leon die Nachmittagsbetreuung der Grundschule besuchen zu lassen. Frau Oger erklärte, die Tatsache, dass Leon nach den Sommerferien die Jean-Paul-Schule in einem anderen Ort besuche, stelle kein Problem dar. Er könnte in seinem Heimatdorf zur Betreuung gehen, auch wenn er eine andere Schule als die Grundschule besuche. Leon hatte bereits im vergangenen Schuljahr, als er noch die Grundschule besuchte, an der Nachmittagsbetreuung teilgenommen.

Die zuständige Erzieherin, Frau Graf, hatte meiner Mandantin auch erklärt, sie sei gerne bereit, Leon in ihrer Gruppe in den Hort zu übernehmen. Als meine Mandantin am 18.06.2008 bei der Schulleitung, Frau Wagner, anrief, um sich nach dem Platz in der Betreuung für Leon zu erkundigen, erklärte ihr diese, ein Besuch von Leon in der Nachmittagsbetreuung sei aus versicherungstechnischen Gründen nicht machbar. Auch nachdem meine Mandantin geklärt hatte, dass ihr Sohn Leon umfassend versichert ist, also keine versicherungstechnische Bedenken bestehen könnten, hielt Frau Wagner an ihrer Entscheidung fest, Leon nicht in die Nachmittagsbetreuungsgruppe aufzunehmen, und wies die Erzieherin Frau Graf entsprechend an. Es gibt keine sachlichen Gründe dafür, Leon nicht in die Nachmittagsbetreuungsgruppe aufzunehmen. Aus den Erfahrungen des letzten Schuljahres, als er an der Nachmittagsbetreuung teilgenommen hat, hat sich ergeben, dass er sich gut in die Gruppe eingefügt hat und auch ohne Probleme an der Abschlussfahrt der Kinder teilgenommen hat. Nach dieser Abschlussfahrt wurde meiner Mandantin mitgeteilt, Leon habe sich sehr gut benommen und sei in keiner Weise auffällig gewesen. Der einzige Grund, der Frau Wagner bewogen hat, die Aufnahme Leons in die Betreuungsgruppe abzulehnen, besteht in der persönlichen Abneigung, die Frau Wagner gegen Leon und meine Mandanten entwickelt hat, weil zugegebenermaßen Leon aufgrund seiner Behinderung in der schulischen Betreuung mehr Aufwand verursacht als andere Kinder ohne entsprechende Behinderung.

Persönliche Animositäten können aber keinen Grund darstellen, Entscheidungen zu treffen, für die es sachlich keinen Grund gibt und die der Entwicklung eines behinderten Kindes schädlich sind.

Ich beantrage deshalb, dass entsprechende dienstrechtliche Maßnahmen gegen Frau Wagner ergriffen werden und sie angewiesen wird, Leon ab sofort in die Nachmittagsgruppe in seinem Heimatdorf aufzunehmen. Mit freundlichen Grüßen

Kultusministerium, Frau Neumeier: 24.10.2008.
Leon Schulz, zurzeit Klasse 4 der Jean-Paul-Schule, Beschwerde über die Behandlung meines Sohnes in der Schule in unserem Ort.
Nach reiflicher Überlegung und Gesprächen mit meinem Rechtsanwalt, Dr. V. Klippert, habe ich mich entschlossen, keine Strafanzeige gegen verschiedene Personen der o.g. Schule und des Staatlichen Schulamts zu stellen. Ich bin im Moment nicht bereit, mir meine Nerven und Energie in einem langwierigen Verfahren kaputt machen zu lassen. Da ich die ungerechte und diskriminierende Behandlung meines Sohnes nicht einfach so hinnehmen kann, haben mein Anwalt und ich beschlossen, eine Dienstaufsichtsbeschwerde beim Staatlichen Schulamt einzureichen. Da bisher sämtliche Beschwerden und Anfragen beim Staatlichen Schulamt nicht beachtet worden sind – auf eine Antwort braucht man bei dieser Behörde gar nicht erst zu warten –, habe ich mich entschlossen, Ihnen eine Abschrift der Dienstaufsichtsbeschwerde zukommen zu lassen.
Das Staatliche Schulamt hat sich nach dem kurzen Antwortschreiben, das ich Ihnen bereits zugesandt habe, nicht mehr bei mir gemeldet. Sämtliche Beschwerden und Bitten um Hilfe wurden einfach ignoriert. Das Schlimme an der ganzen Angelegenheit ist, dass niemand mal auf die Idee gekommen ist, einen Fehler einzugestehen. Wenn ich mich nicht so für meinen Sohn eingesetzt hätte (Kommentar von Frau Freitag bei einem Telefonat: „Die Frau vom Jugendamt ist nur eine Sozialarbeiterin und der Pfarrer ist ebenfalls nur ein Seelsorger, die können die Problematik Ihres Sohnes gar nicht beurteilen. Ich habe die nötige Erfahrung und Kenntnis; nach den pädagogischen Gutachten über Ihren Sohn, die ich gelesen habe, können Sie mir in aller Ruhe vertrauen, ich kann Leon am besten beurteilen!“), dann hätte mein Sohn keine entsprechende Diagnose erhalten und wäre auf der staatlichen Erziehungshilfe-Schule gelandet und dort hätte das System eine adäquate Betreuung meines Sohnes verhindert. Mein Einspruch, Frau Freitag würde meinen Sohn im Gegensatz zu den anderen beiden Herrschaften überhaupt nicht kennen, wurde

gar nicht zur Kenntnis genommen. Mein Mann und ich hätten zusehen müssen, wie unser Junge ohne adäquate Therapie und ohne ein Eingehen auf seine seelische Erkrankung ohne die entsprechenden Medikamente vor die Hunde gegangen wäre.

Ich muss Ihnen gestehen, dass dieser Gedanke mich ständig quält und mich nicht zur Ruhe kommen lässt. Wenn ich darüber nachdenke, wie viele Eltern den Lehrern vertrauen und wie viele kleine Kinder einfach aussortiert werden ... Wenn bei einem Kind solch gravierende Fehler gemacht wurden, dann sollte man doch wenigstens versuchen, den Schaden in Zukunft zu begrenzen und solche Fehler möglichst vermeiden. Die Eltern geben ihre Kinder als Sechsjährige in die Schulen und setzen voraus, dass das Beste für die Kleinen in Sachen Förderung und fachgerechter Hilfen bei Schwierigkeiten getan wird. Ein Artikel im Schulgesetz lautet in allen Bundesländern – ich drücke diesen in meinen eigenen Worten aus:

„Die Schulkinder sind vom ersten bis zum letzten Tag in der Schule gut und sicher aufgehoben. Die Lehrer haben eine Fürsorgepflicht für alle ihnen anvertrauten Kinder, es darf kein Kind bevorzugt werden und auch kein Kind benachteiligt werden. Die Pädagogen versuchen, jedem Kind fair und ohne Vorurteile gerecht zu werden!"

Nach meinen eigenen Erfahrungen ist die Fürsorgepflicht, so wie ich diese verstehe, in der betreffenden Schule nicht gegeben. Dieses habe ich versucht, dem Staatlichen Schulamt nahezubringen, damit diese Behörde in Zukunft solche Fehlentscheidungen revidiert und die Eltern unterstützt werden. Eine Zusammenarbeit zwischen Eltern und Schule ist unerlässlich, das habe ich ebenfalls Herrn Dr. Paul telefonisch mitgeteilt und um Unterstützung bei der Vermittlung zwischen der hiesigen Schulleitung, der Klassenlehrerin und meiner Person gebeten.

Leider habe ich weder eine Unterstützung noch Gespräche zum besseren Umgang mit Leon bekommen. Ich könnte noch viele Dinge aufzählen, aus welchem Grund hier wirklich alles schiefgelaufen ist. Der Leidtragende ist wie immer das Kind. Mein seelisch krankes Kind ist dabei psychisch vollkommen kaputt gegangen. Von daher brauche ich viel Kraft, um mein Kind aus seinem seelischen Tief wieder herauszuholen.

Ich werde mich demnächst bei anderen Institutionen um Hilfe zur Unter-

stützung im Umgang mit der seelischen Erkrankung meines Sohnes informieren. Leon ist in einer guten Schule untergebracht. Die Zusammenarbeit mit der jetzigen Klassenlehrerin und mir klappt ausgezeichnet. Mit der Zeit hat mein Sohn begriffen, dass es jetzt anders läuft. Das tut ihm sehr gut und er fängt an, sich sicherer zu fühlen. Natürlich braucht mein Kind jetzt sehr viel Unterstützung, um die schlechten Erfahrungen aus der Grundschulzeit zu verkraften. In die jetzige Schule geht Leon seit Kurzem, ohne zu schreien und ohne sich vehement zu wehren.

Er fängt wieder an, sich wohl zu fühlen. Da in der Jean-Paul-Schule ebenfalls viele Kinder in einer Klasse unterrichtet werden, in Leons Klasse sind 18 Kinder, werde ich mit Hilfe von Frau Kraft versuchen, einen Schulassistenten für Leon beim Landkreis zu beantragen. (Ich hoffe, dass der Schulassistent Leon hilft, den Schulalltag so weit zu bewältigen, damit er nicht wieder in der Schule bis zur totalen Verweigerung abrutscht.) Der Landkreis hat bisher eine Beistandschaft finanziert, diese konnten wir leider nicht länger als zwei Jahre in Anspruch nehmen. Somit gibt es für Leon keine Einzelbetreuung mehr. Der Landkreis finanziert weiterhin Leons Psychotherapie im Autistischen Zentrum. (Wartezeit bis ca. ein Jahr. Eine Stunde Therapie wöchentlich.) Eine Nachmittagsbetreuung wird vom Landkreis nicht mehr finanziert.

Hier war ich der Meinung, die Schule könne für eine Weile einspringen. Außerdem wäre bei einer Unterbringung in dem Betreuungsangebot in der hiesigen Grundschule der Schulwechsel für Leon nicht so schmerzhaft gewesen und eine Integration im Ort wäre für ihn sehr wichtig gewesen. Leider verlässt er das Haus immer noch nicht alleine, er trifft keine Verabredungen mehr und zu den Freizeitaktivitäten muss ich ihn nach wie vor begleiten. Leon hat jegliches Selbstvertrauen verloren und leidet sehr unter der Abschiebung von der Grundschule und der abrupten Veränderung in seinem Leben. Anbei übersende ich Ihnen zusätzlich einen Flyer über mein Buch, welches ca. Anfang bis Mitte November erscheinen wird. In dieser Zeit wird auch mein Autorenportal im Internet fertig erstellt worden sein, hier können Sie bei Interesse etwas über meine bisherigen Medienaktivitäten erfahren.

Ich bitte um Kenntnisnahme und verbleibe …

Leon, wo bist du?

Am Donnerstag, den 23.10.2008, fuhr ich mit der Sozialarbeiterin, Frau Kröger vom Jugendamt, zur Jean-Paul-Schule. Wir trafen uns mit Frau Prell, Leons Klassenlehrerin, um gemeinsam über eine Antragstellung für einen Schulassistenten zu beraten. Uns fehlte nur noch die Stellungnahme bzw. eine Begründung der Klassenlehrerin, warum sie es für nötig befand, dass man Leon einen Schulassistenten zur Seite stellte. Da bei ihm die autistischen Züge momentan sehr stark in Erscheinung traten, ließ sich eine Beweisführung für die kostenpflichtige Beschulungshilfe ohne Weiteres dokumentieren. Bei meinem kleinen Mann handelte es sich nicht mehr um den lieben Junge, der er einmal war. Er saugte sämtliche negativen Lebensweisen aus seiner Umgebung wie ein Schwamm auf. Während des psychiatrischen Aufenthaltes empfand ich es sehr erschreckend, dass unser Nachzügler ausschließlich die kritisch zu bewertenden Auffälligkeiten, einiger Kinder nachäffte. Dieses Verhalten hat sich bis heute nicht verändert. Diesbezüglich besitze ich wenig Einfluss auf meinen Sohn. Er reagierte auf Predigten oder Verbote meist nur noch mit Widerstand und Besserwisserei. Leons Gebaren nach dem Schulabgang aus der Grundschule wandelte sich erschreckend zum Negativen. Vernünftige Gespräche mit le Petit Garçon zu führen, gestaltete sich als „gegen die Wand reden!". Die verbalen Attacken meines Kindes entwickelten sich ebenfalls besorgniserregend. Er artikulierte sich eigentlich nur noch in Fäkalsprache. In einem seiner lichten Momente hinterfragte ich den Ursprung seiner Wortwahl. Der kleine Mann versicherte mir überzeugend: „Ich gehe jetzt auf eine Sonderschule, da spricht man so!" Ich bemühte mich, diesen Dialog weiterzuführen, doch Leon wechselte sofort das Thema. Im Ausdenken von phantasiereichen Ablenkungsmanövern entwickelte sich mein Jüngster zum Spezialisten.

Am 28.10.2008 erhielt ich vom Hessischen Amt für Versorgung und Soziales die Antwort und Auswertung meines Antrages auf eine Behindertenanerkennung. Hier stellte man durch den ärztlichen Diagnosebericht fest:

„Leon ist zu 70 % behindert, er fällt unter die Kategorie H = Hilflos!"

Somit steht ihm ein Behindertenausgleich lt. sozialem Entschä-

digungsrecht nach dem SGB IX –Schwerbehindertenrecht zu. Die Auswirkungen folgender Funktionsbeeinträchtigungen wurden hierbei berücksichtigt:
Autismus, Entwicklungsstörung, Aufmerksamkeitsstörung
Hinweis zum Ausweis:

Der festgestellte Grad der Behinderung von 70 ermöglicht die Ausstellung eines Ausweises gemäß § 69 Abs. 5 SGB IX. DER AUSWEIS NACH § 69 ABS. 5 SGB IX dient als Nachweis der Eigenschaft als schwerbehinderter Mensch und zur Inanspruchnahme von Nachteilsausgleichen.

Nach der offiziellen Feststellung des Behindertengrades begann ich, nach fachgerechter Hilfe im Umgang mit autistischen Besonderheiten für mein Sorgenkind zu suchen. Leon erhielt bis dato keinerlei Autismus spezifischen Therapien und auch für mich war diese seelische Störung totales Neuland. Bisher hatte man mir als einzige qualifizierte Anlaufstelle, das Autistische-Zentrum genannt. Die Zeit schien uns davonzulaufen! So wie bisher ging es auf die Dauer nicht weiter!

Leon rannte den ganzen Nachmittag kopflos durchs Haus. Er langweilte sich nach eigenen Angaben zu Tode! Viel zu oft stand mein Kind vor dem Computer und schrie:

„Ich will jetzt Computer spielen, du machst mir den sofort an, ich befehle es dir!" Auf diese Art und Weise sprach mein Sohn augenblicklich mit mir. Er akzeptierte kein Nein! Aus Protest riss er an meiner Kleidung, um seinen Willen durch Aktionen zu verdeutlichen! Er weigerte sich nach wie vor, die Schule zu besuchen. Seit dem Grundschuldesaster bewegte sich die seelische Verfassung meines Sohnes in einem ständigen Auf und Ab. Wir befanden uns alle in einem grausamen Verwirrspiel. Einmal stand dort Leon, nett und lustig mit tollen klugen Sprüchen, in der nächsten Minute – nein, Sekunde – stand dort ein anderer Leon, frech und gemein; dieser Junge provozierte seine Mitmenschen und beleidigte sie rücksichtslos. Nachdem er sich ausgetobt hatte, kroch mein Kind schutzsuchend in meine Arme und weinte bitterlich, er konnte sich selbst nicht begreifen und erschrak über sein eigenes Verhalten. Abends, bevor er zu Bett ging, weinte mein armes Mäuschen und berichtete mir, dass er eine riesige Angst vor der Schule empfand.

Ich erklärte ihm: „Es gibt keinen Grund, vor der Schule Angst zu haben, dort bist du in Sicherheit!" Und er bemerkte, dass es keine Möglichkeit für ihn gab, zu Hause zu bleiben. Plötzlich fing der Kleine an, wie ein zweijähriger kleiner Junge zu schreien und zu heulen. Leons Verhalten kippte sehr oft auf das Niveau eines Kleinkindes. Ein paar Mal passierte es, dass mein Sohn von seinen Mitschülern und einmal auch von einem älteren Jungen Schläge angedroht bekam. Seine Kontaktaufnahme wandelte sich zu einer Mischung aus Kleinkindverhalten (früher boxte oder schubste er die angesprochene Person, um Aufmerksamkeit zu erhalten) und neuerlernter Ekelwortpalette. Er beschimpfte aus heiterem Himmel seine Mitschüler. Zu dieser Zeit fand er den Ausdruck „Hurensohn" besonders chic. Mit diesem Wort bombardierte er einen seiner Mitschüler. Dieser Junge drohte ihm an: „Morgen früh schlage ich dich kaputt!". Leon weinte entsetzlich und schilderte mir seine „Riesenangst!". Ich musste ihm versprechen, in der Schule anzurufen, um ihn vor den Schlägen zu retten. Die Sekretärin der Jean-Paul-Schule und auch die Lehrer in dieser Schule nehmen die Probleme und Ängste ihrer Schüler sehr ernst. So führte die Klassenlehrerin ein ernstes Gespräch mit beiden Kindern und schlichtete den Streit der Kampfhähne.

Ein anderes Mal bewunderte Leon ein Mädchen aus der siebten Klasse. Er stellte sich vor die junge Dame und betrachtete sie ausgiebig. Plötzlich überhäufte der Knirps das Objekt seiner Bewunderung mit Schimpftiraden wie „Schlampe" und anderen Komplimenten dieser Art. Ein Freund dieses Mädchens rettete die Schöne, indem er Leon hart anrempelte, sodass „der kleine Spinner" auf das Pflaster im Schulhof knallte.

Der Beschützer drohte ebenfalls: „Wenn ich dich noch einmal in der Nähe von Lena erwische, schlage ich dich tot!"

Mein Kind erzählte mir diese Geschichte tatsächlich vollkommen zusammenhängend, mit sehr guter Wortwahl. Nun litt mein Sohn echt unter panischer Angst vor den Schlägen. Diese Geschichte gab mir die Gelegenheit, einen neuen Versuch zu unternehmen, mit Leon dessen Umgangssprache gegenüber den Mitmenschen zu erörtern. Der Junge erkannte trotz dieser eben erlebten, schlechten Erfahrung keinerlei Fehlverhalten:

„Die anderen Kinder gebrauchen ebenfalls solche Worte. Warum soll das ausgerechnet immer bei mir falsch sein, wenn doch alle so reden? Nö, das sehe ich echt nicht ein!"

„Es kann doch nicht möglich sein, dass ihr in der Schule auf diese Weise miteinander redet? Wenn das tatsächlich der Fall wäre, würde dir niemand deswegen Schläge androhen." Dass „normale" Kids den instinktiven Durchblick besitzen, wann und bei wem sie welche Worte einsetzen dürfen, traute ich mich nicht, ihm zu erklären. Leons Erklärung war der Versuch, mich davon zu überzeugen, dass ein Schulbesuch für ihn absolut nicht in Frage kam:

„Es ist aber so, die reden alle so und mich wollen sie dann totschlagen, nur weil ich sage, was alle sagen! Das ist eine ganz gemeine Ungerechtigkeit! Mama, ich will auf eine andere Schule, auf die Schule mit den Kindern, die nicht richtig laufen und sprechen können, dort haben sie ein Schwimmbad und tolle Instrumente, das wäre wirklich genau das Richtige für mich!"

„Leon, du meinst die Körperbehinderten-Schule. Diese Lehranstalt finde ich ebenfalls sehr schön, leider gibt es keine Möglichkeit, dich dort unterzubringen, da du nicht behindert bist!" Während der folgenden Stellungnahme des kleinen Mannes musste ich mir das Lachen verkneifen, denn für meinen Sohn handelte es sich um ein sehr ernst zu nehmendes Problem:

„Ich bin doch behindert, hast du ganz vergessen, dass ich

behindert bin?" Meine Frage klang sehr überrascht, da ich Leon seine seelische Behinderung nicht wirklich zu erläutern vermochte. Er wusste durchaus, dass er unter Asperger-Autismus und dem ADHS-Syndrom leidet, aber ich denke, die Zusammenhänge sind für ihn nicht zu begreifen. Für den kleinen Jungen war momentan das Allerwichtigste, eine Erklärung für seine seltsamen Reaktionen zu erhalten!

In der Grundschule hatte man ihn wegen seines seltsamen Verhaltens oft als Nichtskönner und Störenfried bloßgestellt. Man warf ihm oft Böswilligkeit vor! Seine Unfähigkeit, soziale Strukturen zu erkennen und das Imitieren von negativem Verhalten veranlassten die Pädagogen, das Kind rigoros in eine Außenseiterrolle zu drängen, wo es als Sündenbock für alles herhalten musste. Der Vorwurf von Gewalttätigkeit und Diebstahl stand im Raum! Am Allerschlimmsten traf den kleinen Jungen die Ablehnung (Leons Worte: „Warum hat mich niemand mehr lieb, warum muss ich nur so böse sein?") und am Ende die Abschiebung durch die Menschen, die mein kleiner Mann trotz allem Leid liebte. Leon litt sehr unter den Anschuldigungen und weinte viel darüber, dass man ihn als „böse" bezeichnete. Er wollte „lieb" sein und fragte mich sehr oft, warum es ihm einfach nicht gelang, lieb zu werden. Dass sein Syndrom als Behinderung eingestuft wurde, lehnte er rigoros ab und ich beließ es dabei. Deshalb wunderte mich seine Behauptung sehr:

„Mama, du weißt doch, dass ich operiert wurde, die Haut ist weg, also bin ich behindert!"

„Mein lieber Schatz, dies ist keine Behinderung und deinen jetzigen Schulplatz zu ergattern, war wirklich sehr schwierig!" Leon:

„Ich will nicht in diese Schule, eigentlich will ich wieder in meine alte Schule, ich will nirgendwo anders hin!" Ich setzte zu einer erneuten Erklärung an, aber mein Sohn begriff seine neue Lebenssituation überhaupt nicht. Er vermisste alle seine Mitschüler und auch die Lehrer in der hiesigen Grundschule!

Er jammerte und jammerte nach seinem alten Leben. Abschied nehmen, gravierende Einschnitte in Leons Leben stießen ihn in ein dunkles Realitätsloch, dem er durch einen Rückzug in seine eigene Welt zu entkommen versuchte!

Menschen plappern oftmals unbedachte Beleidigungen daher, welche andere Personen verletzen, auch spontane Handlungsweisen sind dafür geeignet, so manchen vor den Kopf zu stoßen. Für einen seelisch Kranken kann unüberlegtes Verhalten verheerende Folgen haben. Welche Wunden verursachen dann bewusst herbeigeführte Verletzungen!?

Gespräche mit meinem Sohn wurden immer seltener. Er schaffte es nicht, sein jetziges Leben zu ertragen, also verschwand Leon kurzerhand in seine eigene Welt. Fast jeder Versuch, unser Kind zu kontaktieren, endete in verbalen Attacken oder er erzählte urplötzlich von seinem Computerspiel. Am Abend weinte sich der kleine Mann im Bett in meinen Armen oft in den Schlaf:

„Mama, ich will nicht totgeschlagen werden, ich habe Angst!" Mit Ehrenwort und vielen Versprechungen schaffte ich es, ihn zu beruhigen:

„Diese Angelegenheit regele ich mit Frau Prell! Niemand wird dich totschlagen, ich kümmere mich darum!" Also rief ich morgens wieder einmal in der Schule an und besprach die Androhung mit der Sekretärin:

„Leon leidet unter enormer Panik, er befürchtet, erschlagen zu werden und ich muss gestehen, langsam packt mich ebenfalls die Angst um mein Kind!" Die Situation darzustellen kostete mich echt Überwindung („Die halten mich bestimmt für total neben der Kappe!"):

„Leon findet das Mädchen toll, und um ihre Aufmerksamkeit zu erregen, beschimpft er sie." Die Sekretärin versprach, sich um die Angelegenheit zu kümmern. Sie zeigte nicht den kleinsten Zipfel an Zweifel! Im Gegenteil: Niemand in der anthroposophischen Lehranstalt kam je auf die Idee, uns auszulachen! Das Mädchen Lena bot Leon noch am selben Tag ihre

Freundschaft an. Überraschenderweise stellte sie Leons Motivation nie in Frage. Seither treffen die beiden sich in der Pause und gehen miteinander spazieren. Leon genießt diese Treffen mit dem älteren Mädchen und fand dadurch einen Ruhepol im Durcheinander der lauten Lernunterbrechung. Nun brauchte er sich nicht mehr in irgendeiner Ecke zu verkriechen, um dem Lärm zu entfliehen. Lena schrieb Leon ihre Adresse und Telefonnummer auf, damit er sie zu Hause erreichen konnte. Als ihr Freund durfte der kleine Mann sich in ihrem Poesie-Album verewigen. Für Leon eine wundervolle Erfahrung, er war enorm stolz auf diese Freundschaft.

Leider änderte dies aber nichts an der Einstellung meines Sohnes zur Schule. Le Petit erwischte mich an meinem größten Schwachpunkt. Leons Gespür für meine schlimmsten Ängste entwickelten sich bei ihm zum unfehlbaren Instinkt!

Als 9-jähriges kleines Mädchen erlebte ich, welche entsetzlichen Qualen ein Mensch als Opfer von roher Gewalt ertragen muss. Mein Bruder war im Jahre 1968 gerade einmal 20 Jahre alt. Er unternahm am Wochenende mit zwei seiner Kumpels eine Kneipentour. Gerhard war als Fahrer nüchtern geblieben, und zum Abschluss ihres gelungenen Abends besuchten sie die Kirmes in einem Nachbarort. Nach Erzählungen etlicher Anwesender dieses Festes, redete sich ein angetrunkener junger Mann seit geraumer Zeit in Rage und suchte plötzlich ein Opfer, um mal wieder jemanden plattzumachen: „Jetzt schnappe ich mir den Nächstbesten!" Meinen Bruder ereilte das ganz große Pech, er geriet zufällig ins Visier des irren Schlägers! Dass dieser Typ wirklich total abdrehte, erkannte meine Familie nebst den beiden kleinen Töchtern in der Universitätsklinik Marburg auf den ersten Blick. Ich werde niemals den Anblick des jungen Mannes vergessen, der mit seinem zerschlagenen Gesicht, den vielen Verbänden, wie ein Häufchen Elend unter großen Schmerzen in seinem Krankenhausbett lag. Ein vollkommen veränderter Gerhard schaute uns aus geschwollenen Augen traurig an.

Die Verzweiflung meiner Eltern verursachte bei uns Kindern körperliche Pein. Wie schon erwähnt, litt mein Bruder unter der Bluterkrankheit, so war es ein wahres Wunder, dass diese Gewaltattacke ihn nicht das Leben kostete. Wir waren superoberglücklich, als der verloren geglaubte Sohn in den Schoß der Familie zurückkehrte. Ich erinnere mich noch genau daran, wie wunderbar es sich anfühlte, als er mich in seine Arme schloss. Meine Schwester und ich wären vor lauter Freude fast geplatzt.

Irgendwann, nicht lange nach seiner Entlassung aus dem Krankenhaus, starb mein Bruder. Die Kripo vermutete beim Anblick des toten Körpers und dem Zustand seines Schlafzimmers, dass unser geliebter großer Junge totgeschlagen wurde. Die Obduktion ergab letztendlich eine geplatzte Hauptschlagader von der Lunge zum Herzen. Während Gerhard verblutete, kämpfte er verzweifelt gegen den Tod.

Als Kind verstand ich die Zusammenhänge nicht und dachte, der böse Mann würde wiederkommen und den Nächsten aus meiner Familie erschlagen! Seitdem ich selbst Kinder habe, erahne ich, welche entsetzlichen Qualen meine Mutter auch heute noch traktieren. Seither verfolgen mich die schlimmsten Alpträume, und die große, furchtbare Angst um meinen eigenen Nachwuchs bleibt wohl stets ein Bestandteil meines Lebens.

Durch die Behauptungen der Grundschullehrer, mein Sohn sei gewalttätig, geriet ich echt ins Schleudern. Von nun an beschäftigte mich die Frage:

„Was ist für Eltern schwerer zu ertragen: Ein Kind, welches zum Opfer wird oder wenn der eigene Sohn zum Gewalttäter mutiert?" Wenn Leute, aus Unwissenheit oder Dummheit, haltlose Mutmaßungen daher plappern, denken sie meist nicht nach, welches Unheil sie damit bei dem Betroffenen auslösen können!

Leon weinte jetzt oft über die Gemeinheiten und Schläge eines anderen Mitschülers. Dieser Junge nannte ihn angeblich

„Schwuchtel" und alle lachten. Obwohl der kleine Mann diesen Ausdruck liebend gerne selbst benutzte, beschwerte er sich tüchtig:

„Ich gehe nicht mehr in die Schule, die verprügeln mich alle! Außerdem beschimpft mich Tom, ich habe schreckliche Angst vor ihm!" Leons Klassenlehrerin und ich vereinbarten, dass ihr Schüler in Zukunft seine Sorgen und Ängste die Schule betreffend mit ihr besprechen sollte. Mein Sohn meinte hierzu:

„Ich kann da nicht hingehen, ich bin doch keine Petze!" Immer öfter berichtete mir mein Nachzügler, dass man ihn malträtierte. Tatsächlich kam mein Sohn das eine oder andere Mal ganz schön verbeult nach Hause. Einmal trudelte er mit verstauchtem Arm daheim ein; ich fuhr mit ihm ins nahe gelegene Krankenhaus zum Röntgen, Gott sei Dank war nichts gebrochen. Ein blaues Auge, aufgekratzter Arm und kleinere Blessuren zeugten von schulischen Auseinandersetzungen! Ich spielte die kleinen Verletzungen herunter, denn Leon teilte verbal mächtig aus:

„Du musst dich wirklich nicht wundern, wenn die Kids bei deiner Ausdrucksweise richtig wütend werden!" Meine Gedanken kreisten in eine andere Richtung, denn für Gewalttätigkeiten gibt es keine Entschuldigung. Wir unterhielten uns früher manchmal über prügelnde Kinder und ich erklärte meinem Sohn, dass ausschließlich dumme Leute zuhauen. Kluge Menschen verfügen über Verstand und reden lieber miteinander! Alle Überlegungen konnte ich in die Tonne kloppen, da mein Kind nur noch den Wunsch verspürte, unser Haus nicht mehr zu verlassen:

„Ich will nicht zur Schule, ich will keine Hausaufgaben machen, ich will nicht mehr vor die Tür gehen!" Mein armes Mäuschen versteckte sich häufig hinter dem Sofa im Wohnzimmer! Er schrie zwar nicht mehr und lief auch nicht mehr weg, wenn der kleine Bus vom ASB vor der Haustür wartete. Er stieg ohne Schwierigkeiten ein. Jeden Morgen rezitierte der kleine Mann den gleichen Spruch:

„Dieser ASB ist doof, ein Huren-Bus!" Ich verkniff mir einen Tadel und drückte ihm einen Abschiedskuss auf die Wange. Wenn der Bus losfuhr, musste ich winken und abwarten, bis Monsieur außer Sichtweite war. Hieraus war ein unumstößliches Ritual, welches bei strikter Beibehaltung Leon die morgendliche Busfahrt erleichterte! Reit- und Keyboard-Unterricht regenerierten sich zur Normalität, die beiden wichtigsten Freizeitangebote brachten wieder Freude!

Früher gab es nie Schwierigkeiten, seine Freizeitleiterinnen schenkten Leon die Bestätigung und Anerkennung, die er dringend benötigte. Die Reit- und Keyboard-Lehrerinnen mochten meinen Jüngsten gut leiden, sie vermittelten ihm das Gefühl von Wichtigkeit, wofür der Junge sich mit Motivation und Engagement bedankte! Es verhielt sich tatsächlich so wie unser Gemeindepfarrer in der Vergangenheit zum Ausdruck brachte:

„Leon weiß genau, wer es gut mit ihm meint. Bei diesen Personen klappt es mit dem Jungen gut!" Wie ich die Begeisterung des kleinen Mannes für die kirchlichen Aktivitäten neu entzünden konnte, blieb mir bisher verborgen. Leon weigerte sich vehement, einen Fuß in seinen Heimatort zu setzen! Er schrie und tobte wie verrückt, anschließend verkroch sich der Knabe hinter dem Sofa und krallte seine Finger in Joshys Fell. Die Hündin legte sich vor ihren Liebling und fixierte mich mit vorgeschobenen Barthaaren. Ein unverkennbares Signal des Kuvasz, dass sie unter großer Anspannung stand, bereit, Leon mit allen Mitteln zu verteidigen. Mir gegenüber wagte sie es nicht aufzumucken! Bei jedem anderen bedeutete dieses kaum erkennbare Warnzeichen:

„Wag es ja nicht, dich meinem Liebling zu nähern, an mir kommt keiner vorbei!" Joshy war momentan sehr angespannt und hielt sich ständig in Leons Nähe auf. Sie spürte die Verzweiflung und Angst ihres Schützlings. Unsere Hündin ist ein Herdenschutzhund, ihre Aufmerksamkeit richtet sich besonders auf die Schwächsten der Familie. Dieser Urinstinkt ist bei dieser Hunderasse sehr stark ausgeprägt.

Als Anne vor ein paar Jahren plötzlichen Besuch von ihrem Vater bekam, setzte Joshy sich vor das Kind und bellte diesen Mann böse an. Unsere Hündin war furchtbar aufgeregt, sie spürte die Antipathie gegenüber diesem Menschen.

Hunde sind in der Lage, die Gefühle der Mitglieder ihres Rudels zu erspüren, und dementsprechend reagieren sie. Leon suchte Schutz bei seinem Hund, leider vergeblich:

„Ich nehme Joshy einfach mit in die Schule, dann traut sich keiner mehr, mich zu schlagen!" Eine tolle Idee:

„Ja, wenn du das könntest, dürfte niemand mehr in deine Nähe kommen und die Lehrer trauten sich nicht, dich anzusprechen! Nur bekäme die arme Hündin den totalen Ärger und man schleppte Joshy ins Tierheim!" Mein Sohn sah nicht ein, dass seine Idee nicht zu verwirklichen war:

„Wenn die Bullen da auftauchen, erschlage ich die H...!"

„Damit machst du nur noch alles viel schlimmer. Jedes Kind muss zur Schule! Papa geht ja auch regelmäßig an die Arbeit und Anne ebenfalls! Es hat jeder seine Aufgabe, die zu erledigen ist!"

„Dann gehe ich für Papa oder Anne an die Arbeit und die müssen für mich in die Schule!"

„Willst du wirklich die schweren Tore und Zäune rumschleppen oder dich mit kleinen Kindern rumärgern?" Eine Diskussion mit Petit Monsieur zu führen war echt sinnlos. Erstens bekam ich niemals recht, da mein Sohn sowieso alles besser wusste, und zweitens glaubte Leon fest an seine vollkommen unrealistische Logik:

„Weißt du was, Mama, Annes Aufgaben an der Arbeit schaffe ich bestimmt, ich bin zwar gegen Rotzgören (Kinder) allergisch, aber Karten einlesen und die Leute ins Wartezimmer jagen, ist gar kein Problem. Bei Papa arbeiten schaffe ich sowieso! Du weißt doch, dass ich schon auf den Baustellen mitgeholfen habe! Ich bleibe aber trotzdem zu Hause und spiele Computer, das ist wie arbeiten und dann brauche ich

Joshy nicht mit zur Schule zu schleifen. So machen wir's und ich will keine Widerrede hören! Basta!" Leon ging in sein Zimmer zum Keyboard-Spielen und rief im Weggehen:

„Glaub mir, meine Liebe, das ist die beste Lösung für alle!" Am letzten Samstag im Monat November fand ein Kindergottesdienst in unserem Ort statt. Diese Veranstaltung ereignete sich nur einmal im Monat, wenn ich es jetzt nicht schaffte, Leon dorthin zu bewegen, verpasste er den Anschluss zur Teilnahme des diesjährigen Krippenspiels. Für Leon handelte es sich bei der Aufführung um eine seiner wichtigsten Herausforderungen, die er bisher stets mit Erfolg absolvierte! Ich überlegte eine Zeitlang, ob sich der Aufwand, „den kleinen Mann zu seinem Glück zu zwingen", wirklich noch lohnte, da mein Schatz vielleicht im nächstes Jahr bereits zu alt für die kirchlichen Angebote war. Die von der evangelischen Gemeinde initiierten Freizeit-Betreuungen sind nur für kleinere Kinder, höchstens 10 bis 11 Jahre. Danach könnte man evtl. vielleicht als Oma oder Opa anfragen, ob regelmäßige Veranstaltungen stattfinden!

Außerdem verbreitete sich mal wieder Dorftratscherei, meine Person betreffend. Wen die Leute im Ort einmal wegen eines Fehlers aufs Korn genommen hatten, der war gezwungen, sich an diese Art von gemeiner Nachrede zu gewöhnen.

Seit 30 Jahren steht das Gerücht: „Die nimmt Drogen!" als unterschwelliges Gerede vor meiner Haustür. Keiner von uns nahm diese Lügen ernst. Selbst die Freunde meiner Kinder schüttelten nur mit dem Kopf, denn wenn die Kids Lust auf Alkohol verspürten, verdrückten sie sich in die Kellerbar der Kumpel-Eltern. Meine Bitte, in unserem Haus auf Genussmittel zu verzichten, wurde von den Jugendlichen stets respektiert. Schwachsinnige Gerüchte waren in unserem Dorf an der Tagesordnung! Normalerweise reagierte ich grundsätzlich nicht auf diese Art Anschuldigungen, nur betroffene Hunde bellen! Meine Mädels besitzen genügend Selbstvertrauen, sie lachten darüber: „Idioten nimmt eh keiner ernst!" Bei unserem

Jüngsten wusste ich beim besten Willen nicht, ob weitere Böswilligkeiten bei ihm noch mehr Seelenleid verursachten. Kapitulieren war noch nie mein Ding, also wählte ich die Konfrontation, wobei ich fest mit der Hinterhältigkeit der Geschichtenerzähler rechnete. Solche Leute agieren stets im Dunkeln, sie scheuen wie Vampire das Licht! Leon musste unter Leute! Sich angstfrei in seinem Heimatort zu bewegen, stand als Zielsetzung auf Platz 1!

Also packte ich mein Kind am Kragen und zerrte es den ganzen Weg bis zum kirchlichen Gemeindehaus hinter mir her. Normalerweise schafft man die Strecke in 5 Minuten. Wir benötigten bestimmt eine halbe Stunde! Am Jackenkragen krallte ich mich so fest, dass der Sturkopf nicht entwischen konnte. Ein sehr schweißtreibender Weg, den wir zurücklegten! Geschafft, wir erreichten das Ziel! Leon zitterte vor Angst und ich zitterte vor Anstrengung. Der kleine Mann riss sich im Vorgarten des Pfarrhauses doch noch los und hüpfte umher wie ein Vollgummiball. Ich fühlte mich total ausgelaugt, rang nach Luft und die Hand schmerzte. Mein Junge wollte unter keinen Umständen ins Haus:

„Du kriegst mich nicht, ich bin schneller als du!" Ich schaffte es nicht mehr, den Hüpfball einzufangen. Leons Länge maß 1,50 Meter; obwohl er als Leichtgewicht galt, zeigte die Strecke mit der zappelnden Last am Haken unmissverständlich meine Grenzen auf. Der Pfarrer entdeckte uns durchs Fenster und kam heraus:

„Leon, komm mit mir ins Haus, wir warten auf dich und wollen gleich anfangen, es sind schon alle Kinder da!" Leon reagierte nicht und Herr Schleich verkrümelte sich zu den Wartenden:

„Leon, los jetzt, lass uns reingehen! Wir haben es bis hierher geschafft. Der Rest ist kinderleicht. Ich bin doch bei dir und gemeinsam schaffen wir das letzte Stück auch noch!" Mein Sohn sprang immer noch, wie von einer Tarantel gestochen, hin und her und stotterte:

„Nein, ich gehe da nicht rein, Mama, ich kann nicht!" Der Geistliche schaute noch zweimal nach dem Jungen! Beim dritten Mal schaffte es der gute Mann endlich, den Hüpfball zu überreden, ihm die Hand zur Begrüßung zu reichen! Herr Schleich nahm mein Kind in den Arm und sprach:

„Ich bin so froh, dass du wieder da bist! Wir haben dich alle sehr vermisst!" Damit war das Eis geschmolzen, Leons Weigerung zerbrach, ich hörte das Knacken, und der Frosch in meinem Hals schnürte mir die Kehle zu, ich schluckte und schluckte, bis er verschwand.

Seither brannte Leons Leidenschaft für die Kirchengemeinde lichterloh! Das Krippenspiel empfand mein Kind als das Wichtigste überhaupt. Sämtliche anderen Termine wurden wie jedes Jahr vor Weihnachten verschoben, damit le Petit an allen Proben teilnehmen konnte. Seinem Wunsch, ihn zu begleiten, entsprach ich sehr gerne, Hauptsache, der erste Schritt, im Dorf wieder Fuß zu fassen, war getan! Ich meldete Leon auch im ASB (Arbeiter-Samariter-Bund) in unserem Dorf zur Jugendgruppe an. Die Jugendbetreuer von Feuerwehr und ASB befürworteten mein Anliegen, den Jungen mithilfe verschiedener Vereine im Ort zu integrieren. Die Feuerwehrgruppe fand zeitgleich mit Leons Keyboard-Unterricht statt.

„Ich komme heute nicht und ich werde auch kein anderes Mal zu eurem Jugendtreffen kommen. Bitte melden Sie mich ab!" So entschied le Petit, als er mit dem Betreuer des ASB-Nachwuchses telefonierte. Diesmal gab ich nach und ersparte mir, den zappelnden Fisch am Angelhaken nochmals durchs Dorf zu schleifen. Mein Kleiner hatte sich in früherer Zeit sehr für Krankenwagen und Erste Hilfe interessiert, leider verschüttete die veränderte Lebenssituation auch diese Neugier. Obwohl ich dem Jungen zusagte, ihn zu begleiten, versteckte sich der Arme bei jeder Aufforderung zum Spaziergang oder zu anderen vorgeschlagenen Aktivitäten hinter dem Sofa und weinte!

Ohne fachmännische Hilfe waren uns die Hände gebun-

den! Mein Wissen beschränkte sich auf normale Erziehungsmethoden. Einen autistischen Jungen mit dem ADHS-Syndrom zu motivieren, sich seiner Panik zu stellen, bedeutete für
einen Laien: Vom Hochhaus zu springen, ohne unten aufzuschlagen! Die Suche nach der Stecknadel im Heuhaufen begann von Neuem; ich begann, verschiedene ambulante Pflege-
dienste zu kontaktieren. Meine Erkundigungen bezogen sich
auf die Betreuung für behinderte Kinder und Senioren. Bei der
dritten Station erzielte ich einen Treffer, diese boten Behindertenhilfe an. Die Chefin dieser Institution vereinbarte einen
Termin für ein zu Hause stattfindendes Meeting. Die Sache
hatte einen fetten Haken, denn die Dame vom Pflegedienst
hatte ebenso wenig wie ich einen Vorschlag zum Problem der
Kostenübernahme. Wir unterhielten uns ebenfalls über meine
Mutter. Wenigstens die Pflegestufe I müsste man uns hier zu-
billigen. Diesen Antrag lehnte der medizinische Dienst bereits
ab mit der Begründung, dass Omi noch zu fit wirke. Im Fall
Seniorin wurde ein freiwilliger Verzicht beschlossen!

„Wenn Sie eine Möglichkeit für die Kostendeckung der Behindertenbetreuung aufgetan haben, melden Sie sich wieder
bei mir. Es tut mir so leid, dass ich Ihnen hier auch nicht weiterhelfen kann!" Nun begann ich, bei Behindertenorganisatio-
nen nachzuforschen! Als Erstes kontaktierte ich das Autistische Zentrum. Die zuständige Dame, mit der ich zuletzt telefonierte, erzählte etwas von Elterngesprächen, wenn der Landkreis seine Zustimmung zur Therapie erteilte. Diese Hürde
war übersprungen! Der Oberarzt der KJP versprach vor einiger Zeit, sich für eine Vordatierung meines Sohnes mit Datum
des Erstkontaktes auf der Warteliste einzusetzen. Die Autis-
mus-spezialisierte Therapeutin wirkte durch meine Erkundigungen am Telefon mächtig genervt, oder etwa empört?

„Bitte, ich benötige dringend Unterstützung, diese Warterei
macht uns echt fertig!" Mein Hilferuf beeindruckte die Frau
überhaupt nicht:

„Schnelle Hilfe ist nicht zu erwarten, die Warteliste ist sehr lang und Sie müssen sich genauso lange gedulden wie alle anderen Patienten!" Ich blieb trotz ihres offensiven Angriffs sehr ruhig und geduldig. Mein erster Gedanke: „Die Frau hat heute ganz schön Ärger gehabt oder ist mit dem linken Fuß zuerst aufgestanden." Solche Dinge dachte ich in letzter Zeit häufiger, um als Bittsteller eine Eselsgeduld aufzubringen! Einer meiner früheren Arbeitskollegen gab mir vor der mündlichen Abschlussprüfung den Rat:

„Stell dir die Prüfer einfach in Unterhosen vor. Dadurch wirken diese Leute nicht mehr so mächtig, denn sie müssen genauso aufs Klo gehen wie du!" Man sollte es kaum für möglich halten, aber es wirkte. Ich besitze ein ausgeprägtes Vorstellungsvermögen und musste mir tatsächlich in manchen Situationen das Lachen verkneifen. Mitleid mit seinem Gegenüber zu empfinden ist genauso effektiv: „Die Arme, sie tut mir echt leid. Was solche Menschen in ihren Berufen mitmachen!"

Solche oder ähnliche Gedanken beruhigten mein Gemüt und ich sprach dementsprechend voller Verständnis mit dieser Dame:

„Ich weiß, Leon steht laut einer Ihrer Kolleginnen auf Platz 14 Ihrer Warteliste. Natürlich sind Sie sehr beschäftigt, aber vielleicht könnte man ja wenigstens ein paar Elterngespräche einschieben? Mein Mann und ich benötigen dringend ein paar Tipps, um einen besseren Umgang mit unserem Sohn zu praktizieren." Die Frau ging hoch wie eine Rakete und schrie mich förmlich an:

„Wie kommen Sie denn darauf, welchen Rang Ihr Sohn auf der Liste einnimmt? So etwas kann niemand behaupten, das ist überhaupt nicht wahr. Elterngespräche sind ein Teil der Therapie! Vorher bieten wir diesbezüglich nichts an!" Madame vom Autismus-Institut beendete das Gespräch, indem sie einfach den Telefonhörer auf die Gabel knallte! Ich war echt baff: „Was ist denn in diese Zicke gefahren?" Ich hörte mich Selbstgespräche führen: „Was war denn das jetzt? Benehmen 1a?!" Ich hatte mich wirklich die ganze Zeit vollkommen freundlich verhalten, eine ganz höfliche Anfrage nach Hilfsangeboten!? Irgendwie zog ich übellaunige Arroganz magisch an. In der Schule, beim Schulamt usw. verhielt es sich ähnlich. Vielleicht liegt der Fehler ja doch in meinem Verhalten, eine Nuance im Unterton oder so, keine Ahnung!? Jetzt war guter Rat teuer.

Ein nettes Mädchen von einem Behindertenverein in Frankfurt versprach mir am Telefon, dass die Leiterin dieser Organisation mich zurückrufen würde. Es erfolgte keine Rückmeldung und diesmal wagte ich es nicht, dort noch einmal vorstellig zu werden. Wieder so eine Abfuhr wie vom Autistischen-Zentrum vertrug ich momentan nicht. Im Internet fand ich dann einen Autismus-Verein aus Hamburg und rief dort an. Ich durfte sogar mit der Leiterin persönlich sprechen und man forderte mich auf, alle Unterlagen der ungeklärten Fragen an den Vereins-Rechtsanwalt zu senden. Dieser würde meinen Rechtsbeistand über rechtliche Vorgehensweisen informieren. Die Vereinsvorsitzende war gerade in einem Gespräch, als man mich mit ihr verband. Sie fragte mich trotz Zeitmangels, mein drängendstes Anliegen auf die Schnelle zu äußern:

„Bitte, ich benötige dringend Beratung und den Therapie-Platz im Autismus-Zentrum. Zurzeit sind wir echt mit unserem Latein am Ende!" Frau Koller, so ihr Name, erklärte sich bereit, einen Anruf für mich zu tätigen! In der Zwischenzeit bemühte ich mich um meinen Sohn und versuchte, einige Sozialisierungsversuche aus Büchern umzusetzen. Hierbei handelte es sich um ein Buch zur Förderung von ADHS-Kindern. Medizinischen Aussagen zufolge sind manche Auffälligkeiten von ADHS- und Asperger-Syndrom miteinander verwechselbar, z.B. Provokationsverhalten, Wutausbrüche und Missverständnisse in der Auffassungsgabe sowie Verweigerungsverhalten und mangelnde Ausdauer im Lernverhalten. Probleme mit Gleichaltrigen sind bei ADHS-Kindern ebenfalls im verstärkten Maße zu finden. ADHS bedeutet Aufmerksamkeitsdefizit-/Hyperaktivitäts-Störung. Eine andere Variante dieses

Syndroms ist das ADS, ohne Hyperaktivität! Leons Aufmerksamkeitsstörung ist besonders stark ausgeprägt, seine Konzentrationsspanne liegt gerade mal bei ca. 10 Minuten, durch die Einnahme von Ritalin erreichten wir eine erhebliche Ausdauersteigerung. Die Hyperaktivität und unüberlegte Spontanität befinden sich ebenfalls im Krankheitsbild meines Sohnes. Er handelt kurzentschlossen, ohne nachzudenken. Aufgestellte Regeln bei solchen Kindern durchzusetzen beschert einer Mutter nervenaufreibende Anspannungen, ähnlich wie Hochseilakrobatik ohne Netz. Mit ganz viel Lob und nochmals Lob übten wir, Strukturen zu verinnerlichen. Erst nachdem eine Regel vollkommen sicher im Tagesablauf klappte, nahmen wir uns die zweite vor. Laut Buch dürfen Kritik, Tadel, sowie Ungeduld niemals verwendet werden. Das Kind würde sich enttäuscht zurückziehen oder eine Verweigerungshaltung einnehmen. Sollten trotzdem jemandem die Pferde durchgehen, muss postwendend ein Ausgleich mit ganz viel Aufmunterung und Lob erfolgen:

„Das lief jetzt nicht so gut, aber du warst wahnsinnig nett mit der Oma, ganz toll, ich bin mächtig stolz auf dich! Auch deine Geduld mit dem Hund, der Tisch ist super gedeckt, ganz große Klasse …!!!" Loben und loben! Diese Methode eignete sich wunderbar bei einem unvoreingenommenen Kleinkind, bei meiner Enkeltochter funktionierte diese Taktik wunderbar, aber für Leon, der 3 Jahre mit Ablehnung und Vorverurteilungen bombardiert wurde und der seine Beachtung ausschließlich durch Fehlverhalten erlangte, reagierte mit Provokation auf Bitten. Die krasse Veränderung in seinem Leben brachte ihn total aus der Fassung! Mein Sohn hatte es momentan sehr schwer, auch nur eine Regel zu erfassen und umzusetzen. Kritik verursachte bei ihm starke Erregungszustände. Er reagierte manchmal sehr ungehalten, schmiss die Türen oder warf etwas vor Wut aus dem Fenster. Er trat oder boxte gegen irgendwelche Gegenstände und schimpfte schreiend in Fäkalsprache. Oft benutzte er sexuelle Begriffe aus dem untersten Sprachjargon. Etliche dieser hässlichen Worte eignete sich der kleine Mann bereits im Grundschulalter an. Durch die Anwendung der als wirksam erachteten Ausdrücke erhielt Leon seine Beachtung, die er häufig beanspruchte. Das Veranstalten von naseweisem Affentheater stellte sich seit jeher als einfachster und effektivster Weg dar, bei Erwachsenen Aufmerksamkeit zu erlangen. Den Klassenkasper fand ich als Kind schon echt cool und kein Pauker übersah ihn! (Welche kleinen Wesen sich wohl hinter Narrenmasken verbergen?) Da in dieser Schule wenig Lob für Leon zu ernten war, setzte mein Kind sich besagte Maske auf und kein Pädagoge schaffte es, ihn zu übersehen! Nachzuvollziehen, wie oder was nun eigentlich mit meinem Kind im Laufe der Schulzeit geschah, warum er anfing, langsam aber sicher abzubauen, entzieht sich meiner Kenntnis!

Frau Noll vom Jugendamt mahnte stets an, dass der Junge dringend von diesen voreingenommenen Menschen getrennt werden muss. Ihre Worte:

„Wenn die Pädagogen ihre Haltung gegenüber dem Jungen nicht revidieren, wird Leon irgendwann zerbrechen!" Wir versuchten im 2. Schuljahr für mein Kind eine andere Grundschule zu finden, aber der Zug war endgültig abgefahren. Eine Förderschule kam für mich zu diesem Zeitpunkt nicht in Frage:

„Solange uns keine genaue Diagnosebestätigung vom Fachmann vorliegt, unter welcher Erkrankung mein Sohn nun wirklich leidet, ist eine hilfreiche Umschulung gar nicht möglich!" Drei Jahre auf Diagnosesuche, drei Jahre Schulqual für den kleinen Mann, alles von hohen Ämtern abgesegnet, wie kann so etwas mit einem Kind geschehen? Ich habe ja nicht nur zugesehen, sondern immer wieder auf die Problematik aufmerksam gemacht. Niemand von all den Beteiligten kann jetzt mit der Ausrede aufwarten: „Ich habe das nicht gewusst (bewusst in Kauf genommen!)!" Leon hatte sich zu einem Kleinkind zurückentwickelt und seine Sehnsucht, in den sicheren Hafen des Kindergartens zurück zu schiffen, war wirklich verständlich:

„Ich will wieder in meine zweite Heimat. In der Schule hat mich sowieso keiner lieb und alle sind nur gemein zu mir!" Irgendwie steckten wir in einem Teufelskreis fest. Die Ausweglosigkeit hielt uns fest in ihren Klauen! Leon fühlte sich abgelehnt, enttäuscht und seine Welt erschien ihm wie ein Trümmerhaufen! Es wäre für ihn so unendlich wichtig gewesen, sich noch eine Weile wenigstens an einem kleinen Stückchen Vergangenheits-Zipfel festzuhalten!

Ich blieb immer wieder an dem Punkt Grundschule hängen. Obwohl Leon sich anfänglich wirklich bemühte, den Anforderungen gerecht zu werden und im ersten Halbjahr super mitarbeitete:

„Ich muss aufpassen, dass ich den Jungen nicht unterfordere, er lernt sehr schnell!" Ein Ausspruch von Frau Seidel. Ganz plötzlich und unverhofft verwandelte sich mein Sohn in ein Lernhilfekind und man fing an, ihn über Kritik und Tadel zu disziplinieren. Leons Versuche, trotz der schwierigen Lage den Lehrern seine Bemühungen aufzuzeigen, wurden einfach übersehen. Hierdurch entstand ein großer seelischer Konflikt für das Kind, da er durch den Kindergarten und auch zu Hause gelernt hatte, dass er Lob und Anerkennung erhielt, wenn er sich ehrlich bemühte! Positives Verhalten, Interesse und Motivation erreicht man nur, indem man immer und immer wieder das Kind durch gutes Zureden animiert durchzuhalten und seine Bemühungen mit Streicheleinheiten honoriert, um ein konstantes Durchhaltevermögen zu erreichen.

Leider trat das ein, was wir früher immer vermeiden wollten: Leon fing an, in seine eigene Welt abzutauchen, da er die Misserfolge und das Unverständnis nicht mehr ertrug. Alles Erlernte, angefangen vom sozialen Verhalten, sein Interesse für die Schule, seine Unbekümmertheit, seine Kontaktfreudigkeit, sein Selbstvertrauen, welches wir mühselig in Zusammenarbeit mit dem KIGA, der Ergotherapeutin und der pädagogischen Frühförderung einübten, hing nur noch an einem seidenen Faden. Obwohl in Leons Freizeitaktivitäten keine Verweigerungshaltung, oder sonstige soziale Schwierigkeiten auftraten, da man hier weiterhin mit viel Lob und Anerkennung arbeitete und ich zu Hause versuchte, ihn zu stärken und ihm die Last des Schullebens zu erleichtern, war ein seelischer Zusammenbruch nicht aufzuhalten! Frau Noll und ich versuchten gegen Windmühlen anzukämpfen, um den Lehrern einen Einblick in Leons Seelenleben zu vermitteln und sie zum Zuhören zu bewegen. Das Sozialpädiatrische Zentrum wurde mit einbezogen. Dieser Herr schloss in einem Gespräch mit Lehrern und Eltern eine Lernhilfe bei dem Sohnemann vollkommen aus. Dieser Fachmann versprach mir noch einen Schulplatz in der Jean-Paul-Schule zu besorgen und tauchte dann urplötzlich ab. Es gab keine Möglichkeit, diesen Mann wieder zu erreichen. Er ließ sich am Telefon verleugnen und selbst Frau Noll bekam ihn nicht an die Strippe. Auf eine E-Mail vom Jugendamt reagierte er ebenfalls nicht!?

Bei Herrn Dr. Arnold, Kinder- und Jugendpsychologe, hofften die Sozialarbeiterin und ich, die Diagnose einer eventuellen psychischen bzw. seelischen Erkrankung zu erhalten, um den Lehrern Leons Situation nahezubringen. Dieser Arzt machte es sich besonders einfach, er gab mir die Schuld an Leons Verhalten: „Inkompetenz der Mutter, verursacht durch deren psychische Erkrankung!" Das Aufmerksamkeitsdefizit meines Sohnes erwähnte dieser Spezialist nur im Kleingedruckten und erachtete diese Störung als nicht von Bedeutung! Es wurde vonseiten der Pädagogen kein Kontakt zum Kindergarten aufgenommen, um deren Erfahrungen zu erfragen. Leons Disziplin in den Freizeitaktivitäten wurde niemals hinterfragt: „Dort agieren alles Laien, die haben sowieso keine Ahnung!"

Die Überheblichkeit der Schulakteure steigerte sich zunehmend. Allen voran der Kinderfänger des BFZ, die unfehlbare Sonderschullehrerin mit der **EXTRA-AUSBILDUNG!** Keine Chance für Leon, aus diesem Teufelskreis auszubrechen und einen Weg zu finden, den endgültigen Nervenzusammenbruch eines seelisch kranken Kindes zu verhindern. Frau Noll und mir waren die Hände gebunden. Wir versuchten immer wieder einzugreifen und waren bereits in der Mitte der Odyssee nur Schmeißfliegen, die die Herrschaften am liebsten zertreten hätten, um ungestört das Leben des kleinen Jungen zu zerstören.

Es hört sich alles sehr dramatisch an: Ich gebe mein Wort darauf und versichere, es war alles noch viel erschütternder! Das Gefühl, zur Hilflosigkeit degradiert zu sein und zuschauen zu müssen, wie die seelische Gesundheit seines Kindes den Bach heruntergeht, lässt sich in Worten nicht ausdrücken. Mit ansehen zu müssen, wie das eigene Fleisch und Blut sich bemüht, nicht unterzugehen und doch zu einem Häufchen Elend schrumpft, welches sich hinter dem Sofa versteckte oder sich schreiend auf dem Fußboden wälzte, weil es den seelischen Druck und die Diskriminierungen nicht länger ertrug, die unaufhörlich auf ihn einschlugen.

Wie bereits erwähnt, das Kämpfen gegen Windmühlen, ist sehr dramatisch, es ist unerträglich, nicht zu beschreiben. Die Seele meines kleinen Jungen zerbrach in 1000 und mehr Scherben; die zuständigen Schulämter gaben uns nach drei Jahren Hölle einen Scherbenhaufen zurück! Der Kommentar hierzu:

„Was wollen Sie eigentlich noch? Sie erhielten doch einen guten Schulplatz für Ihren Sohn! Verantwortung? Welche Verantwortung haben wir hier zu tragen? Wir hielten uns an die Vorschriften, mehr ist nicht zu erwarten!" Die neuen Lehrer, die neue Schule usw. überrumpelten dieses Kind von heute auf morgen. Fremde Klassenkameraden, der Klinikaufenthalt, der Verlust von Frau Noll, so viele Veränderungen! Trotz der anthroposophischen Schule, in der er sich erwünscht fühlte, würde es ein langer Weg zur Heilung der zugefügten offenen Wunden werden.

Leons totales Desaster spiegelte sich im Reiten wieder, er ließ das Pferd von seinem Reiterkumpel führen und offenbarte so immer wieder seine Unsicherheit. Dieser kleine Junge konnte einmal wie ein Indianer reiten! Der Knoten, um sich selbstsicher an den kirchlichen Aktivitäten zu beteiligen, war noch lange nicht entwirrt. Bei einem Gespräch mit Pfarrer Schleich erzählte mir dieser, wie erschüttert er doch über Leons Veränderung sei. Er empfand die Angst des Jungen vor ihm und den Kindern als sehr tragisch und erschreckend! Mein Kind und ich gingen nun einmal die Woche für eine Stunde zur Krippenspielprobe, Leon benötigte mich unbedingt als Begleitung, um seine Unsicherheit zu kompensieren. Diese Proben weckten Leons Lebensgeister. Das Einfühlungsvermögen des Pfarrers ermöglichte es den Kindern, die schwierigen Aufgaben zu meistern. Selbst die kleinsten Amateure, die das Lesen nicht beherrschten, erhielten eine Chance, sich in einem gemeinsamen Engelsgedicht zu beweisen. Die Größeren beherrschten ihre Rollen wie Profis und keins der Kinder fiel aus dem Rahmen.

Durch die Teilnahme wurde mir bewusst, warum mein Sohn so prima in dieser Gruppe aufgenommen wurde und Leon sich hier so wohl fühlte. In dieser Atmosphäre war Leon ein ganz normaler Junge. Das Kirchenteam behandelte alle kleinen Menschen gleich!

Eine weitere Sorge stellte sich ein, Leon wurde durch die Einnahme des Medikamentes Retalin, welches unter das Betäubungsmittel-Gesetz fällt, immer dünner und blasser. Dr. Bauer, unser Kinderarzt überwachte regelmäßig sein Blutbild und sein Gewicht. Leons Blutbild war ohne Befund, aber er wog für seine Größe von 1,54 Metern gerade mal 28 Kilo. Frau Schömberg von der KJP, die uns noch treu zur Seite stand, suchten wir weiterhin zu regelmäßig Gesprächstherapien auf. Sie sorgte sich sehr um ihren kleinen Schützling. Während einer unserer Termine sprach sie aus, was mich seit geraumer Zeit sehr beunruhigte:

„Leon ist viel zu dünn, wir müssen uns überlegen, ob wir das Medikament absetzen. Wenn der Junge weiterhin zu wenig isst und nicht genügend Nährstoffe zu sich nimmt, wird er automatisch unruhiger, da der Körper Hormone freisetzt, die gegen die Mangelerscheinungen ankämpfen. Dann wird Leon trotz Medikament zappelig und unkonzentriert. Kummer bereitet mir die momentane Instabilität des Kindes! Eine fachgerechte Betreuung nach der Schule wäre wirklich hilfreich!"

Die Psychotherapeutin der Kinder- und Jugendpsychiatrie war genauso ratlos wie alle anderen Beteiligten an diesem Drama, da man fachliche Unterstützung bei Asperger-Autismus nur mit der Lupe findet. Angeblich erhält man eine qualifizierte Therapie und Anleitung ausschließlich im Autismus-Therapie-Zentrum. Die meisten Kinderärzte kennen sich hiermit nicht wirklich aus und eine Erkennung des Syndroms bei Grenzfällen birgt noch viele Unsicherheiten. Außerdem löst ein ADHS-Syndrom ähnliche Fehler im Verhalten aus. Selbst bei Hochbegabung sind Auffälligkeiten dieser Art zu erkennen. Als die Allüren meines Sohnes im schulischen Bereich überhand nahmen, suchte ich den Kontakt zu einer Mutter, deren Kinder unter einem IQ von weit über 150% „litten"!

Die gestresste Frau berichtete mir über Verweigerungs- und Provokationsgebaren ihrer beiden Söhne. Die Grundschullehrer, die in einem anderen Ort agierten, reagierten ähnlich wie in unserem Dorf. Die Kinder erhielten vom Jugendamt Unterstützung und beide Jungen besuchten ein Gymnasium ohne gravierende Probleme. Diese Mutter ließ mir etliche Bücher zum besseren Verständnis hochbegabter Kinder zukommen. In einem Flyer einer Initiative für diese Kinder las ich: „Die schönste aller Behinderungen ist die Hochbegabung!" Es gab etliche Parallelen zwischen den Kindern in den Büchern und Leon. Auch die Erfahrungen der von mir kontaktierten Mütter ähnelten sich. Leider driftete Leon soweit ab, dass seine Hochbegabung stets verworfen wurde. Durch seine Verweigerungshaltung und das Aufmerksamkeitsdefizit war sie beim ihm nicht bestimmbar. Ferner handelte es sich bei Leon nicht um einen typischen Aspie, der bei kleineren Veränderungen abdreht. Eine Umgestaltung der Gegenstände in gewohnter Umgebung bringt ihn nicht aus der Fassung.

Als wir dem kleinen Mann, seinem Wunsch entsprechend, ein neues Bett aufschlugen, war sein Entsetzen allerdings riesengroß und er weinte den ganzen Tag vollkommen verzweifelt über den Verlust seines alten Schlafplatzes.

Den Betreuungsplatz konnte ich vergessen, Leon würde im Sommer kein Grundschulkind mehr sein, also verfiel das Anrecht auf den entsprechenden Hort. Das Schulamt löste dieses Problem, wie in der Vergangenheit, durch die altbewährte Hinhaltetaktik! Ich war verzweifelt! Total ratlos! Wir hatten eine Diagnose und einen sinnreichen Schulplatz! Manche Stimme behauptete: „Sie erreichte eine ganze Menge!" Wirklich? Sind solche „Errungenschaften" nicht eigentlich selbstverständlich!? Leider erahnte aus meiner Familie niemand so recht, welcher zweckmäßige Umgangs-Modus bei meinem Sohn positive Fortschritte erbrachte.

Keine Hilfen für Leon und seine Familie!

Welche Neuerungen hatten sich eigentlich seit der Diagnose ergeben? Der Schulplatz – aber Leons Verweigerungshaltung und der Hass auf die Penne war ungebrochen! Mit etlichen Tricks versuchte Le Petit, sich weiterhin vor dem Besuch dieser Einrichtung zu drücken. Ein beliebtes Druckmittel (oder existierte sie in echt?) lebte in der Furcht vor Gewalt:

„Hilfe, Mama, ich werde dort geschlagen, die Kinder aus meiner Klasse sind viel älter und stärker als ich. Mama, bitte, ich kann nicht zur Schule gehen, die drohen mir und ich habe solche Angst, totgeschlagen zu werden!"

„Leon, dann wende dich doch bitte an Frau Prell, deine Klassenlehrerin, und rede mit ihr über deine Sorgen." Ich wirkte sicher enorm hilflos, wie ich probierte, den Versuchsballon aufsteigen zu lassen, um mein Kind zu beruhigen und zu ermutigen. Die Verzweiflung und die Angst meines Sohnes brach mir nach wie vor das Herz, dessen ungeachtet schob ich ihn jeden Morgen in den Kleinbus des ASB und schluckte den Kloß im Hals hinunter. Es ging mir dabei wirklich sehr schlecht und oftmals fühlte ich mich in Leons Grundschulzeit zurückversetzt. Als mein kleiner Sohnemann bemerkte, dass seine Ängste und sein Weinen bei mir nichts nützten, erzählte er mir enorm wehleidig von Kopfschmerzen, Bein- bzw. Armleiden, oder ebenso von entsetzlichen Bauchkrämpfen. Bejammernswert vergoss der Kleine dicke Tränen und meine gespielte Hartherzigkeit wirkte glücklicherweise echt. Eine unterdrückte Ungewissheit steigerte sich im Laufe des Vormittags in riesige Furcht: Wenn mein Schatz nun wirklich Krankheiten erduldete und ich glaubte ihm nicht!? Es tat körperlich weh, meinen kleinen Jungen dermaßen unter Druck zu setzen! Ich wusste nicht, wie lange dieser Schulfrust noch anhielt. Laut Frau Prell fühlte Leon sich in der neuen Schule sehr wohl und er zeigte dort weder Anzeichen eines Unwohlseins noch irgendwelcher Ängste. Jeden Morgen zauberte ich Unbarmherzigkeit in meine Ausdrucksweise und quälte mich, um meinen Sohn auf den Weg zu bringen. Ich zermarterte mir immer noch das Hirn, wie ich eine Unterstützung für meine Familie und den kleinen Mann einfordern konnte. Wir brauchten dringend jemanden, der mithalf, die Situation um und mit meinem Nachzügler zu entschärfen.

Die Mädchen wollten nicht mehr darüber reden, ihnen wurde das alles zu erdrückend. Drei Jahre nur Leon reichte ihnen und sie zogen sich zurück. Mein Mann verweigerte ebenfalls jegliche Gespräche, er war nach wie vor der Meinung:

„Es ist deine Schuld, dass Leon so störrisch reagiert. Du hast ihn verwöhnt und jetzt hör endlich auf, uns deine Befürchtungen aufzuhalsen! Ich will von all dem nichts mehr wissen!" Ralf schaffte es immer weniger, den Asperger-Autismus unseres Sohnes zu erfassen. Ich schrieb sehr viel und lenkte mich mit Recherchen im Internet ab. Außerdem veröffentlichte ich trotz großer Bedenken meines Mannes ein Buch.

Von nun an provozierte ich keine Auseinandersetzungen mehr mit der Familie. Leons Interessen oblagen ausschließlich meiner Verantwortung. Meine Mutter zeigte ebenfalls wenig Verständnis für meine idealistischen Anstrengungen. Es blieben des Öfteren Arbeiten im Haushalt liegen. Wenn das Mittagessen nicht um 12.00 Uhr auf dem Tisch stand, erwartete mich Ärger. Eine Haushaltshilfe erledigte sich von selbst:

„Ich will keinen fremden Menschen in meiner Wohnung. Du musst bei mir sauber machen!" Ich bemühte mich krampfhaft, alles unter einen Hut zu bekommen, in der Hoffnung, dass meine Familie begriff, dass noch wichtigere Dinge für mich existierten und ich nicht ihr persönliches Dienstmädchen verkörperte!? Ein behindertes Kind benötigt eben sehr viel mehr Aufmerksamkeit als „Normalos". Unser Sohn verursacht Mehraufwand, aber sein Handicap stellt verglichen mit manch anderen Behinderungen einen echten Klacks dar! Wie schwierig die familiäre Situation bei Angehörigen von Schwerstbehinderten sich wohl darstellt?! Das Begreifen, Verstehen und Akzeptieren: „Mein Kind ist behindert, es reagiert nicht „normal!" fällt echt schwer, aber irgendwann sollte es bei jedem Angehörigen einmal im Hirn klicken:

„Mein Kind ist etwas ganz Besonderes, und ich bin stolz auf meinen Nachwuchs!" So sollte es sich in jeder Familie darstellen!

Es war November 2008, einer der schlimmsten Monate für unsere Familie.

Mein Papa war am 26. November 1986 gestorben und mein Bruder am 20. Dezember 1968.

Meine Mutter litt in den Monaten November und Dezember Höllenqualen, denn gerade um Weihnachten holte der Schmerz der Vergangenheit uns immer wieder ein! Mutti durfte ich jetzt nicht ansprechen. Die alte Frau weinte bei jeder Kleinigkeit und redete ständig vom Sterben:

„Wenn ich doch bloß nicht mehr hier wäre, dann würde ich niemandem mehr zur Last fallen. Ich will einfach nicht mehr leben!"

Schon als kleines Kind verabscheute ich Weihnachten! Die Erinnerung an den furchtbaren Tod meines Bruders am 20. Dezember überdeckte das „Fest der Liebe!"

Leon bemerkte diese Stimmung und führte sich auf wie die Axt im Walde. Die Krippenspielproben bestätigten meinem Knaben, dass es doch noch Menschen gab, die ihn mochten, hier fühlte er sich nicht als Versager! Diese Erkenntnis beruhigte des kleinen Mannes Gemüt ungemein! Mir bescherten diese Proben eine wirkungsvolle Ablenkung von häuslicher Beklommenheit und ein Stückchen freudiges Weihnachtsflair! Mit dem Pfarrer unterhielt ich mich über die Jungschar der Kirchengemeinde, an der mein Kind regelmäßig mit sehr viel Freude teilgenommen hatte. Leider war diese Veranstaltung aufgrund mangelnder freiwilliger Helfer gestrichen worden. Die Mädchen, die bisher auf ehrenamtlicher Basis die Jungschar managten, traten von ihrem Amt zurück. Ich überlegte, diese Freizeitbetreuung weiterzuführen. Durch die kirchliche Aktivität bestand eine Möglichkeit, ein Stück Integration für meinen Abkömmling im Ort zu ergattern. Diese Eventualität fasste ich für das kommende Jahr ins Auge.

Herr Schleich begegnete diesem Plan wohlgesonnen. Meine Neugier über Freizeitbetreuungen und die Miteinbeziehung behinderter Kinder in die Kirchenprogramme beider Konfessionen war geweckt. So begann ich, in den Landeskirchen der evangelischen und katholischen Kirchen Fragen zu stellen. Natürlich erwähnte ich die Geschichte unseres Sohnes und hoffte auf Stellungnahmen in Bezug auf das Bildungssystem in Deutschland. Beide christlichen Konfessionen predigen gegen Abtreibung und betonen stets, dass sie für den Schutz des ungeborenen Lebens eintreten! Durch diese Aussage obliegt den Herrschaften eine Menge Verantwortung für jedes geborene Kind!?

Ich verschickte E-Mails, Briefe und führte Telefonate. Von der katholischen Glaubensgemeinschaft bezog ich etliche schriftliche Stellungnahmen und erhielt sehr viel Zuspruch und gute Wünsche. Die Caritas aus anderen Bundesländern meldete sich telefonisch und übersandte mir Broschüren und Informationsmaterial. Von der evangelischen Seite gab es nur eine einzige Antwort aus einem anderen Bundesland. (Hierzu erspare ich mir weitere Kommentare!) Durch die Telefonate ergatterte ich aber doch noch einige Informationen: Freizeitangebote in den einzelnen Gemeinden entscheidet der jeweilige Pastor. Diese Angebote sind von Kirchengemeinde zu Kirchengemeinde unterschiedlich. Der Geistliche einer Gemeinde trägt die alleinige Entscheidungsgewalt über alle Belange seiner ihm anvertrauten Schäfchen! Aus der Waldecker Landeskirche wurde mir berichtet, dass den zuständigen Dekanen langsam ein Licht aufging, wonach Kindern und Jugendlichen viel zu wenig Beachtung geschenkt wurde. In naher Zukunft sollte dies mehr in den Vordergrund der Kirchenarbeit rücken.

Behinderten-Hilfsdienste fallen in den Zuständigkeitsbereich des Diakonischen-Werkes, die Heime und Internate für Betroffene bezuschussen. Eine Dame von diesem Hilfswerk beichtete mir, dass in den Gemeinden eine Integration von Behinderten kaum Berücksichtigung findet! Außerdem erfuhr ich auf diese Weise, dass im ländlichen Bereich kaum Angebote für Jugendliche zu finden seien.Ich ließ es mir nicht nehmen, in unserer Gemeinde bezüglich Freizeitbetreuung von Kindern und Integration von Behindertenbetreuung nachzufragen. Diese Antwort wirkte sehr erfreulich. Eine professionelle Sozialarbeiterin, die man extra für diesen Zweck einstellte, klärte mich über die Aktivitäten auf. Auch mit dem Bürgermeister unserer Gemeinde führte ich ein sehr angenehmes und für mich informatives Gespräch. Ich war freudig überrascht über die wirklich guten Angebote unserer Gemeinde, die für Kinder und Jugendliche in ihrer Freizeit einiges anbietet.

Die Räumlichkeiten sind alle behindertengerecht gebaut und die Jugendleiter, zurzeit sind es zwei davon, lehnen es nicht ab, behinderte Kinder an ihrem Programm teilhaben zu lassen. „Leider wird dieses Angebot von Betroffenen nicht genutzt.", so die Aussage der Betreuer. Ich beabsichtigte, Leon für den Sommer bei den Ferienspielen anzumelden und hoffte, dass mein Sohn sich bis zum Sommer wenigstens so weit erholt hatte, dass er alleine das Haus verließ. Wieder einmal stellte sich die Frage nach fachgerechter Beratung, um meinen Sohn aus seiner selbst auferlegten Isolation zu befreien. Dringendst musste er aus seiner Rückzugswelt herauskommen! Ohne Hilfe würde Leon sich nicht aus seinem Schneckenhaus heraustrauen.

Zwischen den Krippenspielproben, den Weihnachtsvorbereitungen und den Kämpfen mit Leon fing ich an, wieder alle Institutionen zu kontaktieren, die Finanzierungen für Betreuungsmaßnahmen von behinderten Kindern leisteten. Ich sprach noch einmal mit der zuständigen Sozialarbeiterin vom Jugendamt, ohne deren Unterstützung ich schon längst aufgeschmissen gewesen wäre! Ihr Interesse für Leon war wirklich echt. Mein Sohn wurde nicht als Fall behandelt, sonder als verzweifeltes Kind. Diese Einstellung fehlt oft in den Köpfen der Beschäftigten bei Behörden.

Leider hatten wir in diesem Bereich sämtliche Zuschüsse vollständig ausgeschöpft. Hierüber entschieden die Vorgesetzten aus dem Amt der Kreisstadt! Vorschriften zu umgehen ist ein halsbrecherisches Unterfangen! Hierum müsste ich mich selbst kümmern, wenn sich nichts anderes fand! Der Schulassistent, der eigentlich jedem Asperger-Autisten gesetzlich zugesichert wird, verursacht hohe Kosten, die die Ämter eigentlich nicht bereit sind, ohne Weiteres zu übernehmen; dieser Antrag lief.

Eine Mutter, deren Sohn im gleichen Alter wie Leon ist und auf einer Integrierten Grundschule unterrichtet wird, informierte mich über ihr Abenteuer mit schlechtem Ausgang bezüglich Bewilligung eines Schulassistenten. Nach fünfmaliger Beantragung und fünfmaliger Ablehnung desselben drohten die Behörden (Landkreis) den Erziehungsberechtigten, ein Gerichtsverfahren anzuhängen. Diese gaben aus Furcht vor Repressalien auf! Eine Klage würde mich mit Sicherheit nicht einschüchtern, auch andere aus dem Hut herbeigezauberte Drohungen brachten mich momentan nicht aus der Fassung! Ich lasse mich mit Sicherheit nicht davon abbringen, unerlässliche Hilfe für meinen Sohn zu erkämpfen. Haltlose Drohungen genau wie seltsame Aussagen sind laut meinen eigenen Erfahrungen nur Einschüchterungstaktiken gegenüber den Eltern: Die staatlichen Institutionen hoffen, dass Familien die Auseinandersetzung mit der Obrigkeit scheuen. Der Erfolg gibt ihnen sehr häufig recht. Ich könnte ein Lied davon singen, welch seltsame Storys mir im Laufe der Zeit aufgetischt wurden, damit ich endlich Ruhe gab!

Für Leon bedeutete der Schulassistent einen unentbehrlichen schulischen Beistand. Mein Sohn versteht viele Verhaltensweisen seiner Mitschüler und auch oft die der Lehrer nicht. Er erzählte mir, dass er sich in den Pausen in einem abgelegenen Winkel verstecke, da er den Trubel nicht ertrug. Seine ganzen Auseinandersetzungen mit den Mitschülern entstanden durch sein Unvermögen, soziale Abläufe zu durchschauen. Mienenspiele und Gesten sind für den kleinen Mann ebenfalls ein Buch mit sieben Siegeln. Somit waren Missverständnisse bereits vorprogrammiert! Leon verstand nie, dass die Androhungen von Schlägen und die ärgerlichen Reaktionen seiner Klassenkameraden auf sein unangebrachtes Auftreten zurückzuführen waren. Wenn er sich vor ein Kind stellte und es beschimpfte, weckte er automatisch den Zorn seines Gegenübers. Diese Wut nahm mein Sohn nicht wahr und provozierte bis zur Explosion! Nun reagierte Leon mit Unverständnis und Angst, was wiederum sein Gegenüber gar nicht einzuordnen wusste.

Um das richtige Verhalten im Umgang mit seinen Mitmenschen begreiflich zu erlernen, benötigte le Petit unbedingt einen Betreuer, der ihm die Situationen direkt während der Konfrontation erklärte. Außerdem schrie Leon förmlich in seiner Hilflosigkeit nach einem Menschen, der ihm Sicherheit und Schutz gewährleistete. Im Übrigen steht jedem diagnostizierten Autisten rechtlich eine derartige schulische Unterstützung zu (als Eingliederungshilfe für Behinderte)!

Die Lehrer an der Jean-Paul-Schule sind ganz anders als an der Grundschule. Der psychische Leistungsdruck fällt in dieser Schule weg. Die Lernmethode beruht auf der anthroposophischen Theorie, es ist dieselbe Lernmethode wie in den Waldorf- und den Montessori-Schulen. Die Kinder erarbeiten sich den Lernstoff durch praktische Beispiele oft selbst. Dies bewirkt, dass sie das Erarbeitete besser verstehen und auch besser in ihrem Gehirn speichern können. Für Leon, der sich trotz Medikamenten immer noch nicht sehr lange konzentrierte, gab es Auszeiten, um neue Kraft zu tanken. Außerdem durfte er bei seiner Klassenlehrerin auch manchmal in seiner eigenen Welt sein. Die Lehrer verzichteten die erste Zeit, etwa zwei bis drei Monate nach Schulbeginn, auf die Hausaufgaben, um Leon nicht gleich wieder unter Druck zu setzen. Außerdem arbeitete Frau Prell mit den Kindern über positive Verhaltensweisen und sie lobte sehr oft. Bei einem Gespräch teilte sie mir mit:

„Leon ist wirklich sehr leicht zu handhaben, er kommt mir manchmal vor wie aus einer anderen Welt. Wenn er dann aus seinen Tagträumen im Unterricht auftaucht, lobe ich ihn sehr oft und er ist dann auch bereit, sich am Unterricht zu beteiligen!"

Mein kleiner Mann verstand sich momentan sehr gut mit einem Jungen aus seiner Klasse. Dieser Knabe besaß, genau wie Leon, sehr viele weibliche Züge und die beiden benahmen sich wie pubertierende Mädchen. Sie gackerten in einer enormen Lautstärke. Ich freute mich für meinen Sohn, dass er jemanden gefunden hatte, der auf seiner Wellenlänge lag. Ich ahnte jedoch aus Erfahrung, dass diese Freundschaft nicht allzu lange andauern würde. Ich hoffte sehr, dass eine Schulassistenz auch hier behilflich sein könnte. In diese Schule schickte ich den kleinen Mann mittlerweile ohne schlechtes Gewissen, da mir mein Gefühl vermittelte, dass er hier sehr gut aufgehoben war. Man versuchte ernsthaft, Leon zu motivieren und ihn dabei zu unterstützen, die schlechten Grundschulerfahrungen und all die Diskriminierungen zu verarbeiten und wieder etwas Selbstvertrauen aufzubauen. Die schulische Versorgung meines Kindes war aufs Beste geregelt und ich hoffte, dass er eines Tages, ohne Widerstand die Lehranstalt besuchte. Mithilfe eines Schulassistenten wäre die Beschulung meines Sohnes perfekt.

Ich wappnete mich aufs Neue, um diesen Unterrichtsbegleiter für meinen Sohn zu erstreben. Bei den sozialen Kürzungen in der Bildungspolitik bleibt Eltern keine andere Wahl, als um jedes Stückchen „Recht" zu kämpfen! Alles, was den Landkreis und das Schulamt „Euros" kostet, verweigern diese Herrschaften im Vorfeld. Nur Eltern, die sich mit Händen und

Füßen dagegen wehren, erhalten eine Chance, ihr Anliegen durchzufechten! Die Sozialarbeiterin machte mich darauf aufmerksam, dass sich so ein Antrag lange hinziehen könnte:

„Mein Kind braucht diese zusätzliche Unterstützung, ich habe viel gekämpft und bin immer noch dabei, Gerechtigkeit und Chancengleichheit in der Regelschule in unserem Ort zu verlangen. Die ganze Angelegenheit wird für mich erst vorüber sein, wenn mir mein Mutterinstinkt sagt: ‚OK, jetzt ist Leon rundum versorgt und er erhält nun eine reale Erfolgsaussicht auf ein selbständiges gutes Leben!' Dieser Wunsch spornt mich an, weiterhin für die Vernunftrechte meines Sohnes zu kämpfen. Ich bin es gewohnt, dass ich um jedes bisschen Hilfe lange betteln muss. Das Recht auf einen Schulassistent basiert auf der Behinderung meines Jungen und er bekommt diesen Schulhelfer genehmigt!" Die nette Frau vom Jugendamt begleitete Leon und mich von Anfang an auf dem sehr beschwerlichen Weg durch die Grundschule und durchs Behörden-Labyrinth. Sie hegte keinen Zweifel an meinen Worten!

Mir fiel irgendwann im Dezember ein, dass ich noch keine Erkundigungen wegen Subventionen für behinderte Kinder bei der gesetzlichen Krankenkasse eingeholt hatte. Ein schneller Griff zum Telefonhörer, glücklicherweise erhaschte ich einen sehr netten Gesprächsteilnehmer, dem ich in Ruhe die Misere des kleinen Jungen nahebrachte:

„Ich dachte, dass die Schule ihren Teil an Leons Kompensation anstrebt und dem Jungen einen adäquaten Hort bereitstellt. Durch die Schulbehörde habe ich jetzt ein seelisch kaputtes Kind, und jetzt weiß ich beim besten Willen nicht, wie ich es bewerkstelligen soll, ohne jegliche Unterstützung die Scherben wieder zusammenzuleimen!" Der Sachbearbeiter von der Versicherung zeigte sehr viel Anteilnahme:

„Das glaube ich Ihnen, die Schulen zerbrechen viele Kinder und dann werden sie abgeschoben. Viele Eltern stehen vor ähnlichen Problemen. Ich werde mich schlau machen; es müsste doch mit dem Teufel zugehen, wenn ich keinen Weg fände, wie wir Ihren Sohn unterstützen können!" Der gute Mann rief nach zwei Stunden wieder an:

„Ich schicke Ihnen noch heute einen Antrag auf Pflegegeld für den Jungen zu! Den senden Sie umgehend zurück und wir werden veranlassen, dass so schnell wie möglich jemand vom Medizinischen Dienst zu Ihnen nach Hause kommt, der den Bedarf auf Pflegegeld für Leon durchleuchtet. Es dürfte nicht sehr schwer sein, über die Behinderung Leons einen Anspruch auf finanzielle Beihilfe zu erlangen." Toll, endlich mal wieder ein Lichtblick! Der Antrag wurde mir drei Tage später von der Krankenkasse per Post zugesandt. Ich füllte dieses Gesuch noch am selben Tag aus.

Eine Woche später kam vom Medizinischen Dienst eine junge Dame vorbei und stellte etliche Fragen. Leon war an diesem Nachmittag zu Hause und sein Benehmen ließ sehr zu wünschen übrig. Er sagte nur:

„Oh, wie hässlich du doch bist, ein im Matsch suhlendes Schwein ist eine Schönheit gegen dich!" Mit dieser Begrüßung schloss er sich in unser Büro ein und schrie ganz laut:

„Ich kann dich gar nicht ansehen, dann wird mir kotzübel, bleib bloß von der Tür weg und sprich mich nicht an, sonst muss ich kotzen!" Ich war echt geschockt, so hatte ich mein Kind noch nie erlebt. Normalerweise präsentierte mein Sohn Gästen gegenüber den exorbitanten Little Gentleman. Ich erkannte mein Kind in letzter Zeit oft nicht mehr. Ich entschuldigte mich bei der jungen Frau, die wirklich nicht die Spur einer Schreckgestalt aufwies. Die Sachverständige offenbarte viel Entgegenkommen und begann mit ihren Fragen über Leons Störungen. Sie verließ uns nach einer Dreiviertelstunde und erklärte mir, dass sie Pflegegeld für eine ambulante Betreuung empfehlen würde. Ich erhielte in diesem Fall kein Geld ausgezahlt:

„Die bereitgestellte Summe verrechnet die Versicherung direkt mit einer stimmigen Betreuung! Natürlich liegt es nicht in meinem Ermessen, Ihnen eine Zusage zu erteilen, da für die

Genehmigung des Geldes ausschließlich die Pflegekasse autorisiert ist! Ich hoffe auf eine Anerkennung für den Bedarf, auf eine ambulante Dienstleistung. Ich wünsche Ihnen sehr viel Kraft und alles Gute für die Zukunft Ihres Kindes!" Der Zuspruch und die Freundlichkeit dieser Frau fühlten sich an wie schmerzlindernde Salbe auf einer großen Wunde. Sie verabschiedete sich und Le Petit kroch, vorsichtig um die Ecke schielend, aus seinem Schlupfwinkel.

Ich versuchte, durch ein Gespräch mit ihm seine unmögliche Aufführung zu ergründen. Ein vergebliches Unterfangen. Leons Kommentar:

„Die Frau war wirklich hässlich, ich ertrug ihren Anblick wirklich nicht. Mir ist jetzt noch zum Kotzen, wenn ich nur an diese Frauenfratze denke!" Lieber Gott! Welche Gestalt erblickte der Bursche bloß in dieser Frau, was war nur in ihn gefahren? Ich entbehrte eine Menge Kenntnisse über den Asperger-Autismus!

In diesem Augenblick erhärtete sich meine Überzeugung, dass ich unbedingt fachgerechte Aufklärung über die Auswirkungen dieses seelischen Defektes benötigte! Leon begegnete Kindern ebenfalls auf eine sehr putzige Art und Weise. Wenn fremde Trabanten in unserer Nähe auftauchten, stellte sich bei dem Bengel ein dauerhaftes Niesen ein und sein Hilferuf ertönte wie eine Posaune:

„Mama, jag die Rotzgören weg, ich bekomme keine Luft mehr! Meine Allergie gegen Sprösslinge bringt mich um!" Manchmal überforderten mich die seltsamen Reaktionen meines Stammhalters:

„Leon, wieso bist du gegen Kinder allergisch und warum warst du mit der armen Frau so eklig? Du verletzt die anderen mit deinen gemeinen Äußerungen. Wie würdest du dich fühlen, wenn jemand dich mit solcher Geringschätzung behandelt?" Meine Fragen drangen nicht zu meinem Ableger durch! Des kleinen Mannes Gefühlswelt offenbarte mir oft unverständliche Wahrnehmungen. Leons imaginäres Grausen stellten sich ebenfalls als ein Punkt dar, der mich erschaudern ließ. So geriet das Kind bei dem Anblick eines dicken Mannes in Panik oder heulte vor Angst wegen eines Wandschranks, der schon immer existierte. In der neuen Schule saß ein Mädchen mit großen Zähnen in der Nähe des Burschen. Das junge Fräulein brachte den Sohnemann vollkommen aus der Fassung:

„Mama, ich halte den Anblick dieser riesigen Zähne nicht mehr aus! Die Angst bringt mich um!" Außerdem schaffte es Leon nicht, die Gefühle anderer Menschen zu verstehen und es war ihm vollkommen egal, was andere empfanden (oder etwa doch nicht?).

Wirres Zeug vom Staatlichen Schulamt – jetzt drehen die total durch, nur um aus der Nummer rauszukommen!

Ihr Antrag auf Zuweisung eines Schulassistenten für Ihren Sohn Leon Schulz ist fälschlicherweise in unserem Haus eingegangen. Ihren Antrag richten Sie bitte an (Allgemeine Soziale Dienste). Die Telefonnummer von Frau ... lautet ... In unserem Telefonat am 05.09.2008 stellten Sie mir ferner die Frage, ob eine Betreuung an der Grundschule in Ihrem Heimatort möglich sei. Ihr Kind besucht zurzeit die Jean-Paul-Schule. Nach Aussage von Frau Oger (Landkreis, Schul- und Bauwesen) gilt das Betreuungsangebot nur für Schulkinder der ortsansässigen Grundschule. Folglich kann Ihr Sohn aus rechtlichen und versicherungstechnischen Gründen das Betreuungsangebot nicht nutzen. Für Rückfragen steht Ihnen Frau Oger vom Landkreis, Telefon ... gern zur Verfügung. Ich hoffe, dass Ihnen die genannten Ansprechpartner helfen können. Freundliche Grüße ...

Die Dienstaufsichtsbeschwerde an das Staatliche Schulamt erledigte sich mal wieder durch Drückebergerei vor der Verantwortung. Auf einmal verschoben die Herrschaften sämtlich die Kompetenz der Direktorin und deren Vorgesetzten auf den Landkreis. Wie schön, wenn man immer wieder Dumme findet, denen man Fehlwürfe unterjubeln konnte! Laut Staatlichem Schulamt überschritt Frau Wagner hier eindeutig ihre Verfügungsbefugnis! Die Ablehnung meines Sohnes war also gar nicht rechtens, da die alleinige Entscheidungsgewalt dem Landkreis, also Frau Oger, oblag. Eine ganz neue Variante vom Schulamt, denn die Grundschuldirektorin war zwar nicht autorisiert, eine diesbezügliche Entscheidung zu treffen, bekehrte aber die Sachbearbeiterin vom Landkreis und die Erzieherin vom Hort, meinem Kind die Aufnahme zu verbieten. Welch paradoxe Heimtücke, eine für mich ungeheuerliche Verarschung!? La Grande Madame entschied sämtliche Anfragen meinerseits! Ob nun die an den Landkreis, Schulen- und Bauwesen, an die Erzieherin, hier handelte es sich ebenfalls um eine Angestellte vom Landkreis! „Big Sister!" befahl diktatorisch in einem Ton, der keinen Widerspruch duldete: „Leon hat kein Recht auf eine Betreuung in der Grundschule!" Es dröhnte noch in meinen Ohren, wie die Direktorin mich von ganz oben herab niedermachte:

„Aus rechtlichen und versicherungstechnischen Gründen können wir Leon nicht in dieser Nachmittagsbetreuung aufnehmen. Sie sind ja noch nicht einmal berufstätig, warum sollte dieser Junge hier einen Platz erhalten? Außerdem strukturieren die beiden Erzieherinnen die Betreuung um, da ist für Leon kein Platz mehr!" Keine weitere Diskussion wurde mehr zugelassen. Im Gegenteil, die feine Dame fabrizierte Vorhaltungen wegen meines Bittgesuchs auf Madame Grafs Handy:

„Sie sollen doch nicht lügen, ich hörte das Handy von Frau Graf ab und verbiete Ihnen, so etwas über mich auf die Mail-Box der Erzieherin zu sprechen!" Ich musste echt begriffsstutzig sein, denn ich wusste noch genau, was ich der Hortbetreuerin aufs Handy gesprochen hatte:

„Hallo, Frau Graf, hier ist Frau Schulz, Leons Mutter. Ich telefonierte mit Frau Oger, der Landkreis befürwortet den Besuch meines Kindes in Ihrer Nachmittagsgruppe. Frau Oger will noch einmal mit Frau Wagner darüber sprechen, warum sie zögert, ihre Billigung zu erteilen. Bitte versuchen Sie doch noch mal, mit Frau Wagner zu reden, ich habe das Gefühl, sie möchte nicht, dass Leon zu Ihnen kommt." Was ist hieran so Verwerfliches, dass diese Frau daraus einen unsinnigen Spektakel verursachte? Es gab für mich nur eine plausible Erklärung, für das unprofessionelle Verhalten der Pädagogin: Wie heißt es so schön: „Betroffene Hunde bellen!" Jetzt traten Frau Oger und Frau Graf als Deppen vom Dienst auf! Welch ein Hohn! Wer hatte hier das Recht auf das letzte Wort und wer nicht? Meine Antwort: Anordnungen zu treffen begehren die Dienstherren nach Herzenslust, so verwandelt sich aus einem kleinen Pups eine Autoritätsperson! Dabei drehen sie sich die Gesetze, wie es ihnen beliebt! Geht etwas daneben, schiebt man die Schuld von einem zum anderen! Bis zur endgültigen Aufklärung benötigt das Kind diese Hilfen nicht mehr und alles löst sich in Luft auf!!!

Langsam beginnt der dunkle Nebel schrecklich zu muffeln! Unbilligkeiten und Hinterlist stinken irgendwann zum Himmel! Deutsches Recht, ermöglicht laut Schulbehörden, variable Anwendungen von Vorschriften nach Bedarf!? Welches Zerrbild sich diese Leute von widersprechenden Eltern ausdenken, erfasst jeder nach den Eskapaden der Staatsdiener durch genügend Beispiele! Ich kann ein Lied davon singen! Echt wahr, in den Gesprächen und den Schreiben vom Staatlichen Schulamt erkennt man eindeutig die Abwertung von Menschen, die nicht harmonieren! Schreiben an das Staatliche Schulamt vom Rechtsanwalt:

Sehr geehrte Frau …,
ich beziehe mich auf Ihr Schreiben vom 20.10.2008. In dem Entwurf Ihres Schreibens an meine Mandantin vom 11.09.08 heißt es, nach der Aussage von Frau Oger vom Landkreis gelte das Betreuungsangebot nur für die Schulkinder der ortsansässigen Grundschule. Sie werden verstehen, dass ich mich mit Frau Oger als Rechtsquelle für die Beschränkung des Betreuungsangebotes nicht zufrieden geben kann. Teilen Sie mir deshalb bitte die Rechtsgrundlage mit, aus der sich ergibt, dass das Betreuungsangebot nur für die Schulkinder der ortsansässigen Grundschule gegeben ist und dass von dieser Regelung Ausnahmen nicht möglich sind. Erst danach kann ich entscheiden, ob die Dienstaufsichtsbeschwerde aufrechterhalten bleibt oder nicht.

Da die Behörden augenscheinlich nur Desinteresse für die Einwände meines Advokaten offenbaren, kontaktiere ich den Rechtsanwalt vom Autistischen Beratungszentrum in Hamburg und bat ihn, mit rechtliche Hinweisen und Finessen auszuhelfen. Diesem fiel plötzlich ein:

„Bei der Fülle meiner ehrenamtlichen Tätigkeit kann ich keine Rechtsauskünfte erteilen. Sagen Sie Ihrem Rechtsanwalt, er soll mich anrufen und um offizielle Auskunft bitten. Ich sende Ihnen per E-Mail noch einige Adressen von Anwalts-kanzleien für Menschenrechte zu." Herr Dr. Klippert versuch-te sein Glück bei dem Rechtsberater dieses Vereins – verge-bens! Mal wieder alles blauer Dunst! Ich suchte mir einen Ver-treter für Menschenrechte aus der mir zugesandten Liste, der Anwälte aus. Hier handelte es sich ausschließlich um Hambur-ger Adressen:

„Vielleicht beherrscht dieser Mensch, der doch täglich mit solchen Angelegenheiten konfrontiert wird, Tricks und Kniffe, um das Staatliche Schulamt aus seiner Reserve zu locken?"

Ich informierte mich sicherheitshalber noch zusätzlich, bei unserer Rechtsschutzversicherung, um eine Kostenbeteiligung abzuklären. Eine Anwaltsberatung kostete ca. 90,00 Euro. Sollte es zu einer Zivilklage kommen, übernimmt die Vers-icherung zusätzlich die Beratungskosten, zumal unsere Recht-schutzversicherung Verwaltungsrecht beinhaltet. Der Jurist aus Hamburg erhielt den schriftlichen Auftrag, meinen Fall zu übernehmen. Ich schilderte der zuständigen Sekretärin mein Anliegen:

„Ich möchte wenigstens einmal eine ernst zu nehmende Erklärung dieses Amtes erreichen!" Die Idee mit dem Rechts-beistand entwickelte sich ebenfalls zu einem riesigen Flopp. Dieser Herr forderte 1.000 Euro Vorkasse für evtl. Aktenan-forderungen und er übernähme nur ein Mandat, wenn eine Gewinnchance des Prozesses kalkulierbar wäre. Da das Bil-dungsrecht sich sehr unüberschaubar darstellt (Bildung ist Ländersache usw.!), beendeten wir in beiderseitigem Einver-nehmen unsere Zusammenarbeit. Wobei der Advokat letzt-endlich keine Gebühr beanspruchte! Das Staatliche Schulamt meldete sich wieder bei Volker und antwortete kurz und knapp, dass Frau Oger vom Landkreis die gesamte Farce zu verantworten hätte. So einfach wird's gemacht, wenn man ganz oben sitzt!

AKTENVERMERK vom 14.11.2008 in Sachen Schulz ./. Staatliches Schulamt für den Landkreis und die Stadt
Sehr geehrter Herr Dr. Klippert – es wurde auf Frau Oger vom Landkreis als Ansprechpartnerin verwiesen, da der Landkreis als Schulträger gemäß § 15 Absatz 1 Nr.1 und Absatz 2 HSchG Träger dieser Betreuungsangebote (Betreuungspersonal, Modalitäten der Betreuung) an den Schulen ist. Da es keine Aufnahmeentscheidung der Schulleitung für diese Betreuung gibt, kann diesbezüglich auch keine Pflichtverletzung bestehen. I.A.

An das Staatliche Schulamt – Schulz ./. Staatliches Schulamt
Vielen Dank für Ihre Nachricht vom 14.11.2008 – Angesichts Ihrer Mittelung, dass der Landkreis als Schulträger der Nachmittagsbetreuungsgruppe an der Grundschule ist, beantrage ich hiermit für meinen Mandanten die Aufnahme des Kindes Leon Schulz in die Betreuungsgruppe der Grundschule. Falls dieser Antrag beim Staatlichen Schulamt für den Landkreis und der Stadt nicht zu stellen ist, bitte ich um Weiterleitung an die zuständige Stelle beim Landkreis.
Mit freundlichen Grüßen, Dr. Klippert, Rechtsanwalt

Damit war ich wieder an der Mauer des Staatlichen Schulamtes gescheitert! Es durfte doch wirklich nicht wahr sein, dass diese Leute jetzt ihre selbstherrlichen Diktate auf den Landkreis abschoben. Wenn ich richtig darüber nachdachte, so gehörte es in Deutschland zu den Gepflogenheiten, dass die „Großen" manche nennen sie auch die „Besseren Leute" sich alles erlauben, ohne Repressalien zu befürchten. Kleine Leute werden wegen jedem noch so kleinen Fehltritt sofort zur Rechenschaft gezogen. In der Politik lebt man uns das in sämtlichen Bereichen vor: Steuerhinterziehung und fehlgeschlagene Investitionen in Millionenhöhe werten die Politiker als normale Vorgänge und der Staat stopft die dort entstandenen Löcher mit unseren Steuergeldern zu. Als kleiner Mann führt der Weg bereits für unterschlagene 100 Euro in den Knast. „Haste nichts, biste nichts!" Recht ist nicht gleich Gerechtigkeit! Alle Menschen sind gleich? Einige sind gleicher als gleich! Die Schulbehörden stritten sich mit meiner Wenigkeit seit fast vier Jahren und pokerten mit den seltsamsten Methoden! Es handelte sich immer um einen ungleichen Kampf, in dem ich nie eine reelle Chance erhielt. An diesem Punkt resignierten bestimmt schon viele Mütter und Väter. Eigentlich erahnte ich im Voraus, dass Behörden definitiv den längeren Atem aufweisen. Als einfache Privatperson hat man „Null Chance!"

Trotzdem würde ich immer wieder diesen beschwerlichen Weg gehen, egal wohin er mich auch führt! Mein Kind ist jeden Einsatz wert! Behörden wissen ganz genau, dass Menschen wie ich irgendwann aufgeben müssen, um endlich wieder friedlich zu leben! Ob oder wann ich aufgebe, liegt in meinem Ermessen, und mein Mut und Kampfgeist war noch nicht erloschen! Die Flinte ins Korn zu werfen, käme einem Verrat an meinem Kind gleich! Außerdem praktizierten die Ämter immer weiter ihre Spielchen mit kleinen Leuten, diese Tatsache steckte in meinem Hinterkopf fest!

Vom Autistischen Zentrum und auch vom Verein Hilfe für autistische Menschen! in Hamburg erhielt ich nur noch Ablehnung. Die Überlegungen, warum diese Leute nicht gut auf mich zu sprechen waren, rotierten in meinem Hirn. Bei meinem nächsten Kontakt fiel es mir wie Schuppen von den Augen! Die Mitarbeiterin vom Autismus-Institut, mit der ich schon des Öfteren telefonierte, teilte mir mit, dass ich ab jetzt an der Selbsthilfegruppe für Mütter im Therapiezentrum teilnehmen dürfte. An dieser Gesprächsrunde duldete man nur Mamas mit diagnostizierten Stammhaltern. Ich freute mich auf die Aussicht, Aufklärungsgespräche zusammen mit meinem Mann zu erhalten. Eine dringende Notwendigkeit, besonders für Ralf! Gerade durch Gespräche mit anderen Eltern zu erfahren, dass diese ähnliche Probleme mit sich herumschleppten. Unter Gleichgesinnten betrachtet man die eigenen Wahrnehmungen viel objektiver, und zu begreifen: „Ich bin nicht alleine, hier sind Menschen, die mich verstehen!" bedeutet einen riesigen Schritt nach vorne! Für meinen Gatten trug ich bis dato immer noch für all das Elend die alleinige Haftung. Schuldzuweisungen sind ganz scheußliche Denkfehler und führen ins Nichts!

„Sie können Ihren Mann nicht mitbringen, diese Gruppe ist nur für Mütter; daher Müttergruppe!", erklärte besagte Dame.

„Gibt es denn nicht für beide Elternteile eine Beratung?" Die Enttäuschung drückte in meinem Magen: „Uns wurde bei der Vorstellung gesagt, es gäbe sofort nach der Kostenübernahme Elternberatung?" Diese Frage hatte ich schon einmal gestellt. Die Therapeutinnen, die wir zur Erstvorstellung aufsuchten und welche schon über zwei Jahre zurücklag, boten uns Hilfsgespräche nach der Kostenübernahme an. Wir benötigten noch über ein Jahr für eine ärztliche Diagnose, ohne die der Landkreis keine Zahlung der therapeutischen Maßnahme bewilligte.

Jetzt besaßen wir eine Krankheitsbestimmung und eine Finanzierung und plötzlich gab es noch nicht einmal Beratungsgespräche für die Eltern. Seit ich diese Frau um Hilfe zwecks Selbsthilfegruppe für hilfesuchende Eltern, auch ohne Syndrom-Diagnose, ersucht hatte, war ihre Freundlichkeit in Ablehnung umgeschlagen. Sie vermittelte mir unmissverständlich, dass diese Art von Initiative vom Autismus-Institut nicht erwünscht sei. Als dieses Zentrum etwas über meine Öffentlichkeitaufrufe erfuhr, war der Ofen ganz aus. Man erweckte den Eindruck, dass Eigeninitiative nicht gern gesehen wird. Seit diesem Zeitpunkt bemerkte ich eine unverkennbare Antipathie. Als ich dann auch noch nachfragte, ob der Oberarzt der KJP etwas wegen der Wartezeit erreichen konnte, war alles vorbei. Ich wollte zwischenzeitlich mit Frau Wittekind aus dem Interview der HNA sprechen, drang aber nie zu ihr durch. Ich übersah den Fettnapf, in den ich mal wieder stampfte, vollständig! Meine Frage klang bestimmt sehr unsicher:

„Kann ich meine Tochter zu diesem Müttertreffen mitnehmen, ich leide unter einer Angststörung, eine große Gruppe ohne Begleitung werde ich nicht durchstehen?" Meine Gesprächspartnerin wirkte sehr genervt, die harmlose Frage erzeugte bei ihr große Ungeduld. Ihr Ton verriet nichts Gutes, eine Strafpredigt folgte:

„Nur Sie dürfen an diesem Treffen teilnehmen, sonst niemand! Ich habe mich doch wohl klar genug ausgedrückt! Und übrigens rufen Sie demnächst nicht mehr das Hamburger Beratungszentrum an, um für Leon wegen einer Therapie nachzufragen! Die Vorstandsvorsitzende weiß genau wie Sie, dass es hier Wartezeiten gibt. Sie sind gezwungen, diese Zeit genauso abzuwarten wie andere Eltern auch!" Ich sagte „Okay!" und legte auf. Solche Debatten und laute Auseinandersetzungen hatte ich in den letzten Jahren wirklich mehr als genug ertragen, ich verspürte keine Lust mehr, mich auf diesem Niveau zu unterhalten. Ich kontaktierte wenig später noch einmal die Vorsitzende des Autistischen Zusammenschlusses in Hamburg, um mit ihr über die Reaktion betreffender Frau zu sprechen.

Diese befand sich wie das letzte Mal in einer Besprechung. Üblicherweise vereinbart man bei Zeitdruck einen Termin, um eine informative und anständige Konversation führen zu können. Nein, hier war ebenfalls nichts zu erreichen:

„Wurden Sie wirklich so behandelt? Nun ja, es ist besser, Sie wenden sich mit Ihrem Anliegen an die Selbsthilfegruppe für ADHS-Kinder!" Ich sagte wieder:

„Okay! Ich bin wirklich nicht scharf darauf, Sie weiterhin zu belästigen!" Ich legte den Hörer auf! Jetzt wusste ich wenigstens, wo ich nicht mehr nachzufragen brauchte! Keine Wut brodelte in meinem Bauch, solche Gegenstöße brachten mich nicht mehr aus der Fassung! Die Mentalitäten einiger Behindertenvereine waren mir bereits zur Genüge bekannt. Diese Cliquen kochen ihr eigenes Süppchen und niemandem gestattete man, ein Gewürz in ihre Brühe zu streuen! Eine Geschmacksveränderung? Unerhört! Wir leben in Deutschland, das Charakterfundament ist allerorts für seine Bürokratie berühmt! Demzufolge verwunderte mich nach meinen Einsichten in die Verwaltungswesen ohnehin nichts mehr.

Den Antrag auf Pflegegeld brachte ich auf den Weg und hoffte inständig, eine Einzelbetreuung für Leon zu beschaffen. Weiterhin suchte ich im Internet auf gut Glück, nach irgendwelchen Anhaltspunkten. Plötzlich kam mir in den Sinn, nach der Erläuterung des Wortes „anthroposophisch" zu suchen. Eine Begriffsbestimmung entdeckte ich nicht, aber einen großen Kreis von Medizinern, die auf anthroposophischer Basis praktizierten. Mein Interesse für anthroposophische, heilpädagogische Ergotherapeuten war geweckt. Ich suchte mir aus den Praktizierenden eine männliche Person heraus. Leon umgaben allerorts ausschließlich Frauen, die sein Leben steuerten.

Dieser Monsieur erklärte mir am Telefon, er hätte etliche Jahre mit Autisten gearbeitet: „Ich kenne mich gut in dieser Materie aus!"

„Wunderbar, ich besorge eine Überweisung und melde mich dann bei Ihnen, um einen Termin in Ihrer Praxis auszumachen." Der Therapeut erklärte sich mit meinem Vorschlag einverstanden und so unterbreitete ich Frau Schömberg mein Anliegen. Die Kindertherapeutin aus der KJP zeigte sich sehr erfreut, dass es mir endlich gelungen war, eine adäquate Behandlungsweise aufzutreiben, die Leon eventuell dabei unterstützen könnte, seine vielen Ängste zu überwinden. Frau Schömberg und ich gaben die Hoffnung nicht auf, Leon langsam wieder dorthin zu bringen, wo er nach dem Kindergarten schon einmal war. Unsere großen Erwartungen knüpften wir weiterhin an die Schulassistenz, um die Verweigerungshaltung des Jungen gegenüber der Schule endlich in den Griff zu bekommen! Desweiteren bedurfte der kleine Mann dringend Zuversicht, um Freude im Umgang mit anderen Kindern und Menschen zu empfinden. Außerdem bauten wir auf das Autistische Zentrum und dessen Therapie. Die Therapeutin fand keine Erklärung für das Konzept und das Verhalten dieses Institutes. Wir entwickelten eine neue Strategie, da sich an vergangenen Zielsetzungen nichts verwirklichen ließ!

Zu den Neuerungen zählte der Ergotherapeut, die Integration von le Petit über die evangelische Gemeinde und Vereine in unserem Heimatort, des Weiteren Pflegegeld, um hiermit eine Einzelbetreuung zu finanzieren und das Allerwichtigste: eine Autismus-spezifische Psychotherapie. Diese bot allerdings nur das Autismus-Institut an. Da die Aufklärungsrate und therapeutischen Verfahren im Bereich der seelischen Erkrankung bisher zu geringe Beachtung fand, erreichte man nur mager gestreute Fachkräfte! Die Angebote in der Kinderpsychologie liegen weit unter dem Limit von Anfragen der Betroffenen. Die Wartelisten sind ellenlang und oft erreichen die vorhandenen, geeigneten Hilfsprogramme die Bedrängten erst, wenn das Kind bereits in den Brunnen gefallen ist! Überhaupt sind im pädiatrischen Heilwesen gewaltige Defizite zu beklagen. Die Forschungen in dieser medizinischen Sparte sind das Stiefkind der Nation! Wieder einmal dreht sich alles ums Geld, denn es muss ja gespart werden!? Ein weiser Mann sagte einmal, **„jede Gesellschaft sei danach zu beurteilen, wie sie ihre am wenigsten gesegneten Mitglieder behandelt!"**

Ich erhielt umgehend eine Überweisung zu dem besagten Ergotherapeuten. Weiterhin besprachen wir Leons Essverhalten, welches Frau Schömberg Anlass zur Sorge gab. Der kleine Mann erschien auffällig mager und äußerst blass, einhergehend mit dicken dunklen Augenringen:

„Ich bespreche Leons Gewicht und seine Konstitution mit dem Oberarzt. Vielleicht sind wir gezwungen, die Tabletten abzusetzen. Falls das Kind weiterhin nicht zunimmt, bleibt uns wahrscheinlich keine Wahl, als ihn in unsere Klinik einzuweisen. Leon liegt mit seinem Gewicht bereits weit unter dem Normalwert. Es wäre gut, die Pillen in den Weihnachtsferien abzusetzen, dann können Sie ihn besser beobachten. Ich rufe Sie demnächst an und teile Ihnen die Entscheidung unseres Oberarztes mit." Mein Sohnemann hasste die Treffen in der

KJP! Während der gesamten Zeit gelang es Frau Schömberg nur einmal, mit ihrem Patienten ein Einzelgespräch zu führen. Obwohl die Kindertherapeutin das kleine Wesen bereits während des stationären Aufenthaltes begleitete, fürchtete er sich jedes Mal vor dem Besuch der Kinderpsychiatrie. Seine vielen Ängste hinderten das arme Mäuschen daran, offene Gespräche zu führen. Die Mutlosigkeit errichtete eine Barriere zwischen den Menschen und meinem Sohn, sie versperrte ihm den Weg, um offen über all seine Gedanken zu sprechen! Er verschloss sein Innerstes und entfloh immer häufiger in seine individuelle Traumwelt!

Wenn ich mein Kind so ansah, packte mich die Wut auf die hiesige Grundschule! Ich kam einfach nicht davon los! Dieser Zorn trieb mich an, gegen die Zustände in unserer Regelschule aufzubegehren! In der Zukunft handelte es sich vielleicht nicht um einen kleinen Autisten, den man mit der altbewährten Methode rauskickte!? Wenn sich nichts veränderte, nötigte man noch viele Kinder, Leons Schicksal zu erleiden.

Das nächste Opfer stand schon auf der Liste der nicht ins Raster passenden Schüler. Plötzlich besann sich die Schulleitung eines Besseren und verstummte. Der kleine Junge durfte bleiben, aber wie lange würde dieser Sinneswandel anhalten? Während eines Telefonates versicherte mir eine Mitarbeiterin von Herrn Berg, vom Schulamt zuständig für Sonderschulen:

„Sie brauchen sich keine weiteren Sorgen zu machen, Leons Behandlung war ein sehr schlimmer Einzelfall, so etwas wird sich bestimmt nicht mehr wiederholen. Solche Sachen passieren normalerweise an Schulen nicht!" Diese Stellungnahme schriftlich in den Händen zu halten wäre topp gewesen. Leider stimmte die Aussage der Pädagogin so nicht, denn von vielen Müttern erfuhr ich ähnliche Erlebnisse mit Regelschulen und Schulbehörden. Es gibt zu viele falsche Entscheidungen, die offiziell nicht benannt werden! Man kehrt sie einfach unter den Teppich!

Ich schrieb etliche Briefe und überlegte mir, wie ich einen

erneuten Angriff starten konnte:

Hessisches Kultusministerium Wiesbaden, Frau Neumeier, 22.11.2008
Sehr geehrte Frau Neumeier,
anbei übersende ich Ihnen die neuesten Nachrichten des Staatlichen
Schulamtes für den Landkreis und die Stadt. Das Schulamt sieht kei-
nerlei Gründe für eine Dienstaufsichtsbeschwerde, es schiebt jetzt alles auf
den Landkreis, Frau Oger. Sie haben mir in unserem letzten Telefonat
gesagt, dass sich diese Behörde nun nicht mehr vor der Verantwortung
drücken kann und der Fall Leon würde endlich einmal überprüft wer-
den. April, April!
Es ist nicht möglich, eine rechtliche Überprüfung durchzubekommen, al-
les wird im Schulamt unter den Teppich gekehrt. Das Schulamt weigert
sich, jeglicher Beschwerde nachzugehen und ist an einer Aufklärung nicht
interessiert. Der Landkreis, Frau Oger, war mit der Betreuung Leons in
der Grundschule am Anfang einverstanden. Wie ich Ihnen in meinem
Brief geschildert habe, war es Frau Wagner, die Leon diesen Platz ver-
weigert hat. Erst danach hat sich Frau Oger ständig Begründungen ein-
fallen lassen, da sie Frau Wagner nicht in den Rücken fallen wollte. Lei-
der habe ich nie etwas Schriftliches erhalten. Auch bis heute habe ich kei-
nerlei schriftliche Unterlagen erhalten, die etwas über die gesetzlichen Be-
stimmungen aussagen. Meine Beschwerde, die ich Ihnen und auch Herrn
Hiller übersandt habe, ist ebenfalls unter den Teppich gekehrt worden.
Sie haben mir in einem unserer Telefongespräche am Anfang unseres
Kontakts erklärt, dass die Direktorin nicht machen kann, was sie will,
und die Vorkommnisse von den übergeordneten Stellen überprüft wür-
den. Dieses Telefonat liegt nun schon sehr lange hinter uns und nichts
hat sich geändert.
Ebenfalls habe ich Sie in einem meiner Briefe um schriftliche Stellung-
nahme und gesetzliche Unterlagen gebeten, damit ich mir selbst ein Bild
machen kann. Auch hier habe ich nicht einen einzigen Zettel erhalten.
Wenn es sich hier nicht um das Schicksal von kleinen Kindern handeln
würde, hätte ich schon längst aufgegeben. Ich glaube, das ist genau das,
was das Schulamt bezwecken möchte. Mein Sohn hat sich durch die Be-

handlung in der Schule in seinem Verhalten zu einem vierjährigen klei-
nen Jungen zurückentwickelt und das kann ich auf keinen Fall so hin-
nehmen.

Das Schulamt hat alle Bitten um Hilfe ignoriert und trägt ebenfalls
einen Anteil am schlechten Zustand meines Sohnes. Ich werde mit allen
mir zur Verfügung stehenden rechtlichen Mitteln versuchen, die Verant-
wortlichen zur Rechenschaft zu ziehen, und lasse mich nicht abschrecken
weiterzumachen. Leon ist hier kein Einzelfall und es kann nicht sein,
dass das nächste Kind und dessen Eltern genauso behandelt werden wie
er und ich und dass sich dieselben Fehler immer wiederholen, nur weil ei-
nige Leute kein Einsehen haben und lieber alles verschweigen, statt auf-
zuklären.

Ich bitte um Kenntnisnahme und verbleibe mit freundlichen Grüßen ...

Ich vernahm nimmermehr etwas von Frau Neumeier vom
Hessischen Kultusministerium. Durch ihr Eingreifen erhielt
mein Sohn den Schulplatz in der Jean-Paul-Schule und mir
blieb hierdurch die angedrohte polizeiliche Gewalt erspart.
Wobei ich Frau Freitag vom Schulamt prophezeite, dass ich in
so einem Fall mein Kind verstecken würde:

„Egal, was passiert, ich werde mich Ihren Anordnungen
nicht fügen und lasse mich auch durch solche Drohungen
nicht einschüchtern!" Ob das Staatliche Schulamt diese Androhung tatsächlich durchgesetzt hätte? Wer weiß schon, zu welchen Mitteln manche Leute greifen, um ihre Macht zu demonstrieren!?

Ein riesengroßes Wunder ereilte meine Wenigkeit, als das
Hessische Kultusministerium auf meinen Hilferuf reagierte!
Viele Menschen versicherten mir, dass diese Behörde sich bei
Beschwerden genauso wenig rührt wie das Staatliche Schul-
amt.

„In Hessen ist es besonders schwer, als Eltern etwas für die
Rechte seiner Schulkinder zu erreichen! Die zuständigen Ämter sind nicht bereit, nur einen Millimeter von ihrem Kurs ab-
zuweichen! Sie klammern vehement an den jetzigen Bildungs-

gesetzen, wie ein Ertrinkender sich an einem alten Brett ver-
beißt!" So erzählte mir ein Betroffener von seinen Eindrücken.

Ich sagte hierzu, dass sich schulisch nicht nur nichts ändert, sondern der Herr Ministerpräsident Koch in sämtlichen
sozialen Bereichen die Zuschüsse kürzt und alles noch viel
schlimmer wird!

Dieses gilt nicht nur für Kinder- und Jugendbetreuung,
sondern auch für Resozialisierungsmaßnahmen von Jugendlichen. Weniger Zuschüsse in sämtlichen sozialen Bereichen betreffen den Kinderschutz, Tierschutz und Hilfen für alte Menschen sowie Behindertenbetreuung!

**Bei den Schwächsten der Gesellschaft Kürzungen vor-
zunehmen, ist das ungeheuerlichste Armutszeugnis einer
Regierung! Eine echte Blamage!**

Vor etlichen Jahren gab es eine Ausbildungsmaßnahme, in
der das Amt für Arbeit gemeinsam mit einem staatlichen Be-
trieb Lehrstellen für diejenigen bereitstellte, die wenig Chancen
auf eine betriebliche Ausbildung erhielten. Diese Kostenübernahmen wurden gestrichen!

Es gab Lehrgänge vom Arbeitsamt, die eine Gruppe von
Jugendlichen ansprach, die dringendst eine berufsvorbereiten-
de Betreuung benötigten! Ein Jahr wurden im Wechsel schulische Rückstände aufgeholt, Praktikumsplätze vermittelt, Be-
werbungsschreiben und Lebensläufe eingeübt usw. Diese
Maßnahme fand nach den Kürzungen ebenfalls ein jähes
Ende!

Staatliche Institutionen für Kinder- und Jugendhilfen und
auch Altenhilfe werden zum Sparen angehalten. In Zeitschriften und Zeitungen werden immer die Fälle von Versäumnis-
sen bei Kinderkontrollen von Jugendämtern und deren Mitarbeitern angeprangert. Ich gehe konform in der Ansicht, dass
dort mit Sicherheit in manchen Fällen Versäumnisse der Kon-
trollen vorliegen.

Nur, so einfach ist hier eine Schuldfrage gar nicht zu klären. Durch die Zusammenarbeit mit dem Jugendamt über

mehrere Jahre verschaffte ich mir einen kleinen Überblick der dort üblichen Verfahren und stellte fest, dass die Jugendamtsmitarbeiter/innen verpflichtet sind, für jede Hilfsmaßnahme die Genehmigung ihrer Vorgesetzten einzuholen. Diese besitzen meist nur ein paar schriftliche Unterlagen, um sich ein Urteil zu bilden. Von der Dringlichkeit mancher Anträge und den wirklichen Zuständen in Familien fehlt diesen Menschen der individuelle Kontakt. So werden Anträge oft gar nicht genehmigt. Außerdem weisen die Aktenbürokraten ihre Untergebenen an, um jeden Preis zu sparen. Die Arbeit an der Front ist unerlässlich, um adäquate Entscheidungen treffen zu können.

Viele Hilfsangebote sind zeitlich begrenzt und werden nicht länger als zwei Jahre finanziert. Jedes halbe Jahr entscheidet eine Kommission von Vorgesetzten über die Verlängerung von Eingliederungsmaßnahmen! Egal was geschieht, die zwei Jahresgrenzen bleiben unveränderlich! Begründung des Landkreises: „Die Familien müssen innerhalb des festgelegten Zeitraumes ihre Probleme selbstständig lösen!" Meine Frage hierauf: „Und wenn nicht?" Darauf folgte betretenes Schweigen.

Meine Feststellung: „In manchen Familien reicht durchaus nur ein Jahr oder weniger aus! Bei anderen setzt man zwei Jahre teure Maßnahmen in den Sand, da diese zu Betreuenden wieder dem alten Trott verfallen! Die Kleinen bleiben wie immer auf der Strecke und werden im Erwachsenenalter so richtig teuer! Bares Geld schmeißt man somit zum Fenster raus!" Schweigen!

Leons Frau Noll ging nach dieser vorgegebenen Zeit, obwohl mein Sohn gerade zu diesem Zeitpunkt dringendst jeglicher Unterstützung bedurfte! Wir rätselten nach dem KJP-Aufenthalt, wie wir dem Kleinen diesen Verlust auch noch erklären sollten.

„Zwei Jahre sind genug und damit basta!" Wenn Berichterstattungen von Medien, dann sollten diese nicht die wichtigen Details verschweigen! Zur Rechenschaft werden immer nur die Kleinen herangezogen, ist doch klar! Deutsche Gerechtigkeit! Lorbeeren greifen die Großen ab! Sündenböcke sind immer die Leutchen an der Front, die täglich harte Arbeit in ihrem Job leisten! Die Presse spielt diese Spielchen mit?! Denn selbst wenn die Medien im Dunklen fischen, die dicken Fische bleiben verborgen!

In naher Zukunft wird die ganze Situation in den Schulen und auf den Jugendämtern immer schwieriger. Die Zahl der auffälligen Kinder steigt zunehmend an. Der Mittelstand rückt in den Mittelpunkt der Erziehungshilfe, da immer mehr Eltern sehr viel Unsicherheit im Umgang mit ihren Kleinen erfahren. Die Schulen ziehen weiterhin ihre Aussortierungspolitik durch und schaffen so eine Unterschicht, der kaum ein Kind entfliehen kann. Wie ich in den letzten Jahren erfahren musste, sind Wahlversprechen eben Zusicherungen von guten Schauspielern. Den Kultusministerposten in Hessen soll jemand aus den Reihen der FDP einnehmen, ob man dann eine Verbesserung des kranken Schulsystems vornimmt? Im öffentlichen Dienst stockt man die Angestellten wegen Sparmaßnahmen nicht dem Arbeitsaufwand entsprechend auf. Also bleiben die sozial schwachen Kinder, deren Eltern keine Hilfe suchen, auf der Strecke. Diese Spirale dreht sich schon eine ganze Weile und sie wirbelt immer schneller, bis keiner mehr sie anhalten kann.

Wie sagte ein Mensch aus der Bundespolitik zu mir, zu dem ich ganz kurzen Kontakt aufnahm:

„Das ist so typisch, es wird immer gewartet, bis es zu spät ist, damit kein Handlungsbedarf mehr besteht!" Mein Kommentar: Die Herrschaften scheuen voluminöseren Arbeitsaufwand: „Was interessieren uns die Armen? Hauptsache uns geht es gut und wir können unsere Diäten erhöhen! Alles andere ist scheißegal!"

Die Schulbehörden redeten oft von gleichen Bildungschancen für alle Kinder und erstrebten tatsächlich, mir Sand in die Augen zu streuen, die staatliche Sonderschule sei der beste Ort für ein Kind wie Leon! Wie sieht eine gleichberechtigte Bildungschance in den Augen der Politiker eigentlich aus? Ich erfasste es ganz genau: Eine engagierte Erzieherin, die sich im Bereich Asperger-Autisten für die Integration in Schulen und der Arbeitswelt einsetzte, vermittelte mir durch ihre Erzählungen die Erkenntnis zur staatsklugen Gleichstellung von Menschen! Im ersten Fall:

Die Mutter eines erwachsenen jungen Mannes sicherten die Behörden zwar Hilfen zu, aber diese Mama wartete stetig und immer noch auf eine Möglichkeit, ihren Sohn in die Arbeitswelt einzuführen. Der Jüngling verfügt über einen guten Abschluss der Realschule. Leider verschlimmerte sich seine Symptomatik im Laufe der Jahre, der Aspie entwickelte eine diffizile Persönlichkeit. Für Erwachsene bestehen gerade bei uns in Nordhessen kaum noch Hilfsmöglichkeiten. Diese Mutter erlebte mit sozialen Dienststellen und auch den zuständigen Vereinen totalen Schiffbruch.

Ein anderer Junge, dessen Eltern, wie ich bereits erwähnte, fünf Anträge auf einen Schulassistenten stellten und anschließend mit der Androhung eines gerichtlichen Verfahrens in ihre Schranken verwiesen wurden: Mithilfe einer kompetenten Klassenlehrerin und einer lernfähigen Schulleitung schaffte der Junge spielend die Regelschule bis einschließlich der 3. Klasse. Einen Integrations-Lehrer, für fünf Stunden die Woche, genehmigte das Schulamt zähneknirschend. Hier handelte es sich nämlich um eine der ganz wenigen Schulen für Gemeinschaftlichen Unterricht (Integrations-Schulen)! Den Lehrerwechsel in der 4. Klasse überstand der Knabe nicht unbeschadet. Eine Pädagogin übernahm ihn, die kein Verständnis für den kleinen Mann zeigte. Auch hier erlebte die Mutter, wie erbarmungslos die Handhabung eines Asperger-Autisten sich im schulischen Bereich darstellt, wenn er unter die Fuchtel einer Person gerät, die beabsichtigt, ihn in das vorgegebene Raster von Regelschulen zu quetschen! Dieser Bub offenbarte sich eindeutig als Gymnasiums-Kandidat, man verwehrte ihm aber bisher diese Schulform! Keine Oberschule fand sich bislang bereit, ihn aufzunehmen! Selbst Waldorf- und Montessori- Schulen lehnen es strikt ab, Kinder mit solchen Syndromen zuzulassen! Zuletzt versuchte die Mama, für ihr Kind eine Schule zu finden, die ihren Sprössling trotz seines Handycaps aufnehmen würde. Ein fast aussichtsloses Unterfangen!

Ein ganz anderer Fall: Ein Asperger-Autist, wieder ein Junge, erhielt mit vier Jahren problemlos eine Diagnose. Im Alter von 6 Jahren genehmigte man ihm eine Schulassistentin, eine Erzieherin, der man zusätzlichen einen Lehrgang für den adäquaten Umgang mit seelisch Erkrankten verordnete! Beide Eltern sitzen in einflussreichen Berufen, der Vater ist ein hoher Beamter! Gleichberechtigung aller Kinder in Deutschland!?

Der Vertreter der Bundesbeauftragten der Bundesregierung für Belange behinderter Menschen, Karin Evers-Meyer, Mitglied des Deutschen Bundestages, versuchte, mir durch sein Eingreifen behilflich zu sein. Ich erzählte diesem sehr netten Herren, dass ich nach dem Ausscheiden der Sozialarbeiterin vom Jugendamt auf mich allein gestellt war, da mein Mann die Hilferufe unseres Sohnes immer noch nicht hörte. Für Ralf trug ich an allem Elend die Schuld: „Wenn du endlich aufhören würdest, unserem Kind eine Krankheit anzuhängen, stünde einer normalen Entwicklung des Jungen nichts im Wege!"

Herr Kugel bot mir seine Hilfe an und bat darum, ab jetzt über alle Vorkommnisse informiert zu werden. Sein Interesse half mir sehr, am Ball zu bleiben. Die Aufforderung, „nicht aufzugeben", empfing ich von etlichen Menschen. Überraschenderweise handelte es sich hierbei nicht um betroffene Eltern, sondern um junge Leute. In Telefonaten und durch E-Mails teilten sie mir mit, dass das Thema Behindertenintegration in deutschen Schulen und unserer Gesellschaft außerordentlich wichtig sei. Sie kritisierten ebenfalls unser Bildungssystem und die Chancenlosigkeit aus der Norm gleitender Kinder! Ein Kommentar, der mich wirklich beeindruckte: „Wenn Sie über die Einflussnahme Ihres Unterfangens nachgrübeln, so denken Sie immer daran: ‚Rom ist auch nicht an einem Tag erbaut worden!' Sie bewirken mit Ihrem Engagement doch mehr, wie sich momentan herauskristallisiert. Wenn einer den Mut zum Protest findet und den ersten Schritt vorangeht, folgen bestimmt andere nach! Ihr Durchhaltevermögen in der Kontroverse um die Rechte Ihres Sohnes ist wegweisend für alle anderen Eltern dieses Landes!"

Ich muss gestehen, dass ich nach Beendigung dieses Telefongespräches vor Gefühlsseligkeit kolossal weinte. Es verhielt sich ziemlich seltsam, immer wenn mich der Mut verließ, motivierte mich ein Mensch, nicht aufzugeben! Bei Herrn Kugel aus Berlin handelte es sich um den einzigen Menschen aus dem politischen Metier, der wirkliches Interesse zeigte und mich unterstützte. Selbst von Behinderten- und von Autisten-Vereinen erhielt ich nur Ablehnung. Keiner wollte mir helfen, für meinen Sohn eine adäquate Förderung zu finden. Alle Gruppen verweigerten selbst Dialoge. Beharrlich gebrauchten diese Clubs Argumente wie: „Wir sind nicht dafür zuständig, die Störung unserer Günstlinge entsprechen einer vollkommen anderen Prägung" oder ähnliche Ausreden, um sich nicht dazu äußern oder stützen zu müssen. Der überwiegende Teil dieser Zusammenschlüsse und Politiker hielt es nicht einmal für angebracht, überhaupt zu antworten. Keinerlei positive Reaktionen oder nur ein Wort, um Mut zu machen, erreichte mich aus diesen Kreisen. Selbst Betroffene oder deren Angehörige distanzierten sich und andere Eltern aus unserer Grundschule begannen, gemeine Geschichten über mich zu erzählen. Zeitungen und auch Buchverlage brachten mir eher Ermutigungen und Bedauern für die Lage meines Kindes entgegen. Die schriftlichen Absagen von Medien beinhalteten nahezu fortgesetzt wohltuende Einfühlung. Zum Beispiel:

Liebe Frau Schulz,
die Thematik der problematischen Schul- und Betreuungssituation Ihres Sohnes können wir nicht veröffentlichen und bearbeiten, da Ihr Heimatort und die zuständige Stadt nicht mehr unser Verbreitungsbezirk ist. Wir haben natürlich großes Verständnis dafür, dass Sie eine breite Öf-

fentlichkeit benötigen; uns sind aber leider die Hände gebunden bezüglich unserer Definition als Lokalzeitung. Wir wünschen Ihnen alles Gute und hoffen, dass Sie eine passende Betreuungs- und Schulmöglichkeit für Ihren Sohn finden, sodass er eine für ihn annehmbare Form der Förderung erhalten kann.

Oder:

… Zunächst einmal darf ich mich im Namen meiner Chefredakteurin ganz herzlich für Ihren Brief und die damit verbundenen Ausführungen bedanken. Die Geschichte Ihres Sohnes Leon hat in der Redaktion großes Interesse und Mitgefühl erregt. Und tatsächlich würden wir den Fall sofort aufgreifen, wenn er sich bei uns im näheren Verbreitungsgebiet abgespielt hätte. So aber gibt es für uns keinen wirklichen Angriffspunkt. Denn unsere Zeitung versteht sich in erster Linie als Online-Portal für den Großraum Ruhrgebiet, Sauerland und Niederrhein. Wir werden das Thema aber in unserer Region recherchieren – allerdings sind hier die gesetzlichen Grundlagen, Schulsysteme und -strukturen andere als in Hessen. Wir drücken Ihnen und Ihrem Sohn die Daumen und hoffen mit Ihnen, dass sich die Sache noch zum Guten wendet.
Mit besten Grüßen aus …

Dies sind nur zwei Beispiele von Zeitungen. Auch bei Anfragen an Verlage zur Veröffentlichung meines Buches „Er ist doch nur ein kleiner Junge!" waren die Menschen über die Behandlung meines seelisch Kranken Kindes sehr erschüttert und wünschten mir immer wieder Mut und Kraft und vor allen Dingen Durchhaltevermögen. Von den Menschen, die selbst betroffen sind und sich in Vereinen zusammenschlossen, um für ihre behinderten Kinder eine bessere Lebenssituation zu schaffen, war ich mehr als enttäuscht. Ich stellte fest, dass sich in vielen dieser Gruppen eine typisch deutsche Bürokratie eingeschlichen hatte, die eine Flexibilität innerhalb dieser Vereinsstrukturen nicht zulässt (So ist mein Eindruck über die Initiatoren verschiedener von mir kontaktierten Gemeinschaften. Natürlich trifft das nicht für alle Selbsthilfeinitiativen zu).

Bei einem Gespräch mit Angestellten der Caritas bestätigten die Mitarbeiter meine Eindrücke. Herr Kugel aus Berlin rief im Hessischen Kultusministerium an, um meine Interessen bezüglich der Grundschulbetreuung zu vertreten. Weiterhin schrieb er einen Brief an Herrn Hiller, den obersten Boss des Staatlichen Schulamtes. Am 7. November 2008 wurde der Brief abgeschickt.

Sehr geehrter Herr Hiller,
ich wende mich in einer Angelegenheit der Petentin Frau Regina Schulz mit der herzlichen Bitte an Sie, Prüfung durch Ihr Haus zu veranlassen. Wie mir Frau Schulz geschildert hat, ist es ihr trotz vieler Bemühungen bislang nicht gelungen, für ihren Sohn Leon Schulz, der unter einem ADHS-Syndrom und Asperger-Autismus leidet, einen Nachmittagsbetreuungsplatz an der Grundschule in ihrem Heimatort zu bekommen. Die Gründe dafür sind von hier aus nicht nachvollziehbar. Als Behindertenbeauftragte setze ich mich für die Integration behinderter Kinder ein. Ich bin davon überzeugt, dass nur eine frühzeitige Integration die Bemühungen um ein gesellschaftliches Miteinander behinderter und nicht behinderter Menschen zum Erfolg führen kann. Darüber hinaus halte ich es für angemessen, Eltern behinderter Kinder ein größtmögliches Maß an Unterstützung von öffentlicher Seite zuteil werden zu lassen. Insoweit wäre ich Ihnen sehr dankbar, wenn Sie einen Weg finden würden, Leon Schulz eine wohnortnahe Nachmittagsbetreuung in der Grundschule zu ermöglichen. Damit ich der Petentin antworten kann, wäre ich Ihnen sehr dankbar, wenn Sie mich über das Ergebnis Ihrer Bemühungen in Kenntnis setzen würden.
Mit freundlichen Grüßen …

Die Antwort des Staatlichen Schulamtes brachte nichts Neues, diese Behörde wies jegliche moralische Verantwortlichkeit von sich. Das Schulamt antwortete mit Datum vom 26.11.2008 Folgendes:

Sehr geehrte Frau Evers-Meyer,

bezüglich Ihres Schreibens vom 7.11.2008 kann ich Ihnen folgende Auskunft geben: Betreuungsangebote, die über den zeitlichen Rahmen der Stundentafel hinausgehen, können nach § 15 des Hessischen Schulgesetzes vom Schulträger eingerichtet werden. Zu solch einer Einrichtung ist es auch an der Grundschule in Leons Wohnort gekommen. Der Landkreis ist folglich der Träger dieser Nachmittagsbetreuung. Bitte wenden Sie sich an Frau Oger vom Landkreis, unter folgender Telefonnummer …

Jetzt war es an der Zeit, den Landkreis davon in Kenntnis zu setzen, dass man alle Verwicklungen und den Ausschluss meines Kindes von der Schulleitung, Frau Wagner, der Grundschule hier im Ort, auf die zuständige Sachbearbeiterin Frau Oger und den Landkreis abwälzte.

Also beschrieb ich in einem sehr langen Brief an den Landkreis, um welche Problematik es sich handelte und wie ihre Sachbearbeiterin sich von Frau Wagner beeinflussen ließ. Frau Oger hatte des Öfteren betont, sie wolle der Direktorin nicht in den Rücken fallen und trage deren Entscheidung mit. Jetzt, wo die Schulbehörde unter Druck geriet, vielleicht doch die unsinnige Entscheidung zu revidieren, schob man die Verantwortung einfach auf die Dame vom Landkreis. Die Schulbehörden ändern niemals ihre Anordnungen: „Was einmal schriftlich entschieden wurde, darf nicht mehr umgeändert werden! Dass käme einer Todsünde gleich! Beamte im Bildungssystem irren niemals!" Wer fiel jetzt wohl wem in den Rücken?

Weder Schulamt noch Kultusministerium noch der Landkreis schafften es, mir eine gesetzliche Vorschrift über die Handhabung der Schulbetreuung zukommen zu lassen. Vor längerer Zeit schwor ich mir, mich nicht mehr mit irgendwelchen fingierten Angaben abspeisen zu lassen. Zum Beispiel mit der, dass ich nicht berufstätig bin (Diesen Vorwurf musste ich mir von Frau Wagner anhören. Einer anderen Mutter machte man an der Elementarschule den Vorwurf der Berufstätigkeit; beide Kinder kickte man aus besagter Lehranstalt). Wären all die Auskünfte von Frau Wagner und Frau Oger aus einer fundierten Gesetzesgrundlage hervorgegangen, benötigten die beiden Damen nicht ständig an den Haaren herbeigezogene Ausflüchte zur Verweigerung dieser Obhut. Nach all dem Hin und Her reichen ein paar Paragraphennummern nicht mehr aus, um glaubhaft zu wirken Ich versuchte in unserer Stadt die zuständige oberste Stelle, die für alle ländlichen Bereiche leitende Verantwortlichkeit mit meinem Schreiben zu erreichen. Leider erfasste ich die Hierarchie der Landesstellen nicht wirklich, also schrieb ich auf gut Glück, eine Adresse aus dem Internet an:

An den Landkreis, Schulen- und Bauwesen,
meine Auseinandersetzung um den Betreuungsplatz in der Nachmittags-
betreuung in der Grundschule. Zuständige Bearbeiterin Frau Oger.
24.11. 2008
Sehr geehrte Damen und Herren,
ich bin mir nicht sicher, ob ich bei Ihnen an der richtigen Stelle bin. Da
es aber keinen Sinn macht, den Landkreis im ländlichen Zuständig-
keitsbereich direkt anzuschreiben, versuche ich einen der Damen oder
Herren zu kontaktieren, die eine übergeordnete Funktion in Sachen
Schulen und Bauwesen einnehmen. Eine kurze Erklärung: Mein Sohn
Leon Schulz, neun Jahre, er besucht zurzeit die Jean-Paul-Schule in der
Stadt, wurde in der Grundschule aussortiert. Die Schulleitung unterstell-
te mir als Mutter, ich würde mich nicht um mein Kind kümmern und er
wäre vollkommen strukturlos. Man versuchte von der ersten Klasse an,
meinen Sohn auf die Schule für Lernhilfe umzuschulen, obwohl Leon
beim Verlassen des Kindergartens eine gute Prognose und einen IQ von
145 % hatte.

Dem Schreiben an den Landkreis fügte ich noch einige meiner zuvor geschriebenen Briefe als Anlage bei, damit die Informationen über den Fall Leon Schulz auch vollständig waren.

Sehr geehrte Damen und Herren,

ich habe Ihre Einstiegshilfen für den Unterricht von Kindern und Jugendlichen mit autistischem Verhalten gelesen (erschienen im Mai 2007, 2. überarbeitete Auflage). Leider musste ich feststellen, dass die Wirklichkeit an den hessischen Schulen ganz anders aussieht. Ich möchte Ihnen kurz mein Problem schildern und Sie auf diesem Wege bitten, mir mitzuteilen, an wen ich mich wenden kann, um wenigstens ein paar Rechte für eine Förderung meines Sohnes Leon durchsetzen zu können.

Mein Sohn Leon wurde am 15.03.1999 als drittes Kind geboren. Er war immer etwas auffällig, aber nicht im negativen Sinn, er konnte mit drei Jahren alle Farben unterscheiden und auch benennen. Er konnte in drei Sprachen – Englisch, Französisch und Deutsch – bis zwanzig zählen und auch das französische Alphabet. Sein erstes Wort war ‚Licht‘, sein zweites ‚Markise‘. Leider hat er in diesem Alter auch keine Gefahren erkannt und ich konnte ihm diese auch nicht vermitteln. Als er in den Kindergarten kam, habe ich mithilfe des Kinderarztes einen Integrationsplatz beantragt, dieser wurde auch genehmigt. Außerdem habe ich mir Hilfe von der pädagogischen Frühförderung geholt und er hat Ergotherapie bekommen.

Ein Logopäde stellte fest, dass seine sprachliche Entwicklung altersgerecht war. Im Kindergarten lief alles sehr gut. Durch die enge Zusammenarbeit aller Beteiligten war Leon ein glückliches, sehr aufmerksames und aufgewecktes Kind. Die großen Schwierigkeiten begannen dann in der Schule. Die Direktorin, die ihn auf der Regelschule einschulen sollte, lehnte dies ab mit der Begründung, Leon könne nicht rechnen. Bei ihm waren 3 + 3 = 33. Sie wollte ihn auf eine Sprachheilschule mit anschließender Umschulung zur Schule für Lernhilfe schicken. Ich habe daraufhin zusammen mit der pädagogischen Frühförderstelle einen Antrag auf „Gemeinsamen Unterricht“ beim Staatlichen Schulamt in Kassel gestellt. Dieser wurde abgelehnt, da die Überprüfung einen IQ von 145% ergab. Leon ist dann ganz normal eingeschult worden. Das erste halbe Jahr in der Schule verlief super, die Lehrerin war voll des Lobes und rühmte Leons hohe Intelligenz. Leider wurden Gespräche, um die ich bat, immer abgelehnt, da ja alles super war.

Nach einem halben Jahr hatten wir dann die Bescherung, Leons Verhal-

ten war plötzlich unmöglich, im Wechsel waren seine Leistungen ebenso unmöglich. Dann fing das BFZ (Bildungs-Förder-Zentrum) an, Leon zu testen, und zwar einen Test nach dem anderen. Ich habe den Überblick verloren, wie viele es waren, und sie waren alle schlecht. Plötzlich war mein Kind zu einem Lernhilfekind geworden. Meine Kontakte zum SPZ veranlassten die Lehrer, Leon von einem Lernhilfekind zu einem Erziehungshilfekind umzufunktionieren (das SPZ hatte festgestellt, dass Leon keine Lernhilfe benötigt, er hatte dort einen IQ von 110%). Leider hat sich der Herr vom SPZ vorzeitig verabschiedet, er wollte keine Diagnose stellen. Ich habe dann beim Jugendamt eine Beistandschaft beantragt, die auch genehmigt wurde. Diese Frau ist auch die einzige Hilfe und Unterstützung, die mir geblieben ist. Das Jugendamt hat jetzt entschieden, dass mir die Beistandschaft noch bis zum 31.08.2008 zur Seite stehen darf. In der Zwischenzeit bin ich bei Herrn Dr. ..., Kinder- und Jugendpsychologe, gewesen, der es aber grundsätzlich abgelehnt hat, eine Diagnose zu stellen. Leon hat sich mit Händen und Füßen gewehrt und wollte dort nicht mehr hingehen.

Also habe ich diese Behandlung aufgegeben und habe mich an das Autistische Therapiezentrum gewandt, das Leon gleich bei sich aufnehmen wollte. Wie ich vermutet habe, wurde dort eine vorläufige Diagnose auf Asperger-Autismus gestellt. Das autistische Zentrum arbeitet mit der KJP (Kinder- und Jugendpsychiatrie) zusammen, wohin ich auch gleich wegen einer endgültigen Diagnose gegangen bin. Die Diagnose brauchte ich, um eine Kostenübernahme für das Autistische Zentrum zu bekommen. Die KJP versprach mir, für Leon Ende Januar einen Platz in ihrer Klinik zur Verfügung zu stellen, auf diesen Platz warte ich bis heute noch. Ich habe bis heute noch keine endgültige Diagnose, also keinen Platz auf der Warteliste des Autistischen Zentrums, auch keine beratenden Gespräche bis zur Kostenübernahme, keinen Behindertenausweis, keinen Schulassistenten, keine Anerkennung der Behinderung in der Schule, keine wirkliche Beratung für die richtige Beschulung, keinerlei Hilfen. Das Schlimmste an dieser Situation ist die Hilflosigkeit von mir. Mir wird jede Kompetenz vom Schulamt abgesprochen. Dass Leon bei kirchlichen Aktivitäten keinerlei Schwierigkeiten hat und sogar schon zwei Jahre am Krippenspiel teilnimmt, ist für das Schulamt irrele-

vant. Auch bei anderen Freizeitaktivitäten treten keinerlei Probleme auf (Keyboard-Unterricht, Reiten).

Nun ist es so weit, dass das Schulamt Anfang Juni eine Schulzuweisung vornehmen wird. Wenn nötig mit staatlicher Gewalt, so die Dame vom Schulamt, wird Leon in die nächste staatliche Lernhilfe- bzw. Erziehungshilfeschule umgeschult. Das Schulamt berücksichtigt dabei die noch ausstehenden Untersuchungen der KJP nicht. Meines Erachtens und auch laut des sonderpädagogischen Gutachtens wird Leon sich den dort oft unterrichteten strukturlosen Kindern bereitwillig anschließen, was bei Autisten mit großen sozialen Problemen oft der Fall ist, da diese Kinder soziale Strukturen erst erlernen müssen. Ich widersprach mal wieder dem sonderpädagogischen Gutachten und der daraus resultierenden Entscheidung des Schulamtes; leider wird meine Position gegenüber der Schule und des Schulamtes immer schwächer und ich habe kaum noch Chancen, dort ernst genommen zu werden. Ich möchte aber meinen Sohn auf keinen Fall aufgeben und benötige dringend adäquate Hilfe. Die Jugendbeamtin und ich sind nun seit fast zwei Jahren am Kämpfen, um für meinen Sohn eine gute und sinnvolle Beschulung zu bekommen, die seiner Behinderung angemessen ist.

Was ich Ihnen hier geschildert habe, sind nur die notwendigsten Details dieser Geschichte. Ich habe noch viele andere Versuche gestartet, um Leon aus seiner verfahrenen Situation herauszuhelfen. Das Kind leidet zunehmend. Und die Situation wird immer unerträglicher. Wenn das Jugendamt die Beistandschaft im August beendet, stehe ich ganz allein vor diesem riesigen Berg:

WAS WIRD DANN NOCH KOMMEN? WIE WERDE ICH DAS ALLES SCHAFFEN? WIE KANN ICH MEINEM KIND HELFEN?

Ich hoffe sehr, von Ihnen eine Antwort zu erhalten, und möchte mich im Voraus für Ihre Bemühungen bedanken.

Das war mein erster großer Hilferuf an das Hessische Kultusministerium, da die Auseinandersetzung mit dem Staatlichen Schulamt die Diskriminierungen der Grundschule fortsetzte. Hierauf reagierte das Kultusministerium und wies das Schulamt an, meinen Sohn in die Jean-Paul-Schule umzuschulen. Die ganze Prozedur dauerte aber noch bis zur Diagnose meines Kindes in der KJP (Kinder- und Jugendpsychiatrie).

Wie Sie aus o.g. Schreiben ersehen können, ist mein Sohn Asperger-Autist, zusätzlich wurde bei ihm noch das ADHS-Syndrom diagnostiziert (Aufmerksamkeitsdefizit-Hyperaktivitäts-Syndrom). Da mein Sohn Asperger-Autist ist und unter dem ADHS-Syndrom leidet, braucht er dringend den Umgang mit „normalen Kindern". In der Jean-Paul-Schule werden Kinder mit Lernhilfe und Erziehungshilfe-Problemen unterrichtet, die teilweise ebenso auffällig sind wie mein Sohn, und die Nachmittagsbetreuung dort wird überwiegend von jüngeren Kindern besucht. Bevor mein Kind nach dem KJP-Aufenthalt umgeschult wurde, habe ich mich im Vorfeld um eine Betreuung an der hiesigen Grundschule bemüht, die Leon bereits seit einem Jahr besucht hatte. Die Symptome meines Sohnes wurden von der Grundschule erst nicht anerkannt und danach überhaupt nicht bedacht.

Asperger-Autisten können Veränderungen nicht oder sehr schwer aushalten. Damit mein Kind nicht an der totalen Veränderung zerbricht, habe ich darum gebeten, ihn noch für eine Weile in der Betreuung der Grundschule zu behalten. Ich wollte für meinen Sohn ein Stück seines alten Lebens aufrechterhalten, um ihn noch eine Weile in unsere Gemeinde zu integrieren, damit die plötzliche vollkommene Veränderung ihn nicht total aus der Bahn wirft. Die Grundschule, besonders die Schulleitung, hat mein seelisch krankes Kind vollkommen zerbrochen. Hierüber habe ich ebenfalls das Schulamt informiert. Nachdem ich die Erzieherin der Nachmittagsbetreuung in der Grundschule wegen der Übernahme Leons in der Nachmittagsbetreuung gefragt hatte, erwiderte mir diese, sie würde Leon gerne in ihrer Gruppe behalten, da mein Sohn dort sehr gut integriert worden war und es keine Schwierigkeiten mit ihm gab. Daraufhin habe ich mit Frau Oger vom Landkreis, Schul- und Bauwesen, gesprochen und wegen dieser Nachmittagsgruppe nachgefragt. Frau Oger war sehr dafür und wollte gleich mit der Direktorin der Grundschule darüber sprechen usw. Falls es noch Fragen gibt, bitte ich Sie, mich davon in Kenntnis zu setzen oder meinen Rechtsanwalt zu kontaktieren: Dr. V.

Klippert ... Für Ihre Bemühungen danke ich Ihnen im Voraus und verbleibe mit freundlichen Grüßen ...

Anschließend schrieb ich gleich einen Brief an den Deutschen Kinderschutzbund; diese Institution kontaktierte ich bisher noch nicht. In einer Fernsehsendung sah ich eine Diskussion über die geplanten Besserungen in der hessischen Bildungspolitik. In Hessen sind in naher Zukunft Landtagswahlen geplant und alle Parteien bis auf die CDU dachten über eine grundlegende Veränderung in der Bildungspolitik nach.

Bei dieser Diskussion sprach man ausschließlich die drei Schulstufen Haupt-, Real- und Oberschule an. Verbesserungen bezüglich der Sonderschulen wurden leider in die Diskussion nicht aufgenommen. Es war auch ein Vertreter des Deutschen Kinderschutzbundes unter den Diskutierenden. Leider befragte man wie immer keine betroffenen Eltern.

Sehr oft versuchte ich, Medien und Vereine auf dieses Manko hinzuweisen, aber irgendwie sprach niemand über das Thema der Zwei-Klassen-Gesellschaft, die die Schulen propagieren! Als ich mir die Adresse des Berliner Hauptverbandes heraussuchte, fiel mir die Überschrift „Lobby für Kinder" sofort auf. Jemand, der es wissen musste, erklärte mir, dass eine Lobby sehr viel Macht und Einfluss in der Welt besitzt. Man sollte sich also von dem Ausdruck „Lobby" beim „Deutschen Kinderschutzbund" nicht täuschen lassen. Dieser Verein setzt sich aus verschiedenen kleinen Vertretungen im ganzen Land zusammen! Diese dürfen aber nur in ihrem jeweiligen Einzugsgebiet operieren. Finanzielle Unterstützung erhalten diese Gruppen durch Spenden oder von der Stadt bzw. dem Landkreis, in dessen Bereich sie sich einsetzen. Im nordhessischen Landkreis existiert kein Kinderschutzbund, hier herrscht laut den Worten eines zuständigen Menschen „totes Gebiet"! Ausschließlich das Jugendamt stellt in Sachen Kinder für die gesamte Region Hilfsangebote und Beratungen zur Verfügung!

Mein Schreiben an den Deutschen Kinderschutzbund: 02.12.2008:

Sehr geehrte Damen und Herren,

vor einiger Zeit habe ich eine Talkshow im Fernsehen gesehen, in der eines Ihrer führenden Mitglieder zu Veränderungen in der Schule befragt wurde. Es sollen mal wieder Gelder in deutsche Schulen fließen. Wo diese Verbesserungen vorgenommen werden sollen, entscheiden wie immer Leute, die aufgrund ihrer Stellung in unserer Gesellschaft keinen blassen Schimmer haben, was verbessert werden muss. Diese Menschen haben keine Schwierigkeiten mit ihren Kindern in Deutschlands Schulen, und wenn doch, besitzen sie genug Geld, ihre Kinder in teuren Privatschulen unterrichten zu lassen. Diese Anmerkung möchte ich nur nebenbei machen, denn die Kinderfeindlichkeit in unserem Land ist eigentlich eines der Hauptprobleme und die Glaubwürdigkeit der politisch für unsere Kinder zuständigen Personen.

Ich habe Ihnen einige Unterlagen beigefügt, mit denen ich Ihnen die seelischen Misshandlungen an einem seelisch kranken Kind während drei Jahren Grundschulzeit nahebringen möchte. Eigentlich ist in meinen beigefügten Briefen alles gesagt, ich möchte aber trotzdem noch einige Worte an Sie richten. Ihre Arbeit im Kinderschutzbund ist etwas Superwichtiges, Kinder sind das Allerwichtigste überhaupt in unser aller Leben, ohne Kinder hätten wir alle keine Zukunft und deswegen sollte wirklich alles Menschenmögliche getan werden, diesen kleinen Menschen eine glückliche Kindheit zu gewähren. Es ist allerdings sehr schwierig für Leute wie mich, dies glaubwürdig zu vermitteln.

Mein Kind ist in der Grundschule sehr schlecht behandelt worden. Ich hatte einmal ein sehr fröhliches, liebenswürdiges Kind, welches den Umgang mit anderen Menschen liebte. Mein Sohn hat viele Menschen in unserem Ort alleine besucht, er hat alle Leute mit Namen gegrüßt. Mein Kind war ein sehr offenes Kind, was für einen Asperger-Autisten sehr ungewöhnlich ist. Nach drei Jahren Grundschule versteckt mein Kleiner sich hinterm Sofa und schreit, wenn er zur Schule muss; er will nicht mehr dorthin.

Seine Freizeitaktivitäten, zu denen er immer gerne gegangen ist, besucht er ohne meine Begleitung nicht mehr. Mein Sohn ist verwirrt, enttäuscht, hat sehr viele Ängste und ist vollkommen verschreckt. Er geht nicht mehr in seinem Zimmer zu Bett, sondern schläft abends nur noch in meinen

Armen ein. Heute Morgen schrie er wieder ganz furchtbar, weil er Angst vor der Schule hat. Ich musste ihn in den Schulbus schieben. Gott sei Dank wird Leon vom ASB in unserem Ort gefahren, dieser nette Herr wartet oftmals längere Zeit vor unserem Haus, bis ich es geschafft habe, Leon aus dem Haus zu zerren.

Mein Kind ist jetzt neun Jahre alt und hat sich nach Verlassen der Grundschule zu einem kleinen Jungen von zwei Jahren zurückentwickelt. Wie kann ich also glauben, dass unsere Politiker und Beamten usw. sich für die Menschenrechte unserer Kinder einsetzen, wenn sie dulden, dass die Leitung einer Grundschule mit Unterstützung des Staatlichen Schulamtes ungestraft ein seelisch krankes Kind so zerstören darf? Beispiel:

Wenn jemand als Kriegsgegner auftritt und es nicht schafft, Frieden in seiner nahen Umgebung zu halten, ist er unglaubwürdig. Wenn in einem Land eine kinderfeindliche Schulpolitik praktiziert wird und dieses Land sein eigenes Grundgesetz nicht umsetzt (Alle Menschen sind gleich, Artikel 1 des Grundgesetzes), wie kann man dann von Eltern behinderter und auffälliger Kinder, der Schwächsten in dieser Gesellschaft, erwarten, Vertrauen zu haben? Wenn Eltern kein Vertrauen zu den Leuten haben, die ihre kleinen Kinder betreuen, wenn die Fürsorgepflicht verletzt wird und eine Mutter mit ansehen muss, wie ihr Kind leidet – und das ist deutsches Recht! – wie kann dann irgendeine Organisation in diesem Land noch von Glaubwürdigkeit sprechen?

Ich möchte mich nicht weiter auslassen, ich weiß, dass noch sehr viel Ärger auf mich wartet, da ich es gewagt habe, mich vehement öffentlich gegen Dinge zu wehren, die ich für Unrecht halte. Um die Demokratie in unserem Land steht es auch nicht besonders, keiner traut sich mehr, öffentlich seine Meinung zu sagen, da alle Menschen, die mit solchen Problemen zu tun haben, Angst um ihren Arbeitsplatz haben oder Scherereien befürchten (Meine Erfahrung mit etlichen Lehrern).

Ich wünsche Ihnen ein frohes und gesegnetes Weihnachtsfest und verbleibe mit freundlichen Grüßen …

Ich rief noch einmal Herrn Kugel für die Belange behinderter Menschen aus Berlin an. Der nette Mann wurde bereits über die Schieberei der Verantwortlichkeit und die Unbestimmtheiten in Sachen Betreuungsangebot an der Elementarschule in Kenntnis gesetzt. Er beförderte ebenso ein Schreiben an den Landkreis. Ansonsten empfand auch er Ratlosigkeit und Empörung. Um mich aufzumuntern, redete er mir gut zu und erklärte, dass die Schule und auch das Schulamt ein Teil des Landkreises darstellt:

„Wenn dort eine Aufklärung erfolgt, muss das Schulamt Farbe bekennen. Bleiben Sie am Ball, Sie befinden sich auf dem richtigen Weg! Sie haben einen langen, beschwerlichen Weg hinter sich gebracht und ich denke, Ihr Kampf hat sich schon jetzt gelohnt. Bei der nächsten Entscheidung werden die Behörden mit Sicherheit vorsichtiger und überlegter handeln! Durch Ihren Einsatz gaben Sie vielen betroffenen Eltern ein Beispiel, dass man nur etwas erreicht, wenn Hilfesuchende sich zur Wehr setzen und sich ihre Rechte erstreiten! Veränderungen lassen sich nur in kleinen Schritten zu Wege bringen und den ersten Schritt gingen Sie voran!"

Herr Kugel nahm sich trotz seiner hohen Stellung die Zeit, einer kleinen Hausfrau zuzuhören, um Beherztheit zu vermitteln. In dieser Gesellschaft existiert eher die Mentalität: „Nach mir die Sintflut" oder „Ich bin mir selbst der Nächste!" Ich stellte fest, dass gerade oben Thronende die Realität der kleinen Leute vollkommen aus den Augen verloren haben. Sich um Probleme einfacher Menschen zu kümmern, ist total aus der Mode gekommen! Ich denke, dass die jetzigen Politiker es niemals schaffen können, die Interessen der Bevölkerung zu vertreten, da sie das Leben ihrer Bürger nicht verstehen und sich hierfür auch in keiner Weise interessieren. Diese Menschen leben in einer vollkommen anderen Welt, in der nur noch Macht und Geld zählt und sonst nichts.

Wie könnte es sonst sein, dass jemand Millionen Euro im Jahr verdient und trotzdem immer mehr und mehr verschlingt? Ich denke, dass das Interesse an den Kleinen nur noch während der Wahlen geheuchelt wird! Die jetzigen Politiker in unserem Land vergleiche ich manchmal mit den griechischen

Göttern; sie sitzen auf dem Olymp und schauen ab und zu von ihrem Thron auf die kleinen Leute herab. Die Götter taten dies oft, um ihre Langeweile zu vertreiben.

Beauftragte der Bundesregierung für Belange behinderter Menschen, Berlin, Brief vom 07.12.2008 an den Landrat des Landkreises ...

Sehr geehrter Herr Landrat,
ich wende mich in einer Angelegenheit der Petentin Frau Regina Schulz mit der herzlichen Bitte an Sie, eine Prüfung durch Ihr Haus zu veranlassen. Wie mir Frau Schulz geschildert hat, ist es ihr trotz vieler Bemühungen bislang nicht gelungen, für ihren Sohn Leon, der unter einem ADHS-Syndrom und Asperger-Autismus leidet, einen Nachmittagsbetreuungsplatz an der Grundschule zu bekommen. Die Gründe dafür sind von hier aus nicht nachvollziehbar. Als Behindertenbeauftragte setze ich mich für die Integration behinderter Kinder ein. Ich bin davon überzeugt, dass nur eine frühzeitige Integration die Bemühungen um ein gesellschaftliches Miteinander behinderter und nicht behinderter Menschen zum Erfolg führen kann. Darüber hinaus halte ich es für angemessen, Eltern behinderter Kinder ein größtmögliches Maß an Unterstützung von öffentlicher Seite zuteil werden zu lassen. Insoweit wäre ich Ihnen dankbar, wenn Sie einen Weg finden würden, Leon Schulz eine wohnortnahe Nachmittagsbetreuung in der Grundschule zu ermöglichen. Damit ich der Petentin antworten kann, wäre ich Ihnen dankbar, wenn Sie mich über das Ergebnis Ihrer Bemühungen in Kenntnis setzen würden. Mit freundlichen Grüßen ...

Ich nahm am 05.12. 2008 mit einem der Herren vom Landkreis telefonischen Kontakt auf. Herr Holder, ein hoher Beamter vom Landkreis, ließ mir ein Schreiben zukommen, dass mein Brief als offizielle Dienstaufsichtsbeschwerde gewertet werde und man nun den Sachverhalt um den Betreuungsplatz bereinigen wolle. Er hatte Frau Oger und ihren Chef, Herrn Dörr, bereits zu einer Anhörung vorgeladen.

Ich berichtete ihm von den seltsamen Methoden des Staatlichen Schulamtes, wie schon in meinem Brief an ihn:

„Jetzt bleibt mir nur noch der Weg über den Landkreis, um endlich eine Aufklärung des ganzen Durcheinanders zu erhalten. Ich werde nicht aufhören zu kämpfen, bis man die Wahrheit über sämtliche Aussagen zutage gefördert hat. Ich beabsichtige nicht, auf eine Klärung sämtlicher Vorfälle zu verzichten. Und wenn wir in zehn Jahren noch immer alles durchkauen, mich werden Sie so schnell nicht los!"

Herr Holder versprach mir, sich um sämtliche Belange den Landkreis betreffend zu kümmern und die Sachbearbeiterin zur Rechenschaft zu ziehen. Außerdem leitete er mein Schreiben an die Bürgerbeauftragte des Landkreises, Frau Jacob, weiter und bat diese um Überprüfung der Sachlage. Hierzu berichtete er:

„Es sind in Ihrem Fall schwerwiegende Fehler gemacht worden, die Bürgerbeauftragte Frau Jacob ist u.a. für Menschenrechtsverletzungen zuständig und ich habe sie gebeten, den Fall Ihres Sohnes genau zu prüfen. Diese Frau ist dann auch befugt, die Situation mit dem Staatlichen Schulamt zu klären. Ich bin nicht berechtigt, über das Fehlverhalten dieser Behörde zu urteilen!"

Okay, vielleicht verfügte ich jetzt über etwas mehr Glück und man nahm mich endlich einmal vonseiten der Dienststellen für voll. So dachte ich jedenfalls; man darf ja nicht immer nur Schlechtes über andere Personen denken! Bisher kristallisierten sich zwar alle Zugeständnisse vonseiten der Obrigkeit, besonders der Schule, nur als Augenwischerei heraus! Dieser Mann jedoch wirkte ausgesprochen glaubwürdig und ich wollte nicht ständig „schwarzsehen". Ich erwartete in nächster Zeit keine Reaktion von diesem Amt! Die Mühlen in Deutschlands Administrationen mahlen sehr, sehr langsam, und wenn man gegen diese Hegemonien zwecks Kontroversen mutig zu Felde zieht, benötigt man ein ganz dickes Fell, um Hiebe abzuwehren. Zeit darf keine Rolle mehr spielen und das beste Mittel zur Nervenberuhigung, bei einer Begebenheit wie dieser: Alles einreichen, telefonieren und anschließend die Sache verdrängen! Gar nicht mehr darüber nachdenken, bis sich nach einigen Monaten entweder jemand meldet (welches ein Wunschdenken darstellt!) oder man selbst nachfragt, da schon einige Monate ins Land zogen.

Ich schrieb mir für zwei, drei Monate später einen Termin in den Kalender, an dem ich das Thema wieder aufnehmen wollte. Es bringt überhaupt nichts, sich im Vorfeld verrückt zu machen, das sind diese Leute echt nicht wert (Konfuzius, ein chinesischer Philosoph, vertritt die Lehre: Zeit ist nicht wichtig! Geduld zu besitzen und abzuwarten, ohne Desillusionierung zu empfinden, ist eine hochkarätige Tugend! Im deutschen Volksmund spendet ein Sprichwort Gelassenheit und Geduld: „Kommt Zeit, kommt Rat!") Diese Einstellung im Umgang mit der deutschen Obrigkeit bringt die halbe Miete! Wer sein ganzes Pulver im Vorfeld verschießt, vermag nichts mehr zuwege zu bringen

Ich ging wieder zur Tagesordnung über und bereitete mich auf das Weihnachtsfest vor. Leon und ich suchten regelmäßig die Krippenspielprobe auf. Die Disziplin meines Sohnes in dieser Gemeinschaft war wirklich mustergültig Er wirkte etwas verschüchtert, ganz ruhig und zappelte nicht einmal auf seinem Stuhl herum. Der kleine Mann horchte sehr aufmerksam und interessiert den Worten des Pfarrers. Von Hyperaktivität keine Spur! Mein Schatz befolgte jede Anweisung des Gottesdieners! Keine Verweigerungshaltung, Protest oder Provokation! Herr Pfarrer Schleich zeigte Leon, dass er sich über seine Anwesenheit freute und lobte ihn sehr oft. Diese kleinen Bonbons halfen dem kleinen Mann, allen Anforderungen mit großer Energie gerecht zu werden! Der Pfarrer arbeitete zwar „nur" als Seelsorger und war gemäß der Aussage von Frau Freitag, Staatliches Schulamt, pädagogisch nicht kompetent, aber in seinem Kindergottesdienst herrschte nicht annäherungsweise so ein Chaos wie in manchen Schulklassen!

Leider war ich gezwungen, mein Kind zu Aktivitäten außer

Haus zu begleiten! Die Teilnahme an Keyboard und Reiten schaffte Leon mittlerweile ohne Mama. Ich fragte mich sehr oft, wieso mein Sprössling während der Freizeitaktivitäten so gelöst und integriert wirkte. Hierüber unterhielt ich mich sehr oft mit der Kinderpsychologin, Frau Schömberg aus der KJP. Wir waren uns einig, dass die Akteure in Leons Freizeit für ihn Sympathie empfanden und es ihm dadurch zeigten, dass ihr Umgang mit ihm auf Verständnis und Geduld basierte und viele Streicheleinheiten für Leon bei ihnen oberste Priorität einnahmen!

Im Pädagogikstudium erfasst man seltsamerweise ebenfalls, dass die beste Voraussetzung für die Förderung der Motivation eines Kindes Lob und Beifall sind! Wir waren uns im Allgemeinen darüber einig, dass unsere Tiere und die vielen jungen Leute in Leons Kleinkindphase einen erheblichen Einfluss auf die Lebendigkeit meines Stammhalters hatten. Diese Bedeutung wird häufig unterbewertet. Unsere Vier- bzw. Zweifüßler verhinderten bei Leon auffallend oft, dass er in seine eigene Welt entschlüpfte.

Die Hühner, die flattern und gackern, halfen dem kleinen Mann dabei, sein inneres Gleichgewicht wiederzufinden. Durch das Federvieh, welches ihn von Anfang an am meisten interessierte, baute mein Junge sehr viele Aggressionen ab und fand hierbei den Ausgleich, den er nach längerer konzentrierter Tätigkeit benötigte. Auch bei Niedergeschlagenheit und Überlastung tippelte mein Sprössling zu den Puttchen und tauchte nach einem Weilchen ausgeglichen wieder auf. Unsere Joshy besitzt für Leons expressive Wandlungen ein außergewöhnliches Feeling. Sie baute sich vor ihm auf, wenn er sich ängstigte.

Bei panischem Grausen zeigte sie jedem, besonders Leon, dass sie nicht gewillt war, ihre Schutzhaltung aufzugeben. Dabei schubste sie den kleinen Jungen immer wieder mit ihrer nassen Nase an und forderte ihn auf, sie zu kraulen. Diese Sprache

versteht mein kleiner Hosenmatz, er setzte sich dann auf den Fußboden und der große weiße Hund legte sich zu ihm. Nachdem unser Hovawart den Kleinen in den Kopf gebissen hatte, bemühte Joshy sich wochenlang auf sehr liebevolle und rücksichtsvolle Weise, sodass Leon seine Heidenangst vor ihr und somit auch vor anderen Hunden überwand. Als mein Sohn unter Zwang die Schule besuchte, fühlte der kleine Schüler Unsicherheit und war verstört! Frau Noll vom Jugendamt brachte meinem kleinen Schatz viel Einfühlungsvermögen entgegen, um dem Schulstress entgegenzuwirken! Durch das therapeutische Reiten und die Tiere zu Hause ertrug mein Junge sehr lange die totale Eskalation. Die Coachs seiner Hobbys unterstützten Leon bei der Bewältigung der anhaltenden Unbill in dieser schweren Zeit. Durch die Gefährtschaft der mitfühlenden und charmanten Menschen bewerkstelligte es mein Kind, all die Jahre ein Stück Daseinsfreude zu bewahren.

Das erste halbe Jahr hielt sich der kleine Mann in der neuen

Schule sehr zurück. Leon beobachtete die Gegebenheiten erst einmal genau. In dieser Zeit präsentierte er sich sehr umgänglich und fabrizierte keine Knacknüsse. Durch die Verabreichung der Tabletten zeigte Leon sich konzentrierter, daher verbesserten sich seine Leistungen im schulischen Bereich. Ich wunderte mich, wie gut mein Kind Texte fehlerfrei abschrieb, was nicht bedeutete, dass er nun gerne zur Schule spazierte. Frau Prell und ich hoben seine Schonfrist für Schularbeiten auf und beschlossen, dass Leon denselben Anforderungen entsprechen musste wie seine Klassenkameraden. Dies sagt sich so leicht daher, aber Hausaufgaben erledigen: eine fast aussichtslose Obliegenheit!

Ich erhielt keinen Durchblick, welche Aufträge er zu Hause bearbeiten sollte. Seine Aufgabenzettel gabelte ich mal wieder in der Mülltonne oder auf einem Blumenbeet auf, oder er verbummelte diese berechnend in der Schule! Der Inhalt seines Schulranzens bestand aus einem riesigen Chaos. Die Unterstützung eines Schulassistenten wurde nun unerlässlich. Die Barriere zu den Mitschülern in der Jean-Paul-Schule keimte schleichend und wuchs bedächtig, aber sicher. Die Kids waren älter als Leon und erlebten längst die Pubertät. In dieser Phase des Mutierens zum Erwachsenen ist Coolness gefragt.

Mein Sohn versuchte, diese Verhaltensweise zu imitieren und bewirkte damit Gelächter. Sie nannten ihn Schwuchtel, wobei Leon an diesem Spitznamen anfänglich nichts Anstößiges entdeckte. Mein Kleiner empfand es als vollkommen normal, dass Geschöpfe unterschiedlich aussehen, sprechen usw. Seine Klassenkameraden sagten, die Schule wäre behindert. Für mein Kind war „behindert" ganz normal und kein Begriff, um damit eine Schule zu betiteln! Langsam, aber sicher fing Le Petit an, viele Dinge zu begreifen, die ihm von alleine nie in den Sinn gekommen wären. Ab diesem Moment mischte Leon in der Schule kräftig mit. Jetzt begannen erst einmal die Weihnachtsferien! Unser Junge liebt wie alle Schüler die Ferien. Leider verschlimmerten sich sein Unmut und seine Langeweile zu

Hause. Mein Nachkomme wusste überhaupt nicht mehr, was er mit sich anfangen sollte. Fortwährend fernsehen oder Computer spielen, etwas anderes fiel ihm nicht ein! Frühmorgens begannen die Auseinandersetzungen um die Tagesplanung!

Obwohl Leon die starken Tabletten einnahm (diese fallen unter das Betäubungsmittelgesetz), benötigte er immer noch sehr wenig Schlaf. Morgens um 6.00 Uhr endete für ihn die Nacht! Es war vollkommen egal, ob Sohnemann sich am Abend früh oder spät schlafen legte. Die durch die Tabletten unterstützte Konzentration funktionierte gleichfalls beim TV Glotzen, nun schaffte es mein Stammhalter tatsächlich, ohne ständig herumzuspringen einen Film bis zum Ende zu verfolgen. Alle Anregungen zu anderen Heimarbeiten lehnte er strikt ab. Ich kaufte Fertigbackteig und fasste den Entschluss, mit Le Petit Kuchen zu backen. Außerdem forderte ich ihn auf, mich beim Kochen zu unterstützen. Leons Berufswunsch: „Gourmet-Chefkoch!" Tatsächlich besitzt mein Sohn ein sehenswertes Geschick und ein besonderes Faible für das Zubereiten von Speisen. Zwischenzeitlich schaffte ich es, das Interesse des kleinen Mannes für diese Abwechslung zu wecken! Leider aß Leon das Gebackene und Gegarte nicht. Er magerte fortgesetzt ab und war echt spindeldürr. Meist zerlegte er sich eine Fertigpizza und verspeiste sie stückchenweise über den Tag verteilt. Ich konnte keine Pizza mehr riechen geschweige denn essen. Wenn der Vorrat erschöpft war, röstete Leon sich Brot und beschmierte dieses mit Butter und Salz. Außer seinem abendlichen Apfel, den er seit vielen Jahren von Oma erhielt, verzehrte mein Kind kein Obst und Gemüse. Die Versuchsballons mit allerlei Salaten und verschiedenen leckeren Soßen über das Gemüse: vergebene Liebesmüh! Leon vertilgte fortwährend das Gleiche. Mit Frau Schömberg aus der KJP besprach ich, dass wir nach dem Krippenspiel die Tabletten gegen ADHS-Symptome absetzen. Diese Medikamente verursachen Appetitlosigkeit und führen bei dauerhafter Einnahme zur Abhängigkeit! Trotz des erheblichen Risikos sah ich bei diesem Präparat den Nutzen für mein Kind. Da Leons Kopflosigkeit trotz der Pillen ausgeprägt hervorstach, erfolgte in der Schule vermutlich ein Leistungsabfall durch sein Aufmerksamkeitsdefizit!? Die Unbedachtheit und Spontanität meines Kleinen würde erneut heftiger in Erscheinung treten und ihm den Umgang mit seinen Mitmenschen erschweren!? Wir hatten aber keine andere Wahl, Leon bestand nur noch aus Haut und Knochen und Frau Schömbergs Ansicht hierzu war eindeutig:

„Eine stationäre Einweisung ist dringend notwendig! Bei Unterernährung besteht ein erhöhtes Risiko einer Herzattacke oder eines Organausfalls!" Le Petit lehnte sich vehement gegen eine Unterbringung in der Kinder- und Jugendpsychiatrie auf. Wenn wir hier zu Beratungen eintrudelten, befürchtete mein Sohn, dass er abermals als Patient in der Klinik bleiben sollte. Sämtliche Ehrenworte meinerseits: „Wir gehen dort nur zum Quatschen hin, du kommst auf alle Fälle wieder mit nach Hause!", empfand mein Sohnemann als glatte Lüge! Er verfiel jedesmal in tiefe Verzweiflung und meine Glaubwürdigkeit würde gänzlich zerstört, wenn mir keine andere Lösung zur Bewältigung dieser erneuten Krise einfiel. Höchstwahrscheinlich würde eine Einweisung in dieses Krankenhaus Leons Dilemma verschlimmern. Dieses Risiko beabsichtigte ich nicht einzugehen!

Ein ausführlicher Dialog mit dem Kinderarzt Dr. Bauer, den wir weiterhin als wichtigste Vertrauensperson regelmäßig aufsuchten, lieferte eine fabelhafte Alternative, ohne das Kind wiederkehrend zu quälen! Der Pädiater erklärte sich bereit, die Blutuntersuchungen sowie die Gewichtskontrolle zu übernehmen. Bisher bestand laut Kinderarzt noch keine ernste Gefahr für meinen Sohn:

„Wenn wir künftig das Präparat streichen, gelingt es Leon, sich körperlich zu regenerieren!"

„Ich möchte gern noch das Krippenspiel abwarten! Während der Proben läuft alles sehr gut und so sollte es, bis nach dem großen Auftritt, für den kleinen Schauspieler auch bleiben. Leon benötigt dringend den Erfolg, um etwas Selbstbewusstsein zu tanken! In den letzten drei Jahren nahm der kleine Mann ganz groß die Herausforderung an und trat vor vollbesetzter Kirche auf. Hieraus entnahm er Stärke für seine Persönlichkeit!" Dr. Bauer erfasste meine Not und bestätigte die Wichtigkeit des kirchlichen Unterfangens:

„Ein paar Tage schaden dem Jungen bestimmt nichts, dieses tolle Erlebnis zerstören wir dem Jungen keineswegs durch unnötige innere Unruhe! Machen Sie sich keine Sorgen darüber; es funktioniert bestimmt!"

Weihnachten! Die Familie versammelte sich wie jedes Jahr! Ein neuer Schwiegersohn trudelte ein, Renis neuer Freund. Dieser unterstützte mich in meinen Aktionen für mein Kind! Er machte sich sehr viele Gedanken über sämtliche Vorkommnisse und ich erhielt einige gute Tipps von ihm. Die anderen Sippenmitglieder hatten sich aus den Geschehnissen um Leon verabschiedet. Das beste Mittel, sich nicht zu engagieren, wegzuschauen! Meine Lieben beherrschten dies mittlerweile aus dem FF. An Heiligabend verdrängte ich alles um mich herum. Ich genoss das Krippenspiel in der Kirche, wo unser Hirte schlagfertig, wie die anderen Sprösslinge, eine ganz tolle Vorstellung lieferte. Der Weihnachtsmann besuchte uns anschließend. Die Kleinsten in unserer Familie, Laura und Cedric, erschraken über den herantrampelnden alten Mann. Der einjährige Cedric erhielt so viele Geschenke, dass er vor lauter Aufregung all seine Präsente an die Familienmitglieder weiterreichte. Zum Weihnachtsmann benahm er sich sehr freundlich. Dieser bedeutete eben nur ein Mann mit einem Bart. Laura mit ihren fast drei Jahre fand den alten Mann ausgesprochen unheimlich. Sie freute sich dessen ungeachtet über ihre Bescherung und bewachte ihre Geschenke wie ein Hund seine Knochen. Obwohl Leon im März bereits zehn Jahre alt würde, gab er sich wie ein kleines Kind. Er erfasste zwar, dass unter dem Kostüm ein normaler Mensch steckte, aber seine Furcht vor diesem ungewohnten alten Mann existierte nach wie vor. Leons großer Wunsch, eine Elektrogitarre, ging in Erfüllung.

Der Gitarrenunterricht war sehr kostspielig und durch den Arbeitsausfall in unserer kleinen Firma erschöpften sich momentan die Möglichkeiten, um Zusätzliches zu bezahlen. Dieser Winter war viel zu kalt zum Arbeiten und wir besaßen nur noch ein paar eiserne Reserven.

Leon übte erst einmal für sich das Gitarrenspiel und er liebte es, die Saiten zu zupfen. Eine Zeitlang entschwand die Langeweile unseres Buben. Am ersten Feiertag beendete Leon die Einnahme des Medikamentes Ritalin. Es dauerte noch eine Weile, bis die Tablettensubstanzen sich aus seinem Organismus verabschiedet hatten! Dieser Vorgang hält im Durchschnitt ca. 3-4 Wochen an. Ich hoffte flehentlich, dass sich Leons Essgewohnheiten verbessern würden und seine Konzentrationsleistungen im Gegenzug nicht absackten.

Nach den Feiertagen begann mein Junge mit einer Ergotherapie auf anthroposophischer, heilpädagogischer Basis. Der Therapeut, ein Mann in meinem Alter und geschult im Umgang mit Autisten, schloss uns Eltern in die Behandlung mit ein. Der Experte verordnete Le Petit zwei Sitzungen die Woche. Da momentan die Arbeit in der Firma ruhte, begleitete uns Leons Papa fleißig zu allen Terminen. Er gab sich natürlich sehr interessiert und tat so, als wenn er die gesamten schulischen Probleme alleine meisterte! Als der Fachmann uns gleich am Anfang der Behandlungen mitteilte, dass sich Leon in seiner Körperempfindung höchstens auf dem Stand eines Vierjährigen befand, bombardierte mich mein Göttergatte mit Vorwürfen:

„Alles ist deine Schuld, du hast mit deiner ewigen Angst einer Glucke meinen Sohn verweichlicht. Er ist deinetwegen nicht richtig entwickelt!" Ich konterte diesmal nicht; meine Kräfte hatten mich verlassen! Wenn ich ohne einen reellen Beweisgrund und eine scharfsinnige Argumentation niedergemacht wurde, explodierte ich normalerweise. In diesem Moment empfand ich nur eine ungeheure Traurigkeit. Eigentlich hätte der Kerl doch registrieren müssen, dass ich alles nur erdenklich Mögliche aufzog und mir den Kopf zerbrach, um Leon adäquat zu fördern! Was soll's, Ralf war mit der Situation überfordert!

Von anderen Müttern erfuhr ich noch viel schlimmere Reaktionen ihrer Ehemänner, um sich die Behinderung ihrer Stammhalter nicht eingestehen zu müssen! Als ich meiner Schwiegermutter Leons Autismus avisierte und äußerte:

„Es liegt im Bereich des Möglichen, dass Autismus vererbbar ist und der Sohn von Ralfs Schwester ebenfalls unter einer verwandten Prägung dieser Blockierung der Seele leidet, sodass der Gendefekt in eurer Blutlinie erneut zum Vorschein kam!" – oh wei! Da trat ich aber voll ins Fettnäpfchen. In dieser Familie gibt es keine Erbkrankheiten!

„OK, meinetwegen, Leon ist mein Kind und ich vererbte ihm sämtliche Fehlerhaftigkeiten! Auch gut!" Irgendwie ähnelten sich sämtliche Reaktionen in meiner Familie, wo vielleicht ein behindertes Kind einen bitteren Nachgeschmack verursachte, und bei den Lehrern, welche auf die Schnelle die Aussonderung des nicht ins Raster passenden Kindes erstrebten!?

In diesem Zusammenhang unterstellte man mir Voreingenommenheit gegenüber den Pädagogen und dass ich diese aufgrund ihres Berufes stigmatisierte! Hier handelte es sich erneut um eine an den Haaren herbeigezogene Unterstellung: Ich zensiere keineswegs Menschen nach ihrem Broterwerb oder anderen Unterscheidungszeichen. Es entspricht überhaupt nicht meiner Art, alle über einen Kamm zu scheren. Es befinden sich immer schwarze und weiße Schafe in einer Herde. Leon ist bereits das fünfte Kind, welches ich durch Deutschlands Schulen schleppe. In all den Jahren lernte ich viele Pädagogen kennen, die ich für ausgesprochen kompetent und sympathisch erachte. Ich denke, dass sich die Arbeit mit Kindern in der heutigen Zeit sehr schwierig gestaltet. Ferner gibt es viele Eltern, mit denen nicht gut Kirschen essen ist.

Mein Mann richtete mit seiner Einstellung keinen wirklichen Schaden an. (Er ertrug es beim besten Willen nicht, in der Öffentlichkeit oder vor sich persönlich einzugestehen, dass sein Stammhalter unter einer Behinderung leidet: „Bei meinem einzigen Sohn handelt es sich um einen ganz normalen Jungen!" Eine selbstquälerische Tatsachenverdrängung vieler Eltern!)

Freilich Lehrer, die engstirnig und ignorant ihre Augen vor der Realität verschließen, bewirken bei vielen nicht dem Leistungssoll entsprechenden Kindern wiederholte irreparable Schäden. Pädagogen verpflichten sich durch ihren Beruf dazu, Eltern objektiv und ehrlich zu begegnen, damit man gemeinsam einen adäquaten Weg für fachgerechte Unterstützung der kleinen Trabanten entdeckt. Therapeuten sollten ebenso den Betroffenen beratend zur Seite stehen und nicht im Schnellverfahren Hilfesuchende abservieren! Teamwork aller Involvierten beleuchtet die dunklen Pfade, um die entsprechende Verbindungsstrecke zu sichten!

Vorurteile und arrogantes Getue darf man in sozialen Berufen nicht gestatten. Standesdünkel und Rechthaberei verdunkeln die Zukunft der kleinen Wesen. Viele Pädagogen von Förderschulen sind angehalten, Fortbildungslehrgänge zu absolvieren. Eine große Bandbreite an Literatur zur Weiterschulung steht bei Interesse überall zur Verfügung. Auch studierten Herrschaften schadet es gewiss nicht, etwas Neues zu erlernen. Während etlicher Dialoge mit didaktischen Autoritäten bemerkte ich, dass erstaunliche Informationslücken bezüglich des Asperger-Autismus' bestanden! Als Mutter von fünf Kindern begleitete ich vier Mädchen durch die Pubertät. Jeder dieser Ableger weist signifikante Eigenarten auf und die Entwicklung eines jeden Sprösslings verlief individuell verschieden. Im Laufe der Jahre musste ich fortgesetzt meinen Blickwinkel korrigieren, um meine „Plagen" ins persönliche Leben zu begleiten. Für jedes meiner Kinder gelten andere Maßstäbe! Das Leben in der Schule stellt zwar komplexere Ansprüche an die Erzieher, verhält sich aber doch verwandt!

Leon steht bald die Pubertät bevor, mit 13 bis 14 Jahren müssen die sozialen Grundregeln sitzen. Wenn mein Junge bis dahin keine Strukturen, kein Verantwortungsbewusstsein und keinen Respekt verinnerlicht hat, besteht ein großes Risiko, dass er mir entgleitet und ich werde ihn verlieren. So etwas darf auf keinen Fall geschehen! Mein Entschluss, zusammen mit meiner Tochter Ines die Jungschar (kirchliche Kindergruppe) künftig zu navigieren, stand fest. Nach den Weihnachtsferien beabsichtigte ich, alles Weitere mit Herrn Pfarrer Schleich zu besprechen. So würde sich für Leon eine Anlaufstelle im Ort eröffnen, um ihn wieder regelmäßig mit Menschen zu konfrontieren.

Ergotherapie und Jungschar, ein Lichtblick!

Die Ergotherapie gestaltete sich sehr ersprießlich. Der Heil-künstler übte mit dem kleinen Mann Ausdauer und Koordina-tion. Wir erhielten Übungen als Hausaufgaben, die in Ralfs Zuständigkeitsbereich fielen. Der Papa war immer noch zu Hause und außer Computer zu zocken beschäftigte er sich jetzt endlich einmal mit seinem Sohn. Ralf erlebte in seiner Kindheit keinerlei Familienleben und eine gangbare Vater-Kind-Beziehung hatte er nie erlebt.

Was man als Sprössling nicht erlernt oder vorgelebt wird, durchschaut man als Erwachsener nicht. Ein Kind kommt nicht nur körperlich nackt zur Welt, sondern auch vollkom-men hilflos und unbedarft. Diese kleinen Wesen imitieren ihre Eltern und ihre Umwelt. Die Gesellschaft, damit sind wir alle angesprochen, sind die Initiatoren der kommenden Generatio-nen! Die zukünftigen Menschen unseres Landes sind unsere Ableger.

Ich konzentrierte mich auf die Anweisungen des Ergothe-rapeuten und versuchte, den Alltag zu Hause für Leon zu ver-ändern. Wir strukturierten sein Zimmer um, indem der größte Teil seiner Spielsachen entsorgt wurde. Mein Sohn erhielt einen großen Schlafzimmerschrank und den Rest des Kinder-krams verstauten wir darin. Der Fachmann stellte beim kleinen Mann fest, dass dieser ungefiltert sieht und hört. Le Petit er-fasst keine Unordnung und ist deshalb nicht in der Lage, ohne Anleitung aufzuräumen. Leon identifiziert keine einzelnen Ge-genstände: Hier passt der umgewandelte Spruch „Er sieht den Wald vor lauter Bäumen nicht!" Deshalb reduzierten wir die Dinge in seiner Räumlichkeit auf das Nötigste. Herr Walter, der Ergotherapeut, wunderte sich, dass mein Kind seine Klei-dung unter diesen Umständen im Schlafzimmerschrank fand. Einzelne Gegenstände aus der Masse herauszufinden stellte für Leon ein gewaltiges Problem dar. Nun verstand ich auch, warum er z.B. die Wurst im Kühlschrank nicht entdeckte, obwohl sie ihm fast ins Gesicht sprang. Das riesige Chaos, welches bei meinem Sohn im Kopf herrschte, ließ sich ebenfalls daraus ableiten. Das bedeutete für mich, dem kleinen Mann kontinuierlich Unterricht zum Inhalt seines Kleiderschrankes zu erteilen und obendrein die Arrangements sämtlicher Bedarfsgüter mit ihm durchzugehen.

In diesem Zusammenhang gab ich dem Knaben kleine Aufgaben im Haushalt zu verrichten. So durfte er erst fernsehen, wenn er seinen Platz vor dem TV-Gerät vollständig aufräumte und kehrte. Ferner verpflichtete ich Leon, am Sonntag den Müll zu entsorgen. Papa musste gleichzeitig Altpapier rausbringen. Anordnungen sind dazu da, sie zu boykottieren und Mama wütend zu machen. Leon schaffte es nur noch ganz selten, mich aus der Fassung zu bringen. Ich übte ständig, Ruhe zu bewahren und die Nerven im Zaum zu halten. Alle Anweisungen formulierte ich nett und ruhig:

„Mein lieber Schatz, sei bitte so lieb und bring den Müll runter." Ich nahm mein Mäuschen dabei ganz fest in die Arme und drückte ihn mit aller Kraft. Leon war so in der Lage, meine Umarmung körperlich zu empfinden, und schrie nicht gleich: „Nein!" Er überlegte! Ich bückte mich zu ihm herab und packte mein Kind bei den Schultern. Hierbei schaute ich ihm in die Augen und wiederholte die Aufforderung freundlich, bittend und nett. Oh Wunder, es funktionierte, zwar nicht immer, aber echte Fortschritte machten sich bemerkbar. Herr Walter hatte empfohlen:

„Wenn Sie dem Jungen eine Anweisung geben, lassen Sie ihn Körperlichkeit fühlen! Wenn er anfängt, Dummheiten zu machen, um zu provozieren, quetschen Sie ihn so fest, wie Ihre Kräfte es zulassen. Leon verlangt nach dieser Art des Erspürens, um Bodenhaftung zu erlangen!" Eine begreifliche Ursache für Leons Fehlinterpretationen im Umgang mit anderen Menschen: Er schwebt und realisiert viele Charakteristiken nicht. Noch ein wichtiger Tipp von Herrn Walter:

„Auf deplatziertes trotziges Benehmen reagiert man nicht!"

Z.B. wenn Leon eine Palette Schimpfworte auf deren Effekte erprobte, überhörte ich diese prinzipiell und ging ohne Unterbrechung meiner Beschäftigung nach. Ein Ende dieser Verhaltensweise wäre wirklich äußerst angenehm, leider entdeckte der Stoppelhopser neue Herausforderungen, um ärgerliche Reaktionen auszulösen.

Mein Sohnemann verfügte über ein voluminöses Potential an skurrilen Geistesblüten, die es mir oft unmöglich machten, die hieraus resultierenden Streiche zu ignorieren! Warum der kleine Mann so erpicht darauf war, jemanden bis zur Eskalation aufzustacheln, entzog sich meiner Kenntnis. Von Fachleuten erhielt ich bisher auch keine eindeutige Sinndeutung. Leon fand keine Erklärung dafür, warum er solche Spielchen trieb:

„Mama, ich will nicht so böse sein, eigentlich möchte ich lieb mit dir sein!" Kinder wie Leon prägen sich sehr schnell den aus ihrer Sichtweise einfachsten Weg ein, um die unentbehrlichen Zuwendungen und erforderlichen Bestätigungen zu erlangen! Asperger-Kinder beanspruchen für ihre Tätigkeiten beständig Beachtung und reichlich Zuspruch von ihnen zugewandten Personen, an die sie sich Schutz spürend anlehnen, da mangelndes Selbstbewusstsein und unverstandene soziale Handhabungen zur totalen Verunsicherung führen! Durch die abträglichen schulischen Gegebenheiten für meinen Sohn gediehen etliche Jahre hindurch negative Grundprägungen! Unverkennbare Auffälligkeiten, wahllos gefördert, führen zur Verinnerlichung derselben, sodass uns ein langer Entwicklungsgang bevorstand, um eine Umkehrung im Denkprozess zu bewirken. Dies würde uns evtl. eine brauchbare Erklärung für die seltsamen Provokationen des kleinen Mannes offenbaren!

Mein Sohn versuchte immer wieder aufs Neue, Aufmerksamkeit durch Frechheiten zu erlangen. Le Petit kam von der Schule nach Hause, er wirkte sehr verärgert und seine Laune befand sich auf dem absoluten Tiefpunkt. Faktisch benötigte er jemanden, der ihm half, seine innere Ausgeglichenheit wiederzuerlangen. Der Knabe besaß keine Möglichkeit, seine innere Zerrissenheit auszudrücken und versuchte nun, die Wut und die Enttäuschung auf seine Weise fortzujagen.

Zu diesem Zweck pickte Leon sich das am besten geeignete Opfer heraus. Seine Cousine Anne, die von ihrer Arbeit erschöpft wirkte, kam ihm für seinen Angriff wie gerufen. Der Instinkt meines Nachkommen war auf die Erkennung angreifbarer Geschöpfe ausgerichtet. Er schaffte es, glaube ich, unter 100 Menschen, den labilsten auf Anhieb herauszufiltern. Die beiden saßen sich am Mittagstisch gegenüber und Leon ließ die Katze aus dem Sack:

„Du alte Schlampe, du spinnst! Du bist ein Hurensohn und eine doofe Kuh!" Wir hatten ausgemacht, nicht auf solche Angriffe zu reagieren. Also biss meine Nichte die Zähne zusammen und löffelte ihre Suppe. Die Anspannung knisterte förmlich in der Luft. Oma beabsichtigte, etwas zu sagen, ich schaute sie an und hielt den Finger auf die Lippen. Diese Gegebenheit überforderte die alte Frau total, sie hielt sich aber schweren Herzens an unsere Abmachungen und blieb stumm. Plötzlich sprang der Zwerg wie von der Tarantel gestochen vom Stuhl; er musste sein Opfer unbedingt zu einem Gegenstoß nötigen. Mein Sohn ist ein trickreicher Erfinder und bisher ersann er immer etwas, um sein auserwähltes Opfer aus der auferlegten Zurückhaltung zu befördern. Ich fasste ihn bei den Armen und drückte ihn auf den Stuhl zurück:

„Ich habe keinen Hunger, ich will nicht essen! Mach mir sofort den Computer an!" Leon versuchte sich jetzt an mir, und sofern ich nicht auf der Hut war, dehnte er seine Brüskierungen auf meine Person aus. Also redete ich in einem ruhigen und sanften Ton auf ihn ein:

„Nach dem Essen können wir darüber sprechen!" Der kleine Provokateur hüpfte blitzartig in die Höhe, flitzte um den Tisch zu Annes Teller und spuckte ihr in die Suppe. Das arme Mädchen verlor gänzlich die Fassung und schrie hysterisch:

„Du Ferkel! Godel, so etwas darf doch echt nicht wahr

sein!? So ein Schweineschwanz!" Leon lachte hämisch auf und seine neuerlichen Schimpftiraden erschallten wahrhaft à la bonne heure. Der kleine Stinkstiefel hatte sein Ziel erreicht. Wutentbrannt rannte meine Nichte aus der Küche:

„Mir ist der Appetit vergangen!" Zu ihrem Vetter gewandt schrie sie: „Lass dich bloß nicht mehr in meiner Nähe blicken, du kleiner Spinner!" Eigentlich bedeutete dieser Erfolg für Le Petit einen triumphierenden Hochgenuss, sodass er in diesem noch ein Weilchen schwelgen mochte. Gerade, als der kleine Schulz beabsichtigte, die Wütende zu verfolgen, erwischte ich ihn am Pullover und deklamierte:

„Das war jetzt wirklich gemein von dir. Kannst du nicht freundlich zu Anne sein? Sie ist jetzt sehr traurig und sitzt ganz alleine und einsam unten in ihrem Zimmer!" Der Knabe besann sich und zeigte Mitleid:

„Jetzt gehe ich runter und entschuldige mich bei ihr! Es tut mir echt leid!" Ich hoffte auf Leons aufrechte Reue! Da jedoch diese Zuversicht wiederholt trügerisch endete, durfte er seiner Base nicht nachfolgen. Laut der Aussage der KJP-Fachleute leidet mein Sohn unter exorbitanter Spontanität und fabriziert Sachen nach seinem Gefühl, ohne darüber nachzudenken! (Diese Impulsivität ist eine Sippen-Anwandlung unüblicher Art! Meine Mädels plagen sich gleichsam wie ich damit herum.) Kommentare von Ralf und den Schwiegersöhnen:

„Euch vermag kein normaler Erdenbürger auf die Dauer zu ertragen. Sobald euch eine Idee im Kopf steckt, vermisst man jegliche Klarsicht bei euren Handlungen!" Oft steckte ich im Fettnäpfchen fest, wenn ich durch den brennenden Wurm im Kopf überstürzte Eseleien verursachte.

Wir rechneten fortwährend mit erneuten Angriffen unseres kleinen Mannes. Ein aus dem Nichts entstandenes beharrliches Drama! Die einzelnen Familienmitglieder bemühten sich sehr, nicht auf Leons Herausforderungen einzugehen:

„Was nicht bedeutsam bzw. unerwünscht ist, wird igno-riert. Die Beachtung des Sprösslings wertet dieser als Belohnung. So werden Dinge gefördert, die man eigentlich vermeiden will. Achtung erwirbt man sich aber nur bei gelungenen Aktionen!"

Leider beanspruchte der kleine Mann immer noch seinen Erlös für Fehlverhalten, jeder vernünftige Mensch musste auf seine Agitationen reagieren! Während seiner gefährlichsten Provokation kletterte Le Petit im oberen Stock aus dem Fenster und rutschte vom Hausdach, um Anerkennung zu bekommen. Ich versuchte, diesem gefährlichen Treiben ohne Hysterie ein Ende zu bereiten, wobei mir das Herz in die Hose sank.

Plötzlich schrie Sohnemann, auf der Dachspitze sitzend: „Hilfe, mir wird schwindlig und übel, ich komme nicht mehr herunter!" Daniela, meine Älteste, holte ihn herunter, obwohl auch sie unter Höhenangst leidet. Aus schlechten Erfahrungen zu lernen, so etwas gab es bei Leon nicht. Trotz des blitzartig einsetzenden Schwindelgefühls war ein Ende der Kletterei noch lange nicht abzusehen.

Ein weiteres Druckmittel, mit dem er sein Ziel erreichen wollte, entdeckte der Kindskopf beim Klettern auf eine der äußeren Fensterbänke in der oberen Etage. Dabei erweckte den Eindruck, als wenn er herunterspringen wollte, oder er kraxelte auf das Vordach über der Haustür. Hier reagierten die Nachbarn und redeten ihm gut zu, mit dem Blödsinn aufzuhören! Auch den Anrainern stand der Schock ins Gesicht geschrieben!

Ein weiteres Ereignis: Leon kam von der Schule nach Hause und seine Stimmung befand sich wiederholt auf einem Tiefpunkt:

„Ich habe so schlechte Laune, mir ist ganz komisch im Kopf!" Eigentlich wollten wir zu Mittag essen. Um nicht schon wieder zu streiten, wollte ich meinem Kind eine benötigte Atempause zum Regenerieren einräumen:

„Ruh dich doch erst einmal aus, wie wäre es, wenn du ein Donald Duck-Buch schmökern würdest?" Meinem Sohn missfiel meine Anregung und er bedeutete mir gereizt:

„Ich will fernsehen oder Computer spielen!" Wir verkürzten den Zeitraum für die Glotze und den Jobkiller (Computer) im Zug der neuen Tagesstrukturierung und wie mit dem Ergotherapeuten abgesprochen. Eine unserer wichtigsten Abmachungen, die Leon auf gar keinen Fall akzeptieren mochte, veränderte essentiell die Freizeitstrukturierung. Wenn Papa von der Arbeit zu Hause eintraf, durfte unser Sprössling nur noch eine Stunde Fernsehen oder Computer, am Tagesende zocken! Beharrlich rang unser Stammhalter um die Nutznießung dieser Gerätschaften:

„Ich lasse mir von dir nichts sagen; ich will, und wenn ich sage, ich will, dann meine ich das auch so, basta!"

„Leon, du weißt genau, was wir vereinbart haben!" Meine Antwort passte dem kleinen Kerlchen überhaupt nicht, also gelüstete es den Winzling, mir seine Macht zu demonstrieren und damit seine üble Laune zu kompensieren. Zwergenaufstand: Er schmiss ein Geschirrtuch durch die Gegend und brüllte, wie am Spieß steckend:

„Du blöde Kuh, du Schlampe!" Kaum hatte er seine Schimpfkanone abgeschossen, da sauste der Plagegeist rechtzeitig aus meiner Reichweite und knallte die Tür mit einem donnernden Kracher hinter sich ins Schloss. Falls der Schlingel annahm, ich würde ihn verfolgen, hatte er sich tief geschnitten. Ich blieb tatenlos und setzte mich zu der Mahlzeit an den Esstisch. Ungefähr nach fünf Minuten streckte Sohnemann den Blondschopf durch den Türspalt und plinste in Richtung meiner Wenigkeit. Nach einer eiligen Lage-Sondierung keifte Le Petit in alter Manier erneut los:

„Ich gehe jetzt aufs Hausdach, dann kannst du mal sehen, was ich alles mache!" Nun war definitiv Schluss mit lustig! Um diesem ausartenden gefährlichen Sticheln ein Ende zu setzen, musste ich dringendst agieren. Wegsehen konnte hier keine Lösung sein:

„Wenn du noch einmal nach oben auf das Dach kletterst, gibt es endgültig Fernseh- und Computerverbot!"

„Das ist mir doch egal, du kannst mir gar nichts verbieten!" Augenblicklich kochte ich vor Wut und Leon stellte sich mir trotzig entgegen! Zorn ist ein schlechter Ratgeber, daher zählte ich bis zehn und schluckte alles kräftig herunter:

„Okay", kündigte ich ihm an, „klettere doch hoch aufs Dach. In dem Moment, wo du einen Fuß auf die Fensterbank setzt, rufe ich ruck, zuck die Feuerwehr, Polizei und Krankenwagen! Flugs befördern die dich in die KJP und du kommst die nächsten fünf Jahre nicht mehr nach Hause!" Statt jetzt klein beizugeben, riskierte mein Sohn immer noch die große Lippe:

„Die sollen bloß kommen, die Arschlöcher, denen haue ich einen in die Schnauze!" Der schnelle Griff zum Telefon erfolgte postwendend:

„Okay, alles klar!" Blitzartig stand ein vollkommen sanfter und friedlicher Leon vor mir, irgendwie musste ich den treffenden Kernspruch oder einen drakonischen Ton erwischt haben, sodass der wilde Löwe zum Lamm mutierte:

„Och Mama, ich habe es nicht so gemeint! Ich liebe dich doch so sehr und möchte unbedingt bei dir bleiben!"

„Ich liebe dich doch auch, mein Schatz!" Wir lagen uns in den Armen, mein Sohn jammerte herzbewegend. An diesem Tag erfasste der Junge, dass meine Drohung absolut ernst gemeint war. Die Fensterbank- und Dachangelegenheit hatte sich erledigt!

Leon prüfte bisweilen, wie ich aufs Säbelrasseln reagierte:

„Ich rutsche vom Dach!" Ich hielt dem Kleinen das Telefon vor die Nase und sprach:

„OK, KJP!" Flupp, das „KJP" bewirkte ein frappantes Resultat und Le petit Garçon passte samt Hut unter den Teppich! Von nun an animierte ich mein Kind bei konfuser Erregbarkeit, mir seine Keyboard-Lieder darzubieten. Musik hilft oft, Hochdruck zu neutralisieren! Das neue Zähmungsprogramm beanspruchte üppiges Potential an Gleichmut, Saft und Kraft! Um keinesfalls erneut in althergebrachte Verhaltensweisen zu verfallen, zwang ich mich eisern, an mir zu arbeiten. Leon erprobte fortwährend, die Grenzlinien der für ihn festgelegten Strukturierung mit Raffinesse, Tücke und lauten Protesten außer Kraft zu setzen. Bisweilen dachte ich, mit einem Dreijährigen zu reden! Oft entfaltete der kleine Herr eine Logik, bei der ich mir das Lachen verkneifen musste:

„Tja Mama, heute ist das Schicksal sehr hart zu dir, leider ist Müll entsorgen Frauenarbeit! Du weißt doch, Mütter gehören hinter den Herd, Männer sind zu Höherem geboren!"

„Teures Schnütchen, heute befolgen die kleinen Prinzen liebend gern jede ihnen angewiesene Aufgabe, denn die Königin befiehlt! Wer ist wohl die Herrscherin? Na klar, widerspruchslos, die Mama! Also auf, die Pflicht ruft!"

Ein Kind mit Asperger-Autismus benötigt streng vorgegebene Tagesabläufe. Abweichungen des gewohnten Alltags enden im Gefühlschaos. Desgleichen sind sich immer wiederholende Rituale für autistische Kinder unbedingt erforderlich. Aspis leben nicht wie mein Sohn im Kuddelmuddel, in ihren Wohnräumen herrscht vollkommene Ordnung, alles platzieren diese Menschen in Reih und Glied. Jedes Ding besitzt seinen vorgesehenen Platz. Mütter von Kindern mit Asperger-Autismus werden genötigt, immer die Arrangements aller Utensilien in der Häuslichkeit zu bewahren. Beim Umstellen eines Sessels kann bereits ein Panikanfall erfolgen. Solche Verhaltensweisen waren bisher bei meinem Sohn so nicht gegeben. Er flippte erfahrungsgemäß bei enormeren Alltagsabweichungen aus, z.B. beim Aus- bzw. Umzug einer Schwester, beim Ausrangieren alter Möbel und bei eigenen Lebensveränderungen. „Lebewohl" bedeutet für Leon eine echte Katastrophe.

Die Umstrukturierung seines Tagesablaufes stellte ebenfalls eine Knacknuss dar, deshalb erfolgte eine Neuerung nach der anderen. Niemals zwei oder mehr Direktiven gleichzeitig! Die Essgewohnheiten des Knaben bedurften einer ernsthaften Korrektur. Leon beherrschte als kleiner Junge sämtliche Tischmanieren, auf die er situationsgerecht immer noch zurückzugreifen konnte. Daheim verwandelte sich Leons Nahrungsaufnahme unter dem Einfluss des Medikamentes Ritalin zum grobschlächtigen Gelage. Der Bursche vertilgte alles vor dem Fernseher und warf die Reste seiner Speise im hohen Bogen hinter sich. Die Hunde belagerten den Knaben, um die Reste vom Boden zu verschlingen, wobei Obst- und klebrige Süßigkeitenreste am Fußboden festklebten. Da der Wirkstoff der Pille dem kleinen Mann ein Hungergefühl vorenthielt, magerte der arme Tropf stark ab. Essen vor der Glotze stellte die einfachste Variante dar, ihn zum Futtern zu animieren! Der kleine Mann aß hier mechanisch und vergaß herumzuhüpfen, da er sich auf die jeweilige Sendung konzentrierte!

Am ersten Weihnachtstag setzten wir zwar das Betäubungsmittel ab, aber es dauerte noch eine Weile, bis der Körper die Wirkstoffe abgebaut hatte. Ich stellte mich bei meinem Kind wieder auf innere Unruhe und Konzentrationsstörungen ein. Dank der moralischen Unterstützung von Frau Schömberg und des Ergotherapeuten riskierte ich unerquickliches Kräftemessen, um meinen Stammhalter zu den Mahlzeiten an den Küchentisch zurückzuholen. Bis auf das Frühstück musste Le Petit alle Schwelgereien grundsätzlich am Tisch durchstehen. Ohne Fernsehen, ohne Bücher oder Zeitschriften!

Der begonnene Kampf konnte sich echt sehen lassen, Leon hasste Umgestaltungen alter Angewohnheiten, er bestand darauf, alles wie gehabt beizubehalten! Der Widerstand des Knaben nutzte ihm am Ende gar nichts, denn ich nahm mir fest vor, mich konkreter bei meinem Stammhalter durchzusetzen. Selbst wenn Leon ein paar Tage oder sogar Wochen die neue Situation nahezu akzeptierte und es aussah, als fügte er sich seinem Drangsal demütig, versuchte er zwischendurch immer wieder, diese Regeln zu durchbrechen. Ständiges auf-der-Hut-Sein war angesagt: „Nur nicht nachgeben, ja keine Schwäche zeigen! Keine Einmaligkeit genehmigen, Ausnahmen bringen alles Besiegelte wieder zu Fall!"

Die Erneuerungen langsam, Stück für Stück, einzuführen,

ist bei Kindern wie dem kleinen Mann eine Lebensaufgabe und zwecks Aufnahmefähigkeit des Betroffenen Pflicht. Also beließ ich es dementsprechend bei den jetzigen Richtlinien. Das Frühstück gestattete ich Le Petit, noch während des Kinderfernsehprogrammes zu verzehren; an dieses schon seit langer Zeit bestehende Ritual wagte ich mich erst einmal nicht heran.

Reichliche Strapazen lagen weiterhin vor uns. Im Februar traf ich mich in der Schule mit der Klassenlehrerin und der Jugendamtsmitarbeiterin. Wir erstellten einen Rechenschaftsbericht, um die Beantragung des geplanten Schulassistenten hieb- und stichfest in die Wege zu leiten. Es gab nach wie vor viele Auffälligkeiten des kleinen Kerlchens zu bereden. Die Hausaufgaben zu erledigen, bereitete dem Knaben immer noch viele Probleme, in seinem Schulranzen und dem Federmäppchen herrschte wie gehabt ein heilloses Durcheinander. Die Arbeitsmaterialien lösten sich weiterhin in Luft auf. Ich versicherte, dass ich dem Schulkind alle Malstifte und die gewünschten Lineale, Radiergummis usw. ständig neu erwarb und in die Schultasche packte. Frau Prell berichtete, dass diese Sammlungen von Arbeitshilfen nie in der Penne eintrafen. Die große Frage: „Wo landet das Zeug?"

Es fiel uns nichts dazu ein und der Kleine äußerte sich generell nicht zum Verbleib seiner gesamten Unterrichtsmaterialien. Frau Prell beschrieb Leon als ein weltfremdes Wesen. Durch seine hellen, gelockten, halblangen Haare, sein blasses, schmales Gesicht und die zuweilen entrückte Ausdrucksart entstanden nicht nur bei der Klassenlehrerin diese Empfindungen. Der Junge zog sich mittlerweile sehr oft in sein Innerstes zurück, ohne die Ereignisse um sich herum wahrzunehmen. Schule und alles, was damit zu tun hatte, lehnte Leon prinzipiell ab. Aufgrund seiner beklagenswerten Erfahrungen in diesem Bereich entfaltete sich eine Negation, die zu Panik und Hass mutierte! Die sich einschleichenden Probleme mit den anderen Kindern waren aufgrund des vergangenen Unverständnisses und der fehlenden Anleitung in sozialer Verhaltensweise vorprogrammiert!

Leon kompensierte seinen Schulhass und seine Unzulänglichkeit im Benehmen mit den Klassenkameraden durch sein exorbitantes Mundwerk. Das kleine Kerlchen beleidigte die Mitschüler mithilfe seines tollkühnsten Wortschatzes. Wenn die Beleidigten ihm entrüstet Schläge androhten, überkam unser Dummerchen entsetzenerregende Bangigkeit! Frau Prell beobachte derartige Zusammenstöße nicht, doch Leons Darstellungen klangen durchaus aufrichtig. Außerdem fühlte ich die Unsicherheit und das Missbehagen meines Kindes.

Ich befragte hierzu eine Klassenkameradin meines Sohnes. Diese bestätigte mir die Anfeindungen innerhalb der Klassengemeinschaft. Außerdem äußerte sie, dass Leon sich zum potentiellen Opfer etlicher Kids entwickelte. Der kleine Mann strahlte bei handgreiflichen Konfrontationen eine totale Überforderung aus und zeigte damit deutlich seine Hilflosigkeit! Da half dem kleinen Mann sein freches Mundwerk überhaupt nichts! Die Vorstellung, dass man meinen Sohn zusammenschlug und er blutend am Boden lag, jagte mir kalte Schauer über den Rücken. Mein Grausen ermunterte Leon noch zusätzlich, mich von seinem Leid zu überzeugen. Er spürte, dass ich angesichts dieser Gewaltgeschichten übertriebene Befürchtungen hegte!

Ich versuchte, diese zu bezwingen und redete mir ein, dass in der Schule diese Dinge nicht passierten. Leider sprachen Leons Verletzungen eine andere Sprache. Sein Körper wies Kratz- und Kneifspuren auf sowie blaue Flecken, Beulen und ein Veilchen zierte sein Auge. Ihm wurde mehrfach ein Bleistift oder Buntstift in die Hand gestochen, was ihm besonders wehtat. Einmal schubste ihn ein Kind auf das Pflaster im Schulhof so, dass ich mit Le Petit den ganzen Nachmittag im Krankenhaus verbrachte, um sein Handgelenk röntgen zu lassen.

An diesem Tag kam mein Sohn bitterlich weinend nach

Hause und litt unter beängstigenden Schmerzen. Die Krankenschwester der Schule hatte ihn zwar verarztet mit Salbe und einem Verband um das Handgelenk, trotzdem fuhr ich mit dem
Kleinen in die Klinik, um abzuklären, ob sein dünnes Ärmchen gebrochen war. Leon weinte im Krankenhaus immer
noch vor Pein!

Dieses anhaltende Wehklagen erschien mir bei meinem
Spross sehr ungewöhnlich, da das Schmerzempfinden meines
Trabanten nicht besonders ausgeprägt war. Der kleine Mann
steckte allerhand weg. Meine Sorgen waren demzufolge absolut berechtigt! Jeder, der die Ärmchen meines Kindes begut-
achtete, verstand, wieso ich Beunruhigung empfand. Leon
wirkte vollkommen unterernährt und bestand nur noch aus
Haut und Knochen.

Gott sei Dank war nichts gebrochen. Die Röntgenaufnah-
me zeigte dies eindeutig. Der Arzt diagnostizierte eine Prel-
lung, weshalb er den Jungen mit Salbe und einem dicken Verband verarztete! Ausgerechnet das rechte Handgelenk funktionierte nicht mehr, daher schrieb der Doktor seinen Patienten
eine Woche lang unterrichtsuntauglich! Ein Freudentaumel er-
griff mein schnuckeliges Kuschelbärchen!

Leon provozierte liebend gerne die ihn umgebenden Menschen, er tat dies bis zum bitteren Schlussteil, und so wunderte
mich im Grunde genommen gar nichts mehr! Die Kabbeleien
meines Kindes hatten sich bisher als relativ harmlos gestaltet!

Den Lehrern stellt sich in der heutigen Zeit an allen Schulen eine fast unlösbare Aufgabe: Unzählige Kinder erleben ihre
Sphäre gänzlich als „durchgeknallt!" Sie bewerkstelligen es
kaum noch, ihre Konfrontationen mit Worten zu lösen. Dies
beginnt erfahrungsgemäß bereits in den Kindergärten. Viele
Eltern, Lehrer und Psychologen erleben in den letzten Jahren
oft hautnah, wie die natürlichen Grenzen im Streit überschritten werden. Folgerichtig würde ich niemals wegen Übergriffen
von Schülern einen Vorwurf zum Nachteil der Pädagogen formulieren! Niemand vermag eine derartige Zahl an Sprösslin-

gen permanent zu kontrollieren!

Zu meiner Kinderzeit prügelten sich die Kids ebenfalls. Nur existierte zu jener Zeit ein ungeschriebenes Gesetz: Wenn jemand am Boden lag, war Schluss mit lustig; die Uneinigkeit endete an diesem Punkt (Natürlich gab es Ausnahmen). Bei einer beträchtlichen Anzahl unserer Nachfolger haben sich die natürlichen Hemmschwellen in Luft aufgelöst und kosten nicht selten die Gesundheit, wenn nicht sogar das Leben!

Ich empfinde das Anti-Gewalt-Engagement in der Jean-Paul-Schule als sehr positiv, zumal sich in dieser Schule viele verhaltensauffällige Abkömmlinge befinden. Leider entstehen immer wieder unbeobachtete Streitsituationen, welche bei der Menge an Kindern nicht zu verhindern sind.

Leon erhielt eine Zeitlang Besuch von einer Klassenkameradin. Das Mädchen wirkte sehr ansprechend und ich freute mich absolut über den außerschulischen Kontakt meines Sohnes. Die Kleine berichtete mir, als handelte es sich um das Selbstverständlichste auf diesem Planeten:

„Wir schlagen den Leon in der Schule alle sehr gern, denn er kann sich nicht wehren!" Meine Fragen und Argumente, die die Praktiken anzweifelten, kamen nicht bei ihr an. Nachdem sie uns ein paar Mal aufgesucht hatte, erklärte ich meinem Sohn:

„Ich glaube, es ist besser, wenn Lena ein Weilchen nicht mehr zu uns kommt. Ich kann nicht mit ansehen, wie sie ständig nach dir schlägt und tritt!" Außerdem misshandelten die beiden Trabanten den kleinen Johnny während eines Spaziergangs. Der kleine Hund war so verstört, dass er auf meinen Armen festklebte und fortwährend die Kinder angeiferte. Er schnappte sogar nach ihnen. Der Malteser brummte meine Enkelkinder regelmäßig an, wenn sie zu wüst mit ihm umgingen, aber da handelt es sich ausschließlich um Drohgebärden. Der kleine Hund liebt Kinder und das beweist er immer wieder. Ich wollte auf keinen Fall riskieren, dass er wegen des Mädchens und Leons Hahnengetue so schlechte Erfahrungen im

Umgang mit kleinen Wesen bezog. Früher oder später fängt jeder Hund an zu beißen, wenn es für ihn zu erdrückend und ausweglos wird, und wir haben kleine Kinder. Für kleine Mäuse kann ein kleiner Hund zur riesigen Gefahr werden!

Leon lehnte meine Beweisführung diktatorisch ab, es gab wie immer Geschrei! Der kleine Mann mochte Lena:

„Ich liebe sie, sie ist so wunderschön!" Sofern Le Petit jemand begehrte, was in des Jünglings abscheulichster Lebensphase äußerst selten vorkam, bedeutete es für des kleinen Mannes Gefühlslage eine enorme Bereicherung. Ein Vorfall während der Heimfahrt im Schulbus vermittelte dem Knaben dann doch die Einsicht, dass „seine Liebe" uns eine Weile besser nicht mehr aufsuchte. Das Mädchen saß im Kleinbus mit einem jüngeren Kind hinter meinem Lausbuben und die zwei Phantasten würgten ihn während der Heimfahrt unbeirrt mit einem Seil, außerdem schlugen sie ihn hart gegen den Kopf. Mein armer Junge bekam keine Luft mehr, er jammerte und weinte, doch der Fahrer vermochte oder beliebte nichts aufzuschnappen! Als mein Baby zu Hause ankam, litt er wie ein gequälter Hund:

„Mama! Mein Kopf schmerzt so furchtbar und mir ist ganz schrecklich übel, alles tut mir weh! Hilf mir doch" Ich verabreichte ihm eine halbe Tablette Paracetamol (250 mg), steckte den armen Tropf ins Bett und hielt ihm die Hand! Leon entwickelte Angstattacken und schluchzte herzzerreißend! Ich verweilte in seiner Nähe, bis er einschlief. Bei dem kleinen Mann handelte es sich um einen echten Schlingel mit einer riesengroßen Klappe, so verwunderte mich sein erlittenes Elend oft gar nicht. Teilweise trug er an seinen erlittenen Verletzungen selbst schuld. Vielleicht aber auch nicht? Ich überblickte nicht, inwieweit das kleine Wesen bestimmte Reaktionen von anderen beurteilte und ob er die Konsequenzen aus seinem unsozialen Benehmen erkannte.

Mein Sohnemann hatte nach handfesten Fehden oft unerträgliche Alpträume und nun entstanden bisweilen auch noch

Migräne-Anfälle nach Stresssituationen. Le Petits Konflikte mit seinen Mitschülern stellte eine zusätzliche Begründung dar, den Schulassistenten für den kleinen Jungen zu beantragen!

Frau Kröger vom Jugendamt verfügte nun über alle Unterlagen, auch über das zuletzt erstellte pädagogische Gutachten des Sonderschullehrers vom BFZ (Bildungs-Förderungs-Zentrum). Der hierfür zuständige Pädagoge überließ mir eine Stellungnahme mit seiner fachmännischen Befürwortung, welche eine Schulassistenz unterstützte. Von Leons Klassenlehrerin aus der Grundschule in unserem Ort erhielt ich keinen Kommentar. Die Elementarschule verweigerte jegliche Hilfestellung! Eine schriftliche Diagnose und ein Gutachten der zuständigen Therapeutin, Frau Schömberg von der KJP, gehörten ebenfalls zu den Antragsunterlagen.

Weitere Dokumente befanden sich bereits in den Aktenschränken des Jugendamtes. Diese Behörde beteiligte sich an vielen Hilfesuchaktionen und besaß ebenso wie meine Wenigkeit einen dicken Aktenordner über den Werdegang unseres Schützlings. Die Rechtfertigung der jetzigen Klassenlehrerin, Frau Prell, wanderte zu dem Rest der Dokumentationen. So stand dem Ansuchen an den Landkreis, Abteilung Jugendamt, in unserer nahegelegenen Stadt nichts mehr im Wege.

Im Februar erhielten die Schüler an der anthroposophischen Schule keine Halbjahreszeugnisse, wie es in anderen Lehranstalten üblich ist. Seinen freien Tag bekam der kleine Mann aber trotzdem. Dies bedeutete ein verlängertes Wochenende, welches mein Kuschelbärchen sehr genoss.

Ich entschloss mich, eine geistige Betätigung zu beginnen, also entschied ich mich kurzerhand zu einem Fernstudium – Autoren. Ich freute mich aufs Lernen und begab mich flugs an die Arbeit. Der Winter stellte die perfekte Jahreszeit dar, um derartige Absichten umzusetzen. Ines' Schwangerschaft schritt weiter fort und sie fühlte sich sehr elend. Meiner Tochter drehte sich permanent der Magen um. Sie hing die meiste Zeit über der Toilettenschüssel. Das Essen fiel ihr schwer und verursachte Übelkeit und Brechreiz. Sie nahm kein Gramm zu. Mein Mädel war wie alle meine Nachkommen ein Strich in der Landschaft und so sorgte ich mich beträchtlich. Laura, Ines' Tochter, besuchte momentan halbtags den Kindergarten und so holte ich sie häufig von dort ab.

Seit sie unter vielen Sprösslingen mit übertragbaren Unpässlichkeiten weilte, befielen Mamsell unerfreulicherweise arg viele Infektionen. In diesem Zustand ertrug Laura ausschließlich ihre Mama! Die werdende Mutter erlebte diesen Winter wegen ihrer angegriffenen Gesundheit, während der Schwangerschaft und Lauras ständigen Erkältungen mit all seinen gallebitteren Bekümmernissen. Ich besuchte sie an besonders qualvollen Tagen und half ihr im Haushalt. Dirk, mein Schwiegersohn, hatte gerade begonnen, bei meinem Mann Ralf in der kleinen Firma zu arbeiten. Er unterstützte seine Frau, wo er nur konnte und so schafften wir es mit vereinten Kräften, die schwierige Zeit zu überstehen! Leon freute sich auf das Baby und hoffte inständig, auf einen Jungen:

„Von Mädchen habe ich die Nase voll, wenn das kein Junge wird, kann Ines das Baby gleich wieder wegbringen. Ich will einen Neffen, sonst nichts! Am allerliebsten wünsche ich mir einen Bruder! Bitte Mama, du musst unbedingt einen kleinen Bruder für mich bekommen! Los, jetzt werd endlich schwanger und lass noch einen kleinen Jungen, nur für mich alleine, schlüpfen!" Seiner Schwester gegenüber gab sich der Knabe auffallend liebenswürdig und behandelte diese fortwährend wie ein rohes Ei. Leider verdrusselte er den Zustand seiner Blutsverwandten bei seinen Wutattacken und hinterher entschuldigte sich der kleine Krakeeler reumütig bei der werdenden Mutter. Die anderen Angehörigen attackierte Leon nach wie vor, aber die Offensiven entluden sich seit der Ergotherapie nicht mehr so zahlreich wie vormalig. Im März, und zwar am 15., wurde Leon zehn Jahre jung. Genau an diesem Wochenende fand die Leipziger Buchmesse statt und wir entschlossen uns zu einem Kurztrip in die Messestadt. Den Samstag verbrachten wir bei meinen Schwiegereltern.

Die Zusammenkünfte mit den Großeltern fanden nur alle paar Jahre statt, dessen ungeachtet prägte sich Leon erstaunlicherweise sämtliche Details, wie Personen samt deren Namen, die Hauseinrichtung und vieles mehr, ein. Ich verfügte wie üblich während unserer Aufwartung bei Bekannten oder Verwandten über ein vorbildliches Kind. So auch der Wortlaut des evangelischen Pfarrers Schleich, wenn mein Stammhalter sich in seiner Obhut befand: „Zurückhaltend, schüchtern, er gibt überlegte, korrekte Antworten."

Dass Leon seine Medikamente nicht mehr einnahm, bemerkte niemand. Frau Prell bestätigte mir in einem Telefongespräch, dass sie momentan keinerlei Abweichung in Leons Haltung bemerkte. Zu Hause schaute die ganze Geschichte allzeit etwas anders aus, und so durfte ich die Anstrengungen des kleinen Mannes, sich andernorts tüchtig zusammenzunehmen, wieder ausbaden, denn gutes Benehmen den ganzen Tag, dafür reichte Leons Geduld ohne Pillen nicht mehr aus! In Leipzig riss mein Kind sich so sehr am Riemen, dass Le Petit Oma und Opa von dem herzallerliebsten Enkelsohn überzeugte!

Am Sonntag fuhren wir zur Messe. Die Bücherausstellung war für Leon nicht besonders interessant. Wir hielten uns nicht sehr lange in den großen Räumen der gängigen Bücherausstellung auf. In der riesigen Halle für japanische Comics lebten Ralf und Leon ihre Spielphantasien aus. Sie erwarben Computerspiele und Comicsymbole aus diesen seltsamen Geschichten. Einen Ring an einer Kette, der dem Symbol des Films „Herr der Ringe" sehr ähnelte, suchte sich der Knirps als Geburtstagsgeschenk aus. Diesen Film überreichte Ralf meinem Jungen in den Weihnachtsferien, damit er sich diesen endlich ansehen konnte. Alle anderen Kinder, die Le Petit kannte, hatten ihn bereits gesehen und schwärmten in den höchsten Tönen davon. Leider bewirkte dieser Spielfilm bei dem Knaben gewaltige Angstzustände und Alpträume. Mein Stammhalter war mit den Horrorszenen vollkommen überfordert. Le Garçon erfasste Filme und Computerspiele als Lebenswahrheit auf, und so wurden Ängste unnötig angefacht.

Ralf dachte nicht daran, dass für Leon solche Dinge reines Gift waren, der Papa verfocht die Meinung, dass ein Junge mit zehn Jahren solch Herausfordeungen gewachsen sein musste. Bisweilen existierte bei dem Vater frappante Verdrossenheit bezüglich seines Stammhalters:

„Leon ist ein Weichei, man bemerkt den Einfluss von Mädchen!" Wie der Junge diese bisweilen unfairen Ausführungen seines Erzeugers bewertete, vermochte ich nicht zu beurteilen, da mein kleiner Schatz keinerlei Reaktionen hierauf präsentierte. Plötzlich, ich weiß nicht, wann genau, erhaschte mein Sohn Unterschiede der menschlichen Vielfalt ohne sie greifbar definieren zu können. Irgendwann beginnt bei jedem Kind eine Phase, in der es durch andere Personen mit Vorurteilen konfrontiert wird. Nun kommt es darauf an, wie die Eltern und der Rest der Familie derlei Obliegenheiten zu Hause handhaben. Wir bemühten uns, die Menschen nicht nach äußeren Kriterien zu bewerten und fremd wirkende Erdenbewohner nicht durch Besserwisserei herabzusetzen. Den Kleinen von toleranten Erkenntnissen zu überzeugen, entpuppte sich erneut als ein sehr schwieriges Unterfangen, welches ich mithilfe meines Clans in Angriff nahm! Die Lehrer in der Jean-Paul-Schule probten ebenfalls, menschenverachtende Intoleranz einzudämmen. Ich hoffte inständig, dass es uns gelang, dem kleinen Mann Rücksichtnahme zu vermitteln, denn wie vorangehend erwähnt, alles, was andere meinem Kind vermittelten, erfasste dieser „für bare Münze!?" Anne und ich versuchten sehr oft, unserem Junior die Bedeutung seiner Fäkalsprache verständlich zu erklären, z.B. das Wort Hurensohn! Er hörte sich tatsächlich unsere Interpretation hierzu an, zumal er damit eigentlich die Mutter des Kindes beschimpfte und es vollkommen nachvollziehbar war, dass die kleinen Wesen sich besonders ärgerten, wenn jemand Mama als Hure bezeichnete. Leon mochte nichts begreifen. Er blockte einfach ab:

„Ich schimpfe weiterhin mit Hurensohn, das ist geil! Alle reden so, ich spreche, was ich will, basta!" Danach versank er erneut in seine eigene Welt. Die Risse in des kleinen Mannes Seele nahmen stetig zu, da die Zeitgenossen ihn oft überforderten. Sie erkannten nicht, dass mein Nachkomme einfach nicht in der Lage war, Worte oder Vorgänge zu entschlüsseln und zu benutzen. Ferner beeinflussten die Veränderungen in in seinem Leben Leon: Der Wechsel von Bezugspersonen, dazu das Kommen und Gehen neuer Klassenkameraden, eine unbekannte Umgebung sowie Businsassen, die dem Knaben vollkommen fremd erschienen, fortgesetzt abwechselnde Busfahrer, ein neuer Klassenraum usw.! Besonders Abweichungen im häuslichen Bereich brachten seine Seele durcheinander. Das Umstrukturieren seines Kinderzimmers und unseres Schlafzimmers nötigte Leon zum Weinen und Schreien. Das Vergessen eines schon seit Babyzeit bestehenden Rituals erweckte bei meinem Sohn Panik und Angst. Was früher überhaupt nicht relevant für ihn erschien, gedieh plötzlich zu einem riesigen Problem (z.B. Familienmitglieder oder meine Wenigkeit außer Haus zu begleiten, ferner lediglich seine Schwester im Ort zu besuchen!) Sofern mein Kind bereits emotionalem Druck ausgesetzt war, verursachten unerwartet auftretende winzige Normabweichungen bei ihm die totale Panik. Meine Gedanken strömten abermals zurück zur Grundschule und schürten meine Überzeugung, dass die negativen Eindrücke sich in Leons Seelenleben widerspiegelten, wodurch großer Schaden angerichtet wurde, welcher zur totalen Verunsicherung des kleinen Mannes geführt hatte. „Wenn das Fass prall gefüllt ist, schwappt es bei dem winzigsten Tropfen über!" Ich versuchte unbeirrt, die Gefühlswelt meines Kindes durch viel Liebe und Geduld zu flicken. Ich bemühte mich, Einfühlungsvermögen für ihn aufzubringen, wo Unverständnis und Ablehnung herrschten. Beharrlich brachen aus nichtigen Gründen die Risse wieder auf, welche gerade notdürftig gekittet waren, aber unversorgt zusammenpappten. Mittels Leons ungefilterten Wahrnehmungen entstand in seinem Gehirn häufig ein chaotisches Durcheinander. Bisweilen jammerte und weinte mein armer kleiner Junge herzzerreißend, sprungweise äußerte mein Nesthäkchen seine Eindrücke:

„In meinem Kopf sind ganz viele Bilder und Töne; wenn ich die Augen schließe, Mama, da sind ganz komische Sachen, die machen mir Angst! Ich halte den Kuddelmuddel nicht mehr aus, mein Kopf tut weh! Mama, hilf mir!" Es brach mir echt das Herz, mein Söhnchen so zu erleben! In solchen Momenten hoffte ich auf das Medikament Ritalin. Ich dachte, dieses Zeug entspanne Leon, um etwas Ruhe und Harmonie bei der Bild- und Tonverarbeitung seiner Eindrücke zu erlangen! Sodann schoss mir der Einfall ins Denkorgan: „Ritalin zerstört den Köper meines Kindes!" Übelkeit stieg in mir hoch und ich fühlte mich hilflos.

Um die Orientierungslosigkeit meines Sohnes zu verdeutlichen, wende ich mich rückblickend zur Buchmesse: In einem dieser voluminösen Ausstellungsräume verschwand mein Abkömmling blitzartig. Le Petit Garçon beabsichtigte, an einem Stand mit Kinderbüchern etwas nachzulesen. Zeitgleich schmökerte Ralf in Fantasiegeschichten und ich erspähte Psychokrimis. Eventuell bewirkten die massenhaften durcheinander brabbelnden Leute und die Hintergrundmusik eine Konfusion bei meinem Stammhalter. Tatsächlich befanden wir uns im Blickfeld unseres Kindes, eigentlich hätte er uns sichten müssen. Doch unser kleiner Mann war weg und wir suchten ihn allerorts der in riesigen, vollgestopften Halle. **Panik!** Mein Baby blieb verschwunden. In einem lichten Moment fiel mir ein, zur Anmeldung zu hetzen, um mein armes Nesthäckchen ausrufen zu lassen!? Sich durch die Menschenmasse herausschälend, erblickte ich ein bitterlich weinendes kleines Wesen, welches mir entgegenkam:

„Mama, endlich habe ich dich gefunden!" Vor Glück

schluchzend fielen wir uns in die Arme und ich drückte meine süße Maus ganz, ganz fest an mein Herz. Der verlorene kleine Mann beruhigte sich langsam und erzählte unter Schluchzern:

„Ich wollte zu euch gehen, aber plötzlich wart ihr weg! Ich habe euch einfach nicht mehr gefunden. Mama, es war ganz schrecklich, ich hatte solche Angst!" (Als Leon noch klein war, höchsten fünf Jahre, verschwand er bei einer Kinderkarnevalsfeier in einer großen Diskothek. Seit diesem Zeitpunkt verabredeten wir mit unserem Sohnemännchen, dass er erkennbares Personal anspricht, mit diesem am Informationsschalter wartet und sein Name ausgerufen wird, um nicht planlos umherzuirren! Dieses Unterfangen klappte in der Vergangenheit 1A. Leider traute sich mein armer Tropf nicht mehr, ihm Unbekannte anzusprechen. Er zitterte mittlerweile vor Bangigkeit, sein Vertrauen in seine Mitmenschen und seine Selbstsicherheit war dahingeschmolzen!) Hierdurch und auch in etlichen vorangegangenen, ähnlichen Abenteuern, bestätigte sich meine Vermutung, dass Leon keinerlei Orientierung besitzt. Ein Erkennen, aus welcher Richtung er kam und wohin er wieder zurückkehren konnte, existierte für den Jungen tatsächlich nicht! In derart verwirrenden Situationen war ein Sichten der in der Menge befindlichen Eltern ebenso unmöglich!

Als kleines Mädchen stellten sich bei mir verwandte Knacknüsse ein, auch ich verirrte mich häufig. Bis heute hat sich nichts an diesem Manko geändert; wenn ich mit dem Auto unterwegs bin, muss ich mich ganz genau auf meine Umgebung konzentrieren, um mich zurechtzufinden. Des Weiteren fehlt in unserer Sippschaft die Fähigkeit zu räumlichem Denken. Raumlehre (Geometrie) bedeutete für uns allerseits ein exorbitantes Übel. Während der Schulzeit beeinträchtigte Geometrie die Mathematiknoten. Meine Mitschüler halfen mir wiederholt in diesem Fach, ferner durfte ich bei den Klassenarbeiten abschreiben. Heute ist Hilfsbereitschaft dieser Art in den Pennen nicht mehr in Mode. Der Konkurrenzkampf existiert in musterhaftem, außerordentlichem Maße! Jeder ist sich selbst der Nächste! Egoismus heißt die gebräuchliche Mentalität: „Selber verschlingen macht dick!"

Winkel aufzumalen und Dreiecke zu konstruieren, gehörte nicht zu Leons Leidenschaften, dieses Unterfangen misslang bereits durch die Ungenauigkeit des Nachwuchses. Jedes Geschöpf verfügt über Schwächen und Stärken. In der Elementarschule unterstellte man meinem kleinen Jungen wegen seiner Schwächen oft Lustlosigkeit und bösen Willen. Häufige Misserfolge erntete der kleine Mann anlässlich seiner mathematischen und zeichnerischen Ungenauigkeiten. Die Sonderschullehrerin vom BFZ berichtete mir zu oft:

„Leon verfügt nicht über räumliches Denken, und Teilleistungsschwächen sind bei ihm ebenso zu erkennen, infolgedessen ist ein Wechsel zur Sonderschule unvermeidlich. Diese Unfähigkeit zeigt uns eindeutig seine Lernbehinderung!" Angesichts vereinzelter Mängel einem Kind Lernhilfe unterzuschieben, entbehrt in meiner Vorstellung jeglicher pädagogischer Grundlage. (Ich schaffte mit den gleichen Einschränkungen tatsächlich einen guten Mittlere-Reife-Abschluss! Es handelte sich hier durchaus nicht um eine Syndrom-Vermutung, sondern um durchschnittliche, alltägliche Unvollständigkeiten!)

Niemand beherrscht sämtliche Lernanforderungen. Vielfach verfügen mathematisch begabte Erdenbürger über Lücken in Deutsch und Fremdsprachen, oder umgekehrt. Am besten lassen sich Unkenntnisse bzw. besondere Begabungen in künstlerischen Bereichen lokalisieren. Menschen, die über ein beträchtliches Musikpotential verfügen, weisen nicht automatisch darstellerische oder zeichnerische Eignungen auf. Künstlerische Talente verdankt man seinen Vorfahren und niemand schafft es, ein Kind ohne diese angeborene Naturgabe zum Singen oder Zeichnen zu disziplinieren. Pädagogen haben die Pflicht, mittels angemessener Bemühungen Mängel ihrer Pennäler folgerichtig zu verbessern, und keinesfalls kontinuierlich darauf herumzuhacken. Analog verhält es sich mit der Intelligenz. Jedes Kind wird mit einem vorbestimmten Anteil an Idioplasma (Erbmasse) geboren. Um welche Menge es sich handelt, beeinflussen die Ahnen. Mithilfe ersprießlicher Förderung vermag man die Erbmasse zum Heranreifen anzuspornen, freilich geht dies nur bis zu einer faktischen Entfaltung.

Fachleute erahnen eventuell, wann das existierende Potential ausgeschöpft ist, man benötigt für eine korrekte Beurteilung unentbehrliche Erkenntnisse des zu Betreuenden: Die äußeren Einflüsse, die seelische Beschaffenheit sowie physische Unstimmigkeiten des Nachkommen gilt es zu entdecken. (Albert Einstein war erwiesenermaßen ein Genie, aber kein Musterschüler!) Seelische Auswirkungen sind lediglich ersichtlich, sofern man sich wirklich mit dem Sprössling beschäftigt.

Körperliche Beschwerden beeinträchtigen genau wie die gefühlsmäßigen das Leistungspotential. Hormonelle Hindernisse, Schilddrüsen-Defekte, Blockaden der Sinneswahrnehmung, z.B. Schwerhörigkeit, Sehfehler, Gleichgewichtsstörungen usw., Wirbelsäulen-Erkrankungen und Stoffwechselstörungen beeinflussen ebenso die Lernkapazität eines Menschen. Diese Fehlfunktionen können zu innerer Unruhe und Konzentrationsstörungen, in manchen Fällen aber auch zu Aggressionsschüben führen.

Mit Frau Noll vom Jugendamt und unter Anleitung des Kinderarztes schlossen wir die physischen Eventualitäten bei Leon aus, bevor wir die seelischen Störungen in Angriff nahmen! Autisten, „die Absonderlichen": Kein „Normaler" enträtselt bestimmbar, was im Inneren dieser Eigentümlichen vorgeht. Wissenschaftliche Abhandlungen werden publiziert und betroffene Asperger-Autisten teilen ihre Sensualität der Öffentlichkeit mit. Selbst die alltägliche Konfrontation mit dieser weltabgewandten Eigenwilligkeit gestattet zwar Einblicke zum korrekteren Disponieren des Zusammenlebens, aber das „WARUM?" bleibt wie so oft im Leben unbeantwortet! Wer versteht schon den seltsamen Makrokosmos eines Schizophrenen oder die Zwangsvorstellungen eines Geschöpfes mit Psychose? Wer vermag Menschen mit schweren Depressionen zu begreifen? Es existieren reichlich psychische Abweichungen des menschlichen Ingeniums (Geistes) von der Natur, die für Verwirrung bei „Otto-Normalo" sorgt. (Ein Psychologe erklärte in einem Gespräch, dass er seit etlichen Jahren fruchtlos versucht, die Unergründlichkeiten der Schizophrenie zu begreifen!)

Psychisch usw. nicht zu funktionieren, ist wahrlich fatal und wer diese Probleme nicht am eigenen Leib erfährt, vermag sich noch so um Verständnis bemühen, es ist und bleibt rätselhaft. Asperger-Autisten erfahren Neuerungen des Wohnbereiches als Chaos im Kopf. Eltern verbringen viel Zeit damit, sämtlichen Stress von ihren Kindern fernzuhalten und bemühen sich redlich, alle Utensilien in der Wohnung in gleicher Anordnung zu belassen. Selbst die kleinsten Änderungen, wie z.B. das Fehlen einer Vase auf ihrem angestammten Standort, erzeugt bei den Betroffenen Anspannung. Die Reihenfolge des Tagesplanes muss zeitlich gleichermaßen beständig, strikt eingehalten werden. Durch unerwartete Abweichungen davon hat man blitzartig die Bescherung!

Beim Auswählen der Schule sollte man ausdrücklich darauf achten, dass die Bezugspersonen nicht fortwährend wechseln und die Penne von der Größe und der Lehrerkapazität her überschaubar ist. Für Eltern und Betreuer/innen besteht die Verpflichtung, sich gewissenhaft auf die spezifischen Erfordernisse dieser Sprösslinge einzustellen, eine positive Entwicklung ist nur zu gewährleisten, wenn sämtliche Tics und Stresssituationen des Betroffenen Berücksichtigung finden. Ein psychisch krankes Lebewesen weiß sich nicht den „Gesunden" anzugleichen. Umgekehrt wird ein Schuh draus. Bei der Entfaltung autistischer Kinder, ähnlich den ADHS-Kindern, können falsche Methoden eine rückwärts gerichtete Entwicklung, eine Verfügbarkeitsstörung sowie eine Verweigerungshaltung des leidtragenden kleinen Menschen zur Folge haben. Mittels nicht adäquater Handhabung schafft man es ebenso, Hochbegabte zu Lernhilfekandidaten umzuformen.

Alles, was wir mühselig pro und mit Leon erarbeiteten, zersprang durch den Schulstress und die Behandlungsmethoden der Regelschule in hunderttausend Splitter. Es erinnerte an ein riesiges zerstörtes Puzzle. Wer fühlte sich gegenwärtig berufen, die ganzen Bruchstücke erneut zusammenzusetzen? Die „Kapazitäten" weigerten sich strikt, denn sie betonten stets, bis zum gegenwärtigen Zeitpunkt und immerdar:

„Es ist alles nicht wahr, der begriffsstutzigen Mutter haftet Eigenverschulden in sämtlichen Obliegenheiten an! Soll sie doch die Suppe auslöffeln! Wer ist denn dieser Leon und seine Mama Regina!? Nichts! Ein kleines Staubkorn im Wind!!!"

Eine tolle Überraschung, es gleicht einem echten Kuriosum: Binnen eines Monats bewilligte der Landkreis den Schulassistenten!

Mein Medieneinsatz hatte sich tatsächlich gelohnt. Diese Tatsache erfasste ich bereits während der Zusage zur Kostenbewilligung zwecks therapeutischer Behandlung im Autistischen Zentrum. In diesem Zusammenhang telefonierte die zuständige Frau Doktor vom Landkreis (Gesundheitsamt) mit meiner Wenigkeit und bemerkte:

„Ach, Sie sind die Dame, deren Artikel in der HNA erschien!? Eine Kämpferin! Natürlich genehmige ich Ihnen diese Therapie!"

Wer die Rolle als Leons Schulbegleiter einnehmen würde, darüber entschied letztendlich die Klassenlehrerin, denn diese sollte mit der betreffenden Person zusammenarbeiten. Die Suche nach einem/einer geeigneten Kandidaten/in beanspruchte noch einige Zeit, da für diese Position wenige Kräfte zur Verfügung stehen. Häufig setzt man für dieses Ressort Zivildienstleistende ein.

Die Pflegeversicherung finanzierte seit dem Januar eine Ergotherapeutin für zwei Stunden die Woche. 200,00 Euro im Monat sprach man uns zu, den Betrag rechnete die Krankenkasse direkt mit der Pflegestelle ab. Es handelte sich bei der

Ergotherapeutin um eine junge Frau, die wenig älter als meine beiden großen Töchter ist. Ihr großer Vorteil: Sie liebt Tiere und nennt einen kleinen Malteser-Rüden ihr Eigen. Selbst Joshy mochte diese junge Frau gut leiden und somit brach das Eis zwischen Leon und seiner für sportliche Dinge zuständigen Betreuerin.

Das Duo unternahm Exkursionen mit den kleinen Rüden und spazierte häufig in den Wald. Jenny, so der Name der Therapeutin, kümmerte sich um des kleinen Mannes Motorik und brachte sportliche Geschicklichkeitsspiele für die Wanderungen mit. Ansonsten kutschierte Jenny mit Leon zum Schwimmen, wodurch sie das Herz des kleinen Jungen sehr schnell eroberte.

Der Ergotherapeut, von dem ich voranstehend berichtete, zu dem wir zwei Mal die Woche in die Praxis fuhren und der sich ebenso seit der Jahreswende um des Knaben Wohlergehen kümmerte, erteilte uns Hausaufgaben. Wir Eltern disputierten mit ihm die Strukturen, die wir fortgesetzt eine nach der anderen zu Hause einführten. Beginnend mit einer Erneuerung zum Verinnerlichen, worauf man die nächste anstrebte usw..

Die Stärkung des Selbstvertrauens und die endgültige Einprägung von Ordnungen geschehen ausschließlich über unendliches „Beifall-spenden" und ständiges Wiederholen (Rituale). Die einschlägige Literatur erteilte Hilfestellungen von Fachleuten für Asperger-Autisten, ADHS-Kinder und Kids mit Hochbegabung. Diese Bücher ermöglichen gleichermaßen Pädagogen Einblick in die Materie. Anhand der Publikationen offenbarte sich, dass die Herangehensweise der Grundschule im Umgang mit Leons Absonderlichkeiten völlig daneben gegangen war. Dies zum Thema: „Die Lehrer kennen sich mit der Symptomatik des kleinen Jungen aus!"

Das Verfahren zur Vermittlung von Lehrstoff, gegenüber meinem Stammhalter angewandt, empfiehlt sich für „normale" Kinder ebenso wenig. Nachkommen verlangen Bestätigungen und ehrlich gemeinte Grenzsetzungen. Die stetigen Androhungen: „Du musst beim nächsten Vorfall in einer anderen Klasse Strafe absitzen oder lautlos im Büro der Direktorin arbeiten!"– Überhaut nichts passierte indessen! Nothing!

Welcher Sprössling erachtet Erwachsene weiterhin als ernst zu nehmende Wesen? Mein Grandseigneur (Ehemann) und ich unterzeichneten und autorisierten extra die disziplinarischen Maßregelungen und mahnten wiederkehrend die Durchsetzung des Lehrerversprechens an. All die von den Paukern angedrohten Strafen wurden leider nie angewandt. So erlebte der Knabe keinerlei Grenzsetzung in der Schule, und dass Autoritäten Aufmerksamkeit verdienten, ging in der neu erlernten Respektlosigkeit unter! Wenn man in der frühkindlichen Erziehung und der Elementarschule unterlässt, Sprösslinge in der Achtung vor Älteren zu unterweisen und sich persönlich als unglaubhaft und wankelmütig darstellt, bescheren die zukünftigen Nachkommen anderen Lehrmeistern Überraschungspakete von strotzender Impertinenz. Die abfällige Betrachtung legt das kleine Wesen nicht ab; sie existiert bei dem zum Jugendlichen Heranwachsenden fortgesetzt weiter.

In den letzten Jahren bemängeln ältere Generationen vermehrt, dass sie von Teenagern und jüngeren Kindern angepöbelt werden. Die Angst vor unseren eigenen Kids auf den Straßen und auf öffentlichen Plätzen gestaltet sich zu einem stetig anwachsenden Problem. Viele unserer Abkömmlinge in dieser Gesellschaft reagieren „nicht nur" verbal respektlos! Nicht selten entladen sich durch vernachlässigte Unterweisungen entstandene Konflikte in Gewalt. Wir brauchen nur die Zeitungen aufzuschlagen, dort erfährt man sehr viel über die Resultate des gesellschaftlichen Erziehungsnotstands. Diskussionen von oben reichen nicht aus, Handlungsbedarf besteht für alle verantwortungsbewussten Menschen in diesem Land: Die Kinder sind auf uns Erwachsene angewiesen; sie brauchen dringend Hilfe, um in diesem Dschungel zu überleben, ohne ihre Kontrahenten zu beseitigen oder in Drogen und Alkohol zu versinken. Auch die radikalen und kriminellen Szenen dürfen unsere Nachkommenschaft nicht in ihren Bann ziehen. Wenn wir Bürger auf die Politiker hoffen und warten, erwartet uns Chaos und eine bittere Endrunde!

Der neue Ergotherapeut probte mit Leon vor allem Ausdauer und Konzentration und natürlich ergänzend Fein- und Grobmotorik. Viele andere Zielgedanken standen künftig noch auf dem Programm. Mein kleiner Mann erlangte zunehmend Festigkeit. Leons Berührungsängste und die Empfindlichkeit seiner Hände traten bei dieser Therapie klar hervor. Dass Le Petit keine Medikamente mehr einnahm, beobachtete momentan kaum jemand, da Le Garçon mittlerweile durch einen tollen, vollen Wochenplan ausgelastet war.

Montag: Jungschar, Dienstag: Jenny und gegen Abend Ergotherapie, Mittwoch: eine Stunde Keyboard, Donnerstag: von 14.00 bis 17.00 Uhr Reiten und zu guter Letzt Freitag: noch einmal Ergotherapie. Alles auf diesem Wochenplan liebte mein Sohn, aber leider erst nachdem ich ihn zu all diesen Veranstaltungen zwang und unter Geschrei und Tränen hinter mir herschleppte.

Beim Gang zur Schule häufte sich die Gegenwehr des kleinen Jungen beharrlich! Man muss fernerhin einmal positiv denken, ich war guten Mutes und dachte: „Mit der Zeit pendelt sich alles ein!". Mutter und Sohnemann schritten gemeinsam zur Jungschar, eine hundsmiserable Laune begleitete uns, da der Knabe durch Mamas Anwesenheit die feste Überzeugung vertrat, er sei der absolute Herrscher der ganzen Veranstaltung! Wir benötigten halt Zeit.

Oh Schreck, der Ergotherapeut, mit der Empirie vom Umgang mit Autisten, meldete Insolvenz an. Diesen Berater verschluckte der Pleitegeier! Was nun? Der kleine Aspie bedurfte ausdrücklich adäquater Verhaltenshilfen. Uwe, so der Name des Therapeuten war zwar nicht lange Bestandteil im Alltag meines Sohnes, aber Abschied nehmen bedeutete für den kleinen Mann immer eine böse Überraschung!

Das Autistische Zentrum ließ nach wie vor nichts von sich hören. Vielleicht sind wir alle alt und grau, bevor sich hier ein freier Platz auftut? Die Betreuung in der Grundschule wurde bereits abgeschrieben. Bosheiten mittels dieser Leute benötigten wir echt nicht mehr. Eine noch jüngere Frau als des kleinen Mannes Schwestern übernahm die Rolle der Schulassistentin. Le Petit versuchte zwar alles, um die Neue in der Schule auszutricksen, aber Frau Prell, Leons Klassenlehrerin, kannte mittlerweile die Gaukeleien unseres Bengels und spendete entsprechende Hilfestellung. Der Landkreis reagierte fernerhin auf meine Dienstaufsichtsbeschwerde, mit dem Ergebnis, dass diese Behörde ihre vom Staatlichen Schulamt zugeschobene Verantwortung wieder den Schulbehörden zurückdrückte.

Mein Antwortschreiben hierauf vom 27.04.2009: Landkreis, Dienstaufsichtsbeschwerde gegen Frau Oger, Schul- und Bauwesen, mein Schreiben vom 24.11.2008:

Ihr Schreiben vom 23.04.2009 betreffend Auseinandersetzungen um einen Betreuungsplatz für meinen Sohn Leon an der Grundschule
Sehr geehrter Herr H.,
ich danke Ihnen für Ihre o.g. Stellungnahme. Nachdem ich Ihren Brief gelesen habe, war ich doch sehr verwundert, dass Sie für die Aufzählung der mir bereits mitgeteilten Begründungen so lange Zeit benötigten. Obwohl ich mit diesem Ergebnis von Ihrer Behörde rechnen konnte und mich schon vor längerer Zeit dazu entschlossen habe, diese sinnlose Auseinandersetzung zu beenden, da ich sowieso nicht die geringste Chance habe, gegen die deutsche Bürokratie und die Behörden in unserem Land anzukommen, kann ich mir einen Kommentar nicht verkneifen. Also habe ich mich dazu entschlossen, Ihnen doch noch ein paar Zeilen zu Ihrer Ablehnung der Dienstaufsichtsbeschwerde zu schreiben.
Zu Punkt 1, die versicherungstechnischen Gründe:
Hierzu teilte ich Ihnen bereits mit, dass mein Sohn beim Besuch des verlängerten Betreuungsangebotes durchaus versichert ist. Nach Rücksprache mit meiner Versicherung wurde mir bestätigt, dass mein Sohn umfang-

reich haftpflicht- und unfallversichert ist. Das habe ich Frau Oger so wei-
tergegeben. Ihre Reaktion darauf: „Es geht nicht um die Versicherung,
die Betreuerinnen sind überfordert!"
Zu Punkt 2, Überforderung der Betreuerinnen:
Wenn Sie es tatsächlich schaffen, 50 Kinder in einem kleinen Klassen-
zimmer bei nur zwei Betreuerinnen adäquat in der verlängerten Schul-
kinderbetreuung zu versorgen, mit gemeinsamem Mittagessen und Haus-
aufgabenbetreuung, sollten Sie dieses Geheimnis solcher Organisation
nicht für sich behalten. Kindergärten und andere Institutionen würden
bestimmt ebenfalls von diesem Wunder an Organisation profitieren. (50
Kinder sind in der Betreuung bis 14.00 Uhr. Für Leon war die verlän-
gerte Obhut von 14.00 bis 16.30 Uhr vorgesehen. Hier befinden sich ca.
zehn Kinder; meine Anm.) Hiermit wären Platzprobleme und Kosten-
probleme ein für allemal gelöst. Ich habe mich im Vorfeld bei der zustän-
digen Erzieherin erkundigt; diese ist mit Leon gut ausgekommen und
mein Junge hat nach ihrer Aussage keine zusätzlichen Probleme mit den
anderen Kindern verursacht. Frau Oger hat einer Betreuung meines Soh-
nes zu diesem Zeitpunkt ebenfalls spontan zugestimmt. Niemand teilte
seinerzeit etwas über Schwierigkeiten mit. Diese Tatsache habe ich bereits
oft in meinen Briefen und auch meinen Telefonaten kundgetan.
Punkt 3, die Zuständigkeitsfrage:
Wer ist nun eigentlich der Hauptverantwortliche der Grundschulbetreu-
ung? Wer hat die Entscheidung zu treffen, welches Kind aufgenommen
wird und welches nicht? Vielleicht sollten sich das Staatliche Schulamt
und der Landkreis einmal darüber einig werden, wem nun letztendlich
die Verantwortung obliegt, die endgültige Entscheidung zu treffen, wel-
chem Kind aus welchem Elternhaus eine Teilnahme am Betreuungsange-
bot erlaubt wird und welches Kind aus unserem schönen Ort ausgeschlos-
sen wird? Wobei ich mit einem höheren Beamten aus dem Staatlichen
Schulamt darüber gesprochen habe und dieser mir versicherte, dass es im-
mer eine Möglichkeit gebe, ein Kind dort unterzubringen. Mir ist schon
bewusst, dass ich all die geführten Telefonate nicht als Beweismittel ver-
wenden und mich nicht auf diese gemachten Aussagen und Hinweise be-
rufen kann. Hier steht Aussage gegen Aussage. Ich habe aber die schrift-
liche Stellungnahme des Staatlichen Schulamtes, dass ausschließlich Frau

Oger entscheidungsberechtigt ist und die alleinige Verantwortung für die vielen widersprüchlichen Begründungen in diesem Fall zu verantworten hat und dass es ebenfalls Sache des Landkreises, Frau Oger, ist, jedes beliebige Kind abzulehnen. Sie schreiben mir nun, dass die Schulleitung dafür die Verantwortung trägt. Was stimmt denn nun? Zu Frau Kläger, der Bürgerrechtsbeauftragten des Landkreises (an diese Frau gingen sämtliche Unterlagen zur Überprüfung, da lt. telefonischer Auskunft vom Landkreis hier Verletzungen von Menschenrechten?? oder so angeblich vorlägen. Da bleiben mir echt die Worte im Hals stecken! Wie kann jemand Bürger dieses Landes vertreten und sich um deren Angelegenheiten kümmern, ohne jeglichen Kontakt zu ihnen aufzunehmen? Diese Frau wurde laut Ihrem Schreiben nur deswegen eingeschaltet, weil Frau Evers-Meyer Interesse für meinen Sohn und dessen Geschichte gezeigt hat. Ohne die Beachtung der Bundestagsabgeordneten wäre der Name Frau Kläger wohl nie gefallen. Das hätten Sie sich wirklich sparen können; ich werde Frau Evers-Meyer sowieso von diesem Schreiben berichten und ihr dabei meine Meinung über diese Farce mitteilen. In meinen Augen werden durch diese Aktion die Bürgerrechte mit Füßen getreten.

Ich empfinde Ihre Vorgehensweise persönlich als äußerst menschenverachtend. Eine Bürgerbeauftragte sollte meines Erachtens die menschenrechtlichen Aspekte zusammen mit dem Betroffenen überprüfen und nicht einem Bundestagsabgeordneten aufzeigen: „Sehen Sie, wir tun alles Menschenmögliche, um diesem Kind zu helfen!" Ich liefere Ihnen jetzt eine wirklich rechtliche Grundlage, warum mein Sohn die Grundschulbetreuung nicht mehr besuchen kann, da bei Ihrer Behörde und auch beim Schulamt keiner in der Lage ist, diesen Streit auf rechtlicher Grundlage zu beenden. Leon wird nach den Sommerferien in die 5. Klasse versetzt, dann ist er kein Grundschulkind mehr und kann somit auch nicht weiterhin an der Betreuung in der Elementarschule teilnehmen. Ich habe keinerlei Verlangen mehr, mein Kind den diskriminierenden Qualen der uneinigen Behörden auszusetzen.

Meine ursprüngliche Frage an Sie lautete eigentlich, ob eine Mitarbeiterin einer Behörde ständig neue Begründungen aufzählen darf, nur um einer Mutter eine adäquate Unterbringung ihres Sohnes zu verweigern. Ich

habe versucht, den zuständigen Leuten klarzumachen, dass diese Betreu-
ung nur für einen kurzen Zeitraum angedacht war, um meinem Stamm-
halter den abrupten Übergang ohne eine Verabschiedung von seiner ge-
wohnten Umgebung und den Kindern sowie den Lehrern zu ersparen.

Ich konnte nicht ahnen, dass mein Anliegen dermaßen als unmögliche
Bitte eingeschätzt wurde, dass ich die konzentrierte Willkür der zustän-
digen Staatsdiener spüren musste und jede Behörde nichts anderes außer
Unschuldsbeteuerungen und Abschiebung der Verantwortung auf die an-
dere zu bieten hat. Von Ihnen habe ich eigentlich eine Klärung dieser
Willkür erwartet und keine neuen Begründungen zur Ablehnung meines
Kindes.

Ich bin nie daran interessiert gewesen, einen Rachefeldzug gegen die zu-
ständigen Behörden zu führen. Ich wollte auch keine Bestrafungen durch
meine Beschwerden für die zuständigen Personen erreichen. All das bringt
uns keinen Schritt weiter, etwas für benachteiligte Kinder zu tun, die ein
Recht auf Integration in dieser Gesellschaft haben. Auffällige und Behin-
derte müssen eben anders gefördert werden als gesunde Menschen.

Um es kurz zu machen, ich dachte, auch Behörden können aus Fehlern
lernen. Das hat etwas mit Nächstenliebe, Verständnis, Verantwortung
usw. zu tun. In Zukunft weiß ich, dass ich bei diesen Institutionen nicht
auf Menschlichkeit zu hoffen brauche. Sie sind genau wie das Schulamt
und die Lehrer in dieser Schule ausschließlich damit beschäftigt, die Un-
fehlbarkeit Ihrer Mitarbeiter zu beweisen und Verantwortlichkeit von ei-
nem zum anderen zu schieben. Ich sage trotzdem „Danke!" für einen
kurzen Einblick in Ihre Behördenwelt. Außerdem wünsche ich Ihnen
und Ihren Mitarbeitern Gesundheit (denn die ist keine Selbstverständ-
lichkeit) und dass Sie niemals in eine solche Situation wie ich oder ande-
re Eltern mit kranken Kindern geraten. Ich versichere Ihnen, so ein
Schicksalschlag ist nicht leicht zu meistern.
Mit freundlichen Grüßen …

Ich hörte nie wieder etwas von diesen Leuten; schlechtes Gewissen, Interesse an ihren Opfern oder so kennen diese Menschen?! nicht!

Im Dezember setzte ich mich bereits mit dem hessischen Fernsehen, der Nachrichtensendung „defacto" in Verbindung. Seither probierte die Sekretärin des verantwortlichen Moderators, einen Therapieplatz im autistischen Zentrum zu erhandeln.

Dieser Versuch misslang indessen ganz und gar (was dort im Einzelnen besprochen wurde, entzog sich meiner Kenntnis) und so entschlossen wir uns, beim Landkreis zu intervenieren, um Frau Noll zurückzuerobern.

Leons expressiver Zustand war trotz Ergotherapie chronisch instabil. Der kleine Mann erduldete unvermindert Höllenqualen, sofern er das Elternhaus verlassen sollte. Le Petit versteckte sich nach wie vor hinter dem Sofa und weinte, er hasste die ganze Welt und spürte fortgesetzt den Drang, seinen Verwandten im Himmel Gesellschaft zu leisten. Wir schafften es einfach nicht, unseren Jüngsten aus diesem tiefen dunklen Loch der Isolation zu befreien.

Herr Robert H., der Chefreporter der Sendung „defacto", hilft in seiner Sendung leidenden Menschen, die von Behörden usw. über den Tisch gezogen wurden. Um die Aufrüttel-Aktion auf einen Nenner zu bringen und deutlich sinnstiftende Hilfen zu fordern, befragte ich persönlich noch einmal die zuständige Jugendamtsmitarbeiterin, ob trotz der zweijährigen Beistandschaft von Frau Noll eine nochmalige Beantragung erfolgreich wäre? Die Dame vom Jugendamt nahm mir diesbezüglich jegliche Hoffnung. Diese Finanzierung glückte gewiss nicht!

Nach einiger Zeit bemerkte Le Garçon das Fehlen seiner „Noll", er bestand auf ein dringend nötiges Wiedersehen! Der Racker besaß zwar keinerlei Zeitbegriff und oftmals dachte ich, er hätte bestimmte Erlebnisse oder Personen vergessen, falsch beurteilt: „Der kleine Junge verfügt über ein Elefantengedächtnis!"

Nun betrat Madame von „defacto" die Bühne: „Ich wünsche mir für Leon vom Landkreis Frau Noll zur Beistandschaft (Erziehungshilfe) und für das nächste Halbjahr erneut einen Schulassistenten. Da der Unterrichtsbegleiter alle sechs Monate wieder neu beantragt werden muss und die Behörden eine Genehmigung nach Gutdünken entscheiden, könnten wir somit zwei Fliegen mit einer Klappe schlagen und uns durch die Fernsehanfrage die nächste Aufregung sowie den ganzen Bürokraten-Pedanterie-Scheiß ersparen!"

Die Sekretärin beschäftigte sich von diesem Moment an um die Themenstellung des Fernsehbeitrages und ich wartete ab. Seit Weihnachten versagte des Öfteren meine Stimme und Halsschmerzen existierten als ständiger Begleiter. Ende Mai kam ich endlich dazu, einen Facharzt aufzusuchen. Meine Laute hörten sich an wie die Töne eines Blecheimers, auf dem ein Knüppel tanzte. Dieser Umstand förderte etliche Knacknüsse zutage.

Meine Mutter ist sehr schwerhörig und verstand mich überhaupt nicht mehr. Telefonate waren nur noch bedingt durchführbar. Eigentlich wehrte sich alles in mir, einen Mediziner aufzusuchen. Intuition? Der Hals-Nasen-Ohrenarzt diagnostizierte eine Geschwulst im Kehlkopf. Die Überweisung wurde auf einen Professor der Städtischen Kliniken ausgestellt:

„Ein anderes Krankenhaus kommt für Sie nicht infrage, da sich hier die Onkologie (Krebsstation) befindet, bei weiteren eventuellen Maßnahmen erhalten Sie umgehend die entsprechende Spezialbehandlung!" Mir rutschte das Herz in die Hose und meine stammelnde Frage lautete:

„Sie meinen Chemotherapie?"

„Na ja", bedeutete der Doktor, „es ist schon besser, auch hieran zu denken und sich zunächst auf alle Eventualitäten einzustellen. Am besten, Sie machen auf schnellstem Wege einen Operationstermin!" Ein echter Hammerschlag vor den Kopf. Zu Hause waltete erneut die übliche Verdrängungstaktik. Alle taten meine Ängste mit dem Ausspruch ab:

„Es besteht gewiss kein Anlass zur Sorge!"

Das Schicksal fragt nicht danach, ob der Mensch, den es in

den Klauen hält, noch gebraucht wird oder nicht. Jung wie Alt, Gut oder Böse, Reich und Arm, es kann jeden erreichen und schlägt erbarmungslos zu!

Wie sollte es weitergehen, falls ...? Ich wagte nicht, diesen Gedanken zu Ende zu führen! Zukunftsplanungen: „In die Städtischen Kliniken pilgere ich nicht, Massenabfertigungen bei Individuen sind mir verhasst!"

Die Krebsstation in diesem Krankenhaus verursachte bei mir Panikattacken. Lediglich der bloße Gedanke daran löste Zittern, Schweißausbrüche und Übelkeit in mir aus. Dieses Hospital stellte letztlich die Endstation meiner Schwester dar. Es tönte immer noch beharrlich in meinen Ohren, wie Bärbel mir voller Trostlosigkeit berichtete, dass die Ärzte ihr total abgebrüht das Todesurteil verkündeten:

„Sie haben mich zum Sterben heimgeschickt! Die Mediziner beabsichtigen überhaupt gar nichts mehr zu unternehmen. Was wird denn jetzt?"

Ich vereinbarte einen Termin mit einem anderen HNO-Arzt. Mein Hausarzt wirkte auffallend besorgt und ermahnte mich streng, diese OP keinesfalls auf die lange Bank zu schieben. Mein Wunsch, den Fremdkörper im Hals so rasch wie möglich beseitigen zu lassen, löste in mir einen extremen Horror aus. Niemand geht gern mit einer Zeitbombe im Leibe durch die Welt!"

Ich entdeckte einen anderen Facharzt, der an einem kleinen Spital die Wundgeschäfte persönlich ausführte. All das ereignete sich Anfang Juni 2009. Ich erhielt einen Krankenhaustermin am 12. dieses Monats. Leon erfuhr von den Operationsplänen und er drehte sofort vollkommen am Rad:

„Ich will nicht, dass du ins Krankenhaus gehst. Ich will nicht ohne dich sein, dann bin ich so alleine!" Momentan fühlte sich mein Sohn ausschließlich zu mir so hingezogen, dass er alle anderen Familienmitglieder ablehnte. Auf keinen Fall beabsichtigte mein Sprössling, ohne seine Mama zu Hause auszuharren.

Die Geburt von Ines' Kind sollte ebenfalls Mitte Juni stattfinden. Das Baby konnte derzeit jeden Tag das Licht der Welt erblicken. Eigentlich lautete unser Plan, dass ich Laura eine Weile um- bzw. versorgte. Außerdem warteten wir ganz ungeduldig auf den Gen-Test meiner Tochter, welcher klären sollte, ob mein zukünftiger Enkel als Bluter geboren würde. In unserer Familie gibt es den primären Defekt, nach dem männlichen Nachkommen die Substanz zur Blutgerinnung fehlt. Daniela hatte diese Untersuchung zwar schon während ihrer Gravidität durchführen lassen, das Resultat jedoch bis zum gegenwärtigen Zeitpunkt nicht eingeholt. Bei Ines stellte sich nun die Frage, ob sie in den Städtischen Kliniken entbinden oder ein Krankenhaus ihrer Wahl aufsuchen durfte. Diese riesige Klinik mit Massenabfertigung verursachte bei meiner ganzen Sippe arge Aversionen.

Momentan bereiteten sich meine Mädels darauf vor, mich bei Oma, Leon und Laura zu vertreten. Während eines Palavers einigten wir uns dahingehend, dass die Notwendigkeit bestand, die Kleinen genau wie unsere Oma vor Ort zu betreuen. In unserem Haushalt leben ebenfalls viele Tiere und auch unser Papa benötigte jemanden, der ihn versorgte. Die Einzige, die meine Todesängste wirklich verstand, war Verena, die älteste Tochter meiner Schwester. Die junge Frau nebst ihrem Lebensgefährten beteuerte, sich entsprechend um den kleinen Mann zu bemühen. Ralf, der Papa, durfte natürlich keinesfalls übergangen werden, jedoch konnte man bei meinem Mann eindeutig eine Überforderung im Umgang mit Leon spüren. Ich hatte den großen Wunsch, dass der Kampf um professionelle Hilfen für unser Sorgenkind nicht im Sande verlief. Dies bedurfte eines streitbereiten, hartnäckigen Konflikthahns mit couragiertem Engagement und originellem Einfallsreichtum. Prädestiniert zu diesem Zweck erachtete ich Renis Zukünftigen.

Ansonsten teilte ich der Kinder-Lobby (Kinderschutzbund) mit, dass ich „null Bock!" mehr hatte, mich ständig von allen

Kinderhilfsgruppen hin- und herschieben zu lassen. Diese Bekanntmachung brannte mir auf der Zunge! Die mächtige Kinder-Lobby (die Anrede Lobby definiert sich in meinem Sprachgebrauch: Macht, Geld und Einfluss) versuchte sicherlich, das Vorteilhafteste für die Abkömmlinge unseres Landes zu erreichen, aber diese Initiative besitzt weder Geld noch Macht, außerdem existierte Einflussnahme lediglich in gewissen Bereichen, was ich aus den Telefongesprächen heraushörte. Leider lebte diese Hilfsorganisation, außer von Spenden, gleichermaßen von Geldern des Staates, der Städte und der Gemeinden! Eine Abhängigkeit von derartigen Zuschüssen verlangte beständige Kompromissbereitschaft!

Mein Anliegen an diese Organisation bestand darin, über Beratungsstellen in Nordhessen zu verhandeln: Fatale Knacknüsse an Kindern, Jugendlichen und Eltern in den nordhessischen Landkreisen vertritt ausschließlich das Jugendamt, welches unter notorischer Unterbesetzung leidet. Die Sozialarbeiter dieser besagten Ämter werden dazu verpflichtet, Kinder aus kaputten Familien zu retten und die Wehrlosen in Pflegestellen unterzubringen, Hilfen für Nachkommen von psychisch kranken Eltern zu organisieren, Erziehungs- und Versorgungsdefizite zu überprüfen, Schulprobleme sowie heimische Desaster zu ordnen usw. Wirkungskreise sowie Sachbereiche existieren in enormer Mannigfaltigkeit! Einige wenige im öffentlichen Dienst Beschäftigte halten während der Ausübung ihres verantwortungsvollen Berufs das Schicksal der in ihren Zuständigkeitsbereich fallenden kleinen Wesen in ihren Händen.

Viele Handreichungen bei der Syndrom-Erkennung sowie die passenden Behandlungs- und Förderchancen stecken gegenwärtig in den Kinderschuhen. Überdies beutelt man die Mitarbeiter der Sozialbehörde während ihrer Anstrengungen fortdauernd mittels Sparpaketen, deren Einhaltung zur obersten Priorität zählt. Das Amt, mit dem ich in Vertretung von Leon kooperierte, bemühte sich redlich um die Stammhalter und deren Familien. Sie schafften absolut ihr Möglichstes mit großem Engagement!

Es besteht eine dringende Notwendigkeit für hilfsbedürftige Kinder und deren Erziehungsberechtigte, eine professionelle Alternative zum Jugendamt einzurichten. Ansprechpartner der Hilfsorganisationen sollte man ebenfalls sofortige Erörterungen abverlangen. Unaufmerksamkeiten angesichts unterschiedlicher Behinderungen bei diesen Einrichtungen begünstigen Verunsicherungen sowie Ressentiments und führen zur Resignation! Ferner besteht dringender Bedarf an Selbsthilfegruppen in ländlichen Gebieten, da immer noch eine große Anzahl Eltern sich absolut nicht zu helfen weiß (Nicht alle sind imstande, viele Kilometer mit dem Auto zurückzulegen, um eine Gesprächsgruppe zu besuchen). Ich fand in drei bis vier Jahren niemand anderen als das Jugendamt als Ansprechpartner!

Daheim stieß ich auf Unverständnis und äußerst überspannte Bedenken bei der Ankündigung, mich wegen adäquater Anleitungen und Unterstützung für Leon an diesen Fachdienst zu wenden. Meine Sippe vertrat vehement den Standpunkt, dass die Behörde, etwa wie in früheren Zeiten, die Abkömmlinge von Vater und Mutter wegschleppten. Etliche Erziehungsberechtigte scheuen nach wie vor den Weg zu dieser administrativen Einrichtung, da starke Vorurteile und Animositäten gegen das Jugendamt in der Öffentlichkeit existieren. Die Voreingenommenheit ist in manchen Fällen auch keineswegs unbegründet.

Einer Bekannten, die an Schizophrenie leidet, nahm man in einer anderen Großstadt das Baby weg, um es ins Heim zu bringen. Diese Administration fühlte sich nicht imstande, Hilfen auf andere Art und Weise anzubieten! Das Städtische Jugendamt beschuldigte meine Tochter und mich, unlautere Absichten zu hegen. Einem Jungen von 16 Jahren, dessen Vater gestorben war, versuchten wir, mithilfe dieser Behörde sein Erbe verwalten zu lassen. Man unterstellte uns, wir würden ausschließlich unsere eigenen Interessen verfolgen. Was immer die Dame damit andeuten wollte, ich empfand es als sehr unprofessionell. Die Behandlungsweise der zuständigen Sachbearbeiterin bewirkte bei mir einen bitteren, giftigen Nachgeschmack; sie erweckte den Eindruck, keinerlei Interesse für den Knaben zu erübrigen und diesen Fall schnellstmöglich vom Tisch fegen zu wollen. Nachdem ich ihr meinen Eindruck erläuterte, setzte mich Madame kurzerhand vor die Tür und untersagte mir, weiterhin im Jugendamt zu verweilen! Da die Urteilskraft der Sozialarbeiterin vermutlich ihrer Tageskondition folgte, entsprach ein Familienrichter unserem Antrag: „Zum Wohle des Kindes!"

Bei derartigen Spieß-Umdreh-Aktionen des Amts scheut sich mancher, den entsprechenden Dienststellen „Auffälligkeiten" zu melden, im Nu sitzt einem der Fiskus im Nacken! Medien-Wertungen dieser Behörde fallen einprägsam in Negativberichten auf. Hieraus resultierend wäre es sinnvoll, wenn eine andere Einrichtung sich für Handreichungen (Beratungsgespräche usw.) zur Verfügung stellen würde. Meine eigenen Einsichten dank deutscher Vereine, „kompetent und verbunden durch das Verlangen, Hilferufe der Menschen zu beantworten, deren beschwerlicher Weg durch spitze Dornen führt", endete für mich als sorgenvolle Mutter in Abweisungen und manchmal aus dem sauertöpfischen Fortjagen zum Pfefferernten!

Der Dachverband des Kinderschutzbundes, ansässig in Berlin, verwies mich zur Zweigstelle unserer Stadt. Hier setzte man mich davon in Kenntnis, dass nur ein kleiner Einflussbereich in schulischen und in Anempfehlungen der städtischen Obliegenheiten existiere. Weiterhin teilte man mir mit, dass die Lobby für kleine Wesen ausschließlich im Einzugsbereich der Metropole agieren darf. Zuschüsse gewährt lediglich die Stadtkasse. Der Ratschlag: „Wenden Sie sich an den hessischen Kinderschutzbund!"

Diese Anregung befolgte ich unverzüglich und brachte

mein Anliegen schriftlich zum Ausdruck. Unerfreulicherweise handelte ich mir von der Lobby aus dem schönen Hessenland ebenso eine negative Antwort ein. Die Begründung, so wie ich sie kapierte (nicht wirklich war diese verblüffende Absage zu begreifen!?):

„Zu viel Arbeitsaufwand, wir benötigen bei solch einem Vorhaben Unterstützung aus der Bevölkerung! Wenden Sie sich an den Behindertenverein für Hessen!" Hier schließt sich der Kreis, in dieser Selbsthilfevereinigung erkundigte ich mich längst nach Anleitungen zum fachgemäßeren Umgang sowie rechtlichen Positionsermittlungen in Bezug auf meinen beeinträchtigten Jungen während der Grundschulzeit. Niemand dieser Herrschaften bemühte sich, mir wenigstens eine kleine Erwähnung zukommen zu lassen! (Einfach verschluckt!) Thema beendet, meine Energie beanspruchte ich gegenwärtig für andere Dinge.

Außerdem war es an der Zeit, sich einzugestehen, dass man mir „Petitesse" (Geringfügigkeit) einer kleinen Hausfrau im Solokampf ohnehin nicht die kümmerlichste Chance einräumte, mir zumindest eine fast unsichtbare Achtung zu schenken, geschweige denn eine winzige Spur an Nachdenklichkeit in der Gesellschaft der Mächtigen zu erreichen!

Ich dachte momentan vorherrschend über die Qualen einer Krebserkrankung nach und erzitterte vor den Horrorszenarien dieses entsetzlichen, grausamen Leidens, welches ich bereits bei meiner Schwester erleben musste. Die Fürsorgen meiner Trabanten klärten wir gemeinsam! Wozu zog ich so viele Töchter groß, wo doch Hilfsbereitschaft immer ein wichtiger Bestandteil der ihnen beigebrachten Werte darstellte! Meine Mädchen murrten anfänglich etwas, erklärten sich aber schnell bereit, meine Vertretung uneingeschränkt zu übernehmen. So hielt ich momentan ausschließlich Kontakt zu dem Fernsehsender Hessen 3 und „defacto", um Frau Noll doch noch zur Unterstützung zu ergattern. Die Sozialarbeiterin wäre eine sehr große Hilfe, gerade angesichts meiner Zukunftsangst, die meinen Sohn gleichermaßen beträchtlich verwirrte sowie beutelte.

Der Chefreporter und Moderator, Herr Robert H., rief mich überraschend an. Es war Anfang Juni und er teilte mir mit:

„Wir kommen am 11. Juni morgens um 10.00 Uhr zum Drehen. Sie kennen ja den Ablauf durch den RTL-Dreh?!"

„Klar", antwortete ich. „Haben Sie mit dem Landkreis schon alles geklärt?" Herr H.:

„Wir erhielten eine umfassende Einwilligung des Landkreises, direkt vom Pressesprecher und dem Landrat persönlich! Man ist bereit, Ihnen Zusagen zu machen!" Mein Erstaunen war nicht zu überhören:

„Das kann nicht Ihr Ernst sein, so unkompliziert, im Schnelltempo?! Ist gar nicht möglich, die lahmen doch sonst immer! Wenn das wieder irgendeine Gemeintaktik ist?" Ich vermochte diese Zauberei echt nicht zu fassen!? Unglaublich!!!" Herr H. versicherte mir:

„Ich verstehe Ihr emotionales Erdbeben und Ihre Zweifel; dessen ungeachtet schenken Sie mir etwas Vertrauen, ich verfüge im Umgang mit diesen Institutionen über sehr viel Erfahrung. Mir ist seit langem bekannt, dass sich Behörden mit Bewilligungen bleischwer aufführen, überdies bereiten sie Leidtragenden mancherlei Unbegreiflichkeiten. Wenn das Fernsehen beim Gesellschaft(s)spiel mitmischt, klappt plötzlich und unverhofft reibungslos alles! Ich heimste durchweg sämtliche Zusagen ein! Keine Administration wagt es, gemachte Versprechungen vor der Kamera zurückzunehmen!"

Der fassungslose Skeptiker, Leons Mama, schaffte es trotzdem nicht, dem Ganzen Glauben zu schenken! Alles erschien total unwirklich:

„Das gibt es nicht, die sind doch alle vollkommen Publicity-geil. Vor der Kamera die Unfehlbaren, Barmherzigen usw. mimen, das ist total daneben! Unsereins handelt sich stets eine blutige Nase sowie Schürfwunden ein und das über Jahre! Kaum steht die Presse auf der Matte ...?! Wenn die Typen gegenwärtig zusagen und ihnen später einfällt, dass sie ausnahmslos sämtliche Zugeständnisse wieder zurücknehmen?"

Bei Herrn H. handelte es sich um einen sehr netten und geduldigen Mann, der versuchte, meine Besorgtheit ernsthaft aufzunehmen und mich zu beruhigen. Ich bin diesem Gentleman für seine Besonnenheit heute noch überaus dankbar. Er nahm mir nicht nur die Zweifel mit den Worten ab:

„Falls der Landkreis nicht Wort hält, verspreche ich Ihnen, eine neue Reportage zu drehen. Wenn Hinterhältigkeit mit im Spiel ist, machen wir diese publik! Keine Bange, das klappt schon!"

Der Geduldsmensch zerstreute ebenso mein ungutes Gefühl, vor das Filmaufnahmegerät zu müssen. Wegen der mich plagenden Schuppenflechte, welche meinen gesamten Körper mit blutigen Ekzemen übersäte, plus den daraus resultierenden Entzündungen der Knochen, verabreichte der Hausarzt mir gerade Kortison-Schübe und zusätzlich starke Antibiotika. Dieses vollkommen aufgequollene Gesicht wirkte nicht besonders fotogen! Aufgeschwemmt, mit einer Blecheimerstimme und der flehentlichen Hoffnung, dass die Laute aus meinem Mund nicht ganz und gar verstummten, bereitete ich mich seelisch und moralisch auf den Fernsehauftritt vor (Mein Fluchen vernahm man bestimmt noch in 3 km Entfernung! Schiere Einbildung, ohne Stimme nicht möglich!.)

Am 7. Juni wurde mein Enkelsohn, nicht in den Städtischen Kliniken, sondern in Ines' Wunschkrankenhaus, geboren. Jannick munter und gesund, sowie meine Tochter superglücklich! Toll, diese Hürde wurde, ohne Komplikationen, übersprungen! Wir waren allesamt selig!!!

Am 11. Juni 2009 vormittags, kam das Fernsehen zu uns. Mein Operationstermin sollte der 12. Juni, ein Freitag sein. Am 13. Juni 2009 planten wir Omas 88. Geburtstag, natürlich mit einer kleinen Feier. Sofern es sich irgendwie einrichten ließ, hegte ich den großen Wunsch, dem Wiegenfest Muttis beizuwohnen. Wir überblickten beide nicht, wie viele Ehrentage sowohl das Schicksal als auch der liebe Gott uns noch gemeinsam gönnte?

In vielen Religionen, wie auch im Christentum, behaupten die Gelehrten fortgesetzt, dass Sünder in die Hölle wandern. Dies ist ein Mythos, denn der Abgrund befindet sich hier auf Erden und jeder Mensch muss in seinem Leben immer wieder die Finsternis durchqueren!

Epilog

Im Fahrwasser der vorüberziehenden Gewissheiten sowie durch etliche Aussagen von Betroffenen kristallisierte sich immer mehr heraus, mit welch enormer emotionaler Bürde ein Familienclan vollgepackt wird, wenn plötzlich das eigene Kind eine Absonderlichkeit erfährt. Bei den Leidtragenden keimen gegenseitige Schuldzuweisungen, welche zu bezwingen überreichlich Saft und Kraft kostet! Ausnahmslos jeder in einer Familie versucht, eine derartige Herausforderung anders zu bewältigen.

Manche Mutter, bei deren Kind sich eine autistische Störung abzeichnete, vermochte mir zu berichten, dass der Gemahl die inadäquate Entwicklung des eigenen Nachwuchses durch Erziehungsfehler und 1000erlei verschiedene Rechenschaften zu definieren versucht! Muttis verwinden die Normabweichung der eigenen kleinen Maus in den meisten Fällen relativ fixer. Einige Mamas witzelten zuweilen über ihre Göttergatten: „Papis Schätzchen darf doch nicht ...!" Generell bedeutet es für alle eine enorme, drückende Überwindung, preiszugeben:

„Mein Kind ist behindert!" Mittels der Empirie (Wahrnehmung) durch die Störung meines kleinen Mannes, betrachte ich die Enkelkinder, 2 und 4 Jahre, aus einem recht ungesunden Blickwinkel. Ich erspähe häufig bizarre Verhaltensauffälligkeiten meiner Kindeskinder, welche zudem, mit Leon verglichen, durch ein großes Sorgenpotential ständig geschürt werden! Das angeblich unangebrachte Benehmen unserer Kleinsten trifft ebenso bei vielen „normalen" Mäusen in dem Alter zu! Meine Töchter predigen mir des Öfteren:

„Ceddy und Laura sind nicht Le Petit Garçon, sie entsprechen vollkommen der Norm!"

Der Fernsehmoderator sollte Recht behalten! Im Landkreis herrschte Geberstimmung und mein Junge erhielt den verlangten Beistand durch Frau Noll sowie nach den Sommerferien einen echten Erzieher als Schulassistenten. Natürlich stellte es sich, wie allzeit in einem von Bürokratie zerfressenen Land, als

Erfordernis dar, haufenweise Papierkram auszufüllen, massenhaft Dokumente zu unterschreiben sowie noch einmal aus offizieller Richtung einer schriftlichen Bewilligung zu harren.

So zog sich die Prozedur zur Beistandsgewährung bis zum Jahreswechsel hin. Auch das autistische Zentrum reagierte urplötzlich und stellte meinem kleinen Mann einen Therapieplatz im Anschluss an die Sommerferien zur Verfügung. Überraschenderweise jede Woche eine Stunde, welches hingegen keinesfalls der Gegebenheit entspricht, wie ich, gleichsam als Unaufgeklärte in diesem Metier, bisher zugrundegelegt hatte. Mehrere Eltern berichteten mir, die gewährten Stunden finden vorwiegend nur 14-tägig statt. In diesem Zentrum erklärte man dem kleinen Mann sowie mir als Mutter anfänglich, dass alle Kinder und deren Erziehungsberechtigte „keine Namen preisgeben und Anonymität als grundlegende Voraussetzung gilt!" Schwachsinn hoch unendliche Zahlenreihe!!! Auf einmal erhielt ich tatsächlich vom Gründerverein der Aspie-Therapieschaltstelle zwei Namen und Telefonnummern zum Kontaktieren von Ansprechpartnern zwecks Informationsanfragen zugeschanzt. Außerdem veranstaltet das Autismus-Institut, genau wie besagter Zusammenschluss, urplötzlich einmal im Monat, unabhängig voneinander, Elternzusammenkünfte mit Beratungen, tatsächlich auch für Väter und den Rest der Sippe!

Wunder geschehen immer wieder! (Wunder oder Fernsehen!?)

Leider hatte sich jegliches Vertrauen zu diesen Institutionen verflüchtigt! Folglich empfand ich die zu guter Letzt gestattete Therapie als: „Na ja! So ein Club vermag echt überhaupt nichts Gescheites zu fabrizieren!" Leon ließ sich von meinem Pessimismus anstecken und alles wirkte „absurd!"

Meine OP verlief beachtlich mühelos, ohne zukunftsträchtige Belange. Mutti und ich genossen die Geburtstagsfeier gemeinsam! Leider zerbröckelte die Welt des kleinen Mannes kontinuierlich! Ich vernahm erstmalig bereits von einer schlichten Anzahl Mütterlein, wie düster, undurchlässig sich negative Einflüsse und Erlebnisse in der Seele eines autistischen Geschöpfes einnisten und wie der Rückzug fort von der Realität sich beharrlich verfestigt. Leon mühte sich redlich, sein Grauen vor der Öffentlichkeit zu bekämpfen, leider scheiterte der kleine Knabe an der Angst vor der Angst!

Obendrein erreichte Heinrich Bölls *„Die verlorene Ehre der Katharina Blum!"* unseren idyllischen Ort und kurzerhand verdonnerte man mich, die Gefühle der Katharina in vielen Facetten nachzuempfindenden! (Jemand, der äußert, was er denkt, muss das bittere Ende halt ertragen!?)

Durch die entstandene Unsicherheit meinerseits drückte es den kleinen Jungen unaufhaltsam tiefer in das dämmrige Schlupfloch, in dem er sich zu verstecken suchte! So blieb allen Beteiligten nichts anderes übrig, als das verstörte kleine Wesen vollends aus der Schusslinie aller bisher angsteinflößenden Vertrautheiten zu befördern. Wir nutzten die Gunst der Stunde beim Landkreis und probierten mit der Beihilfe von Frau Noll, einen Platz im Behinderteninternat zu ergattern.

Eine superobertolle Zusammenarbeit entkeimte bei sämtlichen Beteiligten, was eine Ruck-zuck-Unterbringung zum Wohle des Kindes ermöglichte! Der Eilantrag unserer hochgeschätzten Sozialarbeiterin (sie wohnte dem ganzen Dilemma von Anbeginn bei und verfolgte gemeinsam mit Frau Noll die Demoralisierung des kleinen Jungen über Jahre hinweg mit eigenen Augen) bewerkstelligte das Auslösen eines Eilentscheids der Amtsleitung, welcher eine sofortige Zusage des Landkreises, sowie eine tragbare Finanzierung zutage förderte!

Wahnsinn! Unglaube! Es passierte tatsächlich, wie in einem Märchen!!!" Innerhalb von drei Wochen erhielt der kleine Mann in dem entsprechenden Schul- und Internatsbetrieb seinen rettenden Ankerplatz!

Nach den Osterferien, am 26. April 2010, fand die Erneuerung des Lebensweges vom nicht mehr so kleinen Jungen Leon statt! Mit gleichgestimmten kleinen Wesen, die ihn aufrichtig annehmen, wie Le Petit Garçon halt ist! Sowie Betreuern ohne Vorverurteilungen und mit wahrhaftigem Interesse sowie Kenntnissen im Umgang mit dem Ungewöhnlichen! (Der kleine Junge verbringt nun seine Freizeit im Kreise einer fidelen Großfamilie!)

Leons Eingewöhnungsphase verlief ebenso rasch und positiv wie diese gesamte Unterbringungsaktion! Behinderte sind eben doch die segensreicheren Menschen, freundlich, hilfsbereit und fröhlich, ohne Heuchelei, mit erquickender Aufrichtigkeit!!!

Regina Maria Schulz wurde in einem kleinen Dorf in Nordhessen geboren. Seit fast 30 Jahren ist die Mutter von 4 erwachsenen Töchtern und Sohn Leon verheiratet.

Im Laufe ihres Lebenswegs bahnte sich nach der Einschulung des gemeinsamen Stammhalters ein gigantisches Gefecht anlässlich ihres Herzstücks an. Die empfundenen Herabsetzungen und staatsklugen Arrangements im Hinblick auf die Schwächsten der Gesellschaft gestalteten sich zur Unerträglichkeit für die Mama.

Um für alle Kinder in der maroden Schulpolitik Fairness zu fordern, beschloss die Autorin, wachsendes Mitgefühl für kleine Menschen zu erreichen. Die Krönung dieser Kampagne, ein Buch über die Knacknüsse Leons sowie die Chancenlosigkeit der nicht ins Raster passenden Kinder, ermöglichte der Wagner-Verlag!